韓國隨筆文學史

鄭震權 著

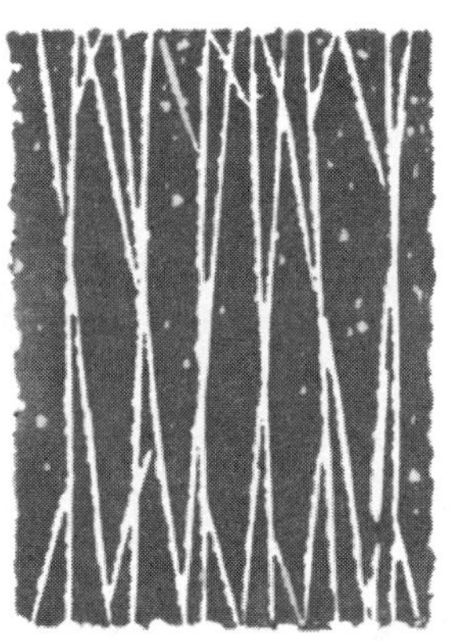

學研社

머리말

나는 1967년 11월호 ≪現代文學≫에 隨筆 한 편을 쓴 일이 있다. 제목은 〈弄談調試驗說〉, 國漢字를 혼용하던 시절이었다. 그 후 우리 수필문단의 말석이나마 차지하고 계속 수필을 써 왔다. 그 결과로 나온 것이 ≪푸르른 하늘에 저 붉은 해를≫(一志社, 1972)을 비롯, ≪비닐雨傘≫(關東出版社, 1976), ≪빛깔들의 합창≫(선우미디어, 2001), ≪분이 별, 삼돌이 별≫(수필과비평社, 2008) 같은 몇 권의 수필집이다.

또 1980년 碩士課程(明知大國語國文學科)을 마치면서 〈現代隨筆文學의 理論模型研究〉라는 제목으로 論文 한 편을 쓴 일이 있다. 이 글은 그 후 ≪韓國現代隨筆文學論≫(學研社, 1983)이라는 이름으로 출간되었다. 나는 그 후로 계속 우리 隨筆文學에 관한 論文을 썼는데, 그 글들을 책으로 엮자는 주위의 권고가 있었다. ≪韓國隨筆文學研究≫(新亞出版社, 1996)는 그래서 나온 것이다. 이 글들 가운데 〈隨筆文學의 虛構性考察〉은 적잖은 논란을 불러일으킨 듯하다.

그러는 한편으로 우리 古典文學을 현대국어로 번역하고 거기 評說을 붙이는 일을 계속해 왔다. 그러다 보니 몇 권의 책이 쌓였는데,

그 중 ≪고전산문을 읽는 즐거움≫(학지사, 2002), ≪한국고전 수필선≫(범우사 2005), ≪祈願의 塔－韓國詩話選≫(수필과비평社, 2009), 이 세 책은 문득문득 나로 하여금 내가 우리 隨筆文學史를 쓸 수 없을까 하는, 참 겁 없는 생각을 하게 했다. 그리고 정말 겁도 없이 나는 2009년 한 해를 이 文學史를 쓰는 데 바쳤다.

그런데 이제 校正을 마치려 하니 赤面을 금할 수가 없다. 거친 文章, 아둔한 着想, 작품의 誤讀, 또 무엇이 더 있는지 모르겠다. 그런대로 우리 隨筆文學史(通史) 硏究에 첫 삽질쯤으로 넉넉하게 포용해 주시기 바란다.

이 글의 원제목은 韓國隨筆文學史試論이다. 그러나 책 이름은 그냥 韓國隨筆文學史로 했다. 뭐라고 이름을 하든 이것은 우리 隨筆文學에 관한 나의 시대별 독서목록에 지나지 않는다. 같은 길 가는 여러분의 叱正을 바란다.

여기 일러두기 몇 마디 붙일까 한다.

1. 이 책은 漢字를 혼용한다. 옛분들의 姓銜, 雅號, 著書名, 作品名, 그리고 어떤 概念語나 事件名, 이런 것들을 일일이 한글로 쓰고 ( ) 안에 한자를 병기하기가 너무 번거롭기 때문이다.
2. 引用文은 原文대로를 원칙으로 하되 명백한 오류는 바로잡는다. 옛글 중 꼭 원문대로를 유지할 필요가 없는 경우는 현대국어로 고치고 그 사실을 밝힌다.
3. 漢文資料는 저자의 文體로 번역하되 脚註에 原文을 보인다.
4. 省略은 ∥표로 표시한다. ≪ ≫표는 한 권의 책(저서, 잡지)을, 〈 〉표는 한 편의 글(논문, 작품)을 나타낸다.

이 책은 학연사 한점덕(韓点德) 사장의 호의로 세상에 나오게 된 것이다. 감사한다. 부실한 글을 가지고 좋은 책을 만든 편집국 여러분에게도 감사의 뜻을 전한다.

2010년 8월

지은이

차 례

구름에게—贈文長老

李奎報

繁華한 열두 거리 날을 때에도
마음은 저 멀리
山을 가는가.

메마른 이 하늘에 오래 머물며
먼지 이는 거리에
단비로 오게.

暫趨十二街中路, 長憶三千里外山.
莫學閑雲空返峀, 好將膏雨澤人間.

—《東國李相國集》, 著者意譯

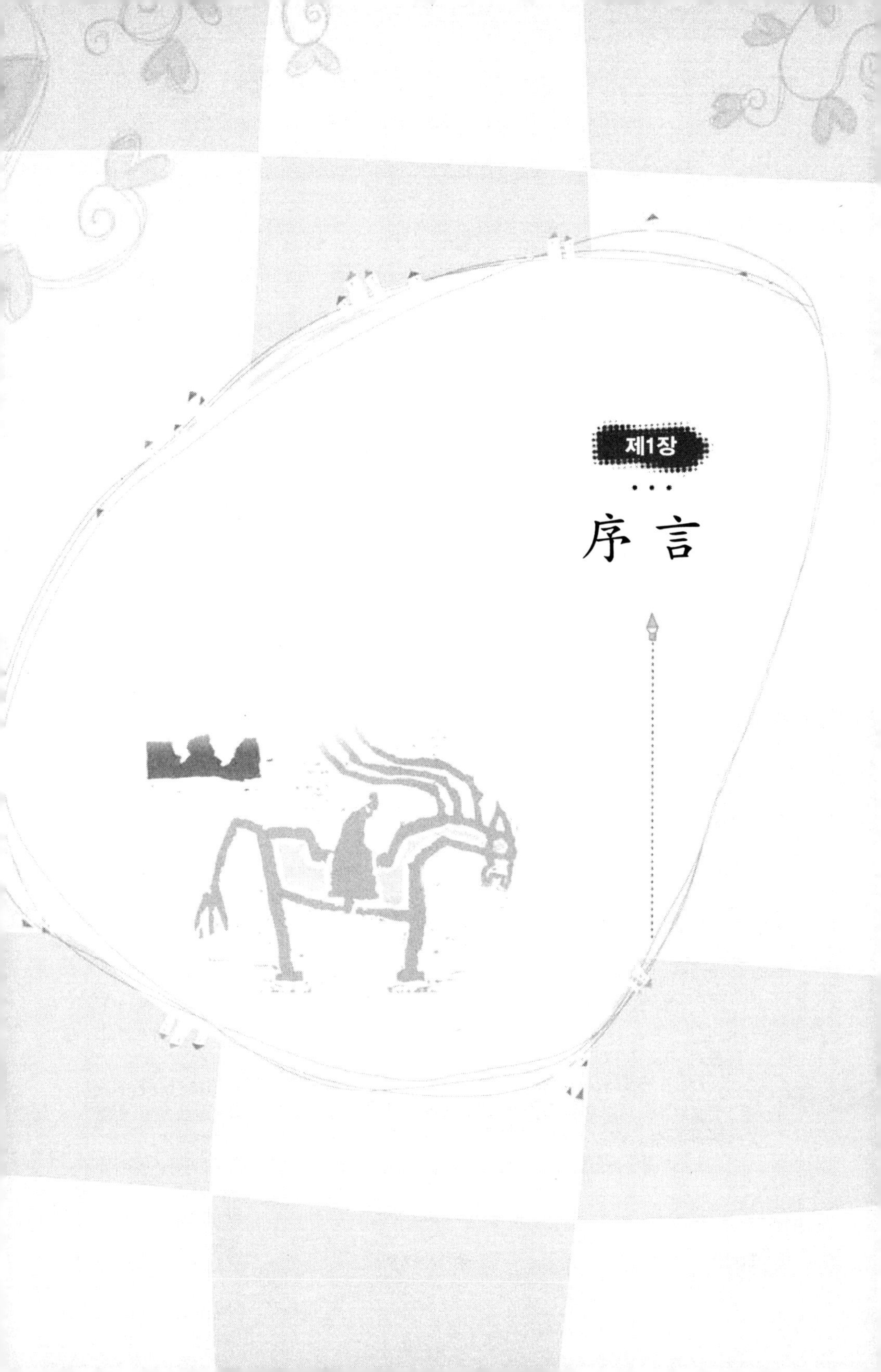

제1장

序言

序言

隨筆은 形式이 자유로운 散文文學이다.[1] 그 內容은 客觀的인 外界와 主觀的인 內面으로 짜인다.[2] 그리고 독자들에게 感動, 共感, 微笑 같은 情

---

1 形式이 자유롭다는 것은, 밖으로는 書簡, 日記, 紀行, 콩트, 戱曲 등 다른 글의 형식을 자유롭게 활용할 수 있다는 뜻이고, 안으로는 서두+본문+결말, 서두+본문, 본문+결말 등 그 구성에 제한이 없다는 뜻이다. 隨筆이 散文文學이라는 것은 그 表現手段이 散文이라는 뜻이다. 물론 韻文文學인 歌辭 중에도 수필적인 글이 많지만, 역시 일반적인 수필과는 적잖은 거리감을 느끼게 한다.

2 일찍이 에이브럼즈(Meyer H. Abrams)는 그의 ≪거울과 등불(The Mirror and The Lamp)≫에서 文學을 바라보는 네 개의 觀點을 제시한 바 있다.

첫째, 문학은 宇宙(universe), 좀 좁혀 말하면 人生과 自然 같은 것의 模倣(또는 再現)이라는 관점이다. 그러니까 ≪洪吉童傳≫은 朝鮮時代의 한 庶孼(洪吉童)의 일생을 모방(재현)한 것이라는 뜻이다. 이런 관점을 模倣論(mimetic theory)이라고 한다. 저자는 문학이 모방(재현)하는 그 대상(인생과 자연 같은 것)을 客觀的 外界라고 부른다.

둘째는, 문학은 作家(artist)의 內面(思想, 情緖 등)의 表現이라는 관점이다. 그러니까 ≪洪吉童傳≫은 嫡庶差別에 반대하는 許筠의 내면을 표현한 것이라는 뜻이다. 이런 관점을 表現論(expressive theory)이라고 한다. 저자는 작가의 이런 내면을 主觀的 內面이라고 부른다.

셋째는, 作品(work)은 讀者(audience)에게 어떤 效果를 미친다는 관점이다. 즉, ≪洪吉童傳≫은 독자로 하여금 憐憫과 痛快, 感動과 幸福을 느끼게 한다는 뜻이다. 이런 관점을 效果論(effective theory) 또는 效用論(pragmatic theory)이라고 한다.

끝으로 하나는, 模倣論, 表現論, 效果論(效用論) 같은 관점을 떠나 문학작품을 작품

緖的인 滿足을 수여한다.[3] 이것이 저자가 보는 수필이다. 이를테면 다음과 같은 글이다.

李奎報[4]/**接菓記**

처음에는 터무니없는 거짓 같지만 나중에는 놀랍게도 참인 것이 있다. 가령 接菓 같은 것이다. 내 先親께서 살아 계실 때 키다리 田씨가 접과를 잘 했다. 해서 선친께서 시험삼아 그에게 일을 맡기신 일이 있다.

동산에 나쁜 배나무 두 그루가 서 있었다. 田씨는 그 두 나무를 다 톱으로 자르고, 좋은 배나무를 구하여 그 졸가리 약간을 베어다가 자른 배나무 그루터기에 붙였다. 그리고는 기름과 진흙으로 쌌는데 그때 나는 그것이 참 터무니없는 짓으로 보였다. 싹이 나고 잎이 피어도 여전히 믿지 못했다. 그러다가 마침내 鬱然(울연)히 여름 그늘 드리우고 蕡然(분연)히 가을 열매 맺은 연후에야 그것이 참인 것을 믿고 비로소 터무니없는 거짓으로 의심하던 것을 마음에서 지웠다.

선친께서 가신 지 아홉 해다. 나무를 보고 그 열매를 먹으니 선친의 엄하시던 얼굴을 생각지 않을 수 없고, 더러는 나무를 잡고 흐느끼며 차마 버리고 떠나지를 못한다. ‖ 삼가 생각건대 선친께서 이 배나무를 나에게 주신 것은, 어찌 나로 하여금 非를 고쳐 善에 옮김에 마땅히 이

자체, 즉 言語의 한 構造物로 바라보는 관점이다. 그러니까 ≪洪吉童傳≫은 그 자체로서 잘 짜여진 하나의 언어 구조물이라는 뜻이다. 이런 관점을 客觀論(objective theory)이라고 한다.

3 위 각주 2, 셋째, 효과론 참조.

4 李奎報(1168~1241) ; 高麗高宗 때의 文人, 文臣. 號는 白雲居士. 詩와 酒와 琴을 너무 좋아하여 三酷好先生이라 自稱했다고 한다. 詩文이 뛰어났다. 저서로 ≪東國李相國集≫, ≪白雲小說≫. 그의 詩文 상당량이 ≪東文選≫에 전한다.

나무를 본받으라 하심이 아니겠는가?‖[5] —≪東文選≫

이 글은 산문으로 되어 있다. 이 글의 내용은 배나무 접붙이기라는 객관적인 외계와 아버지를 그리워하고 그 뜻을 생각하는 지은이의 주관적인 내면으로 짜여 있다. 이 글은 읽는 이에게 잔잔한 감동 또는 공감을 불러일으킬 것이다.

그러나 〈接菓記〉로써 수필의 범위를 제한한 것은 하나의 理想일 듯하다. 우리 隨筆文學史에는 이 글처럼 글에 제목이 있고 그 제목 아래 본문이 있고, 그리하여 한 편의 글로 완결되는 그런 수필만 있는 것은 아니다. 이와 달리 그런 격식을 갖추지 못하면서도 오히려 수필일 수밖에 없는 수많은 글이 등장한다. 수필일 수밖에 없다는 것은 그 글이 산문으로 되어 있고, 그 내용이 객관적 외계와 주관적 내면으로 짜여 있으며, 독자에게 정서적인 만족을 수여한다는 뜻이다. 이런 글들은 가령 日記, 雜錄, 雜記, 雜說, 漫筆, 漫錄, 說林, 筆談, 破寂錄 같은 긴 글(책) 속에 제목도 없이 섞여 있다. 예를 들면 다음과 같은 글이다.

A. 梁慶遇[6]/(**日記**)

五月初四日, 맑음.

---

5 事有初若妄誕幻怪, 而其終迺眞者, 其接菓之謂乎. 予先君時 有號長身田氏者善接菓. 先君使試之./園有惡梨凡二樹. 田氏皆鋸斷之, 求世所謂名梨者, 斫若于梢, 安於斷株, 以膏泥封之. 當其時見之 似妄誕矣. 雖至茸抽葉茁 亦似幻怪矣. 及鬱然夏陰茂 蕡然秋實成, 然後乃信其終眞者 而妄誕幻怪之疑 始去於心矣./先君沒凡九稔. 覩樹食實, 未嘗不思嚴顔, 或攀樹嗚咽, 不忍捨去.‖抑慮 先君以此及予者 豈使予革非遷善, 當效玆樹耶?‖ —≪東文選≫

6 梁慶遇(1568~?) ; 朝鮮宣祖 때의 文臣, 號는 霽湖. 詩評에 뛰어났다. 壬辰倭亂 때 義兵을 일으키기도 했다. 저서로 ≪霽湖集≫.

‖ 떠나서 수십 리는 순풍을 만나 배가 나는 듯했다. 그때 사공이 갑자기 외쳐 "폭풍이다!" 하므로 문득 보니 바다 동남쪽에 雪山 같은 파도가 일어 가까이 오고 있었다. 내가 황급히 물었다.

"어찌해야 하는가?"

사공이 대답했다.

"앞으로 남은 길이 이십 리입니다. 쉽진 않겠지만 돛을 내리고 모두 힘써 저으면 무사할 것 같습니다. 너무 걱정하지 마십시오."

마침 배 안에 술이 있기로 한 대접씩 먹이고, 이로써 놀람을 진정시키고 부지런히 젓게 했다. ‖ [7] —≪遊頭流山雙溪青鶴洞遊覽記≫

B. 車天輅[8]/(說林)

兪好仁이 玉堂에 있을 때 成宗이 특히 사랑하여 다른 선비에 비할 바가 아니었다. 늘 달 밝은 밤이면 慶會樓 연못에 배를 띄웠는데, 侍從 몇 사람이 겨우 앉을 만한 작은 배였으나 성종은 꼭 유호인을 태워 따르게 했다. ‖ 그의 詩才를 아껴서 그 사랑이 날로 깊어갔던 것이다.

그러나 유호인을 大官의 자리에는 앉히지 않았다. 그 그릇이 宰輔를 감당하기는 어렵다고 생각해서 그랬을 것이다. 이로써 그때 사람들이, 성종이 그 재주에 따라 사람 쓰는 것을 알고 깊이 감탄해 마지않았다.[9] —≪五山說林草藁≫

---

7 初四日 辛卯, 晴. 早朝發行. ‖ 行數十里許, 帆受順風船往甚疾. 忽見 篙工起立於船尾高嘯一聲告曰 "惡風來矣!" 余乃起而望之, 則海立東南濤浪如雪山, 其勢已近. ‖ /俄頃風濤已至, 高浪洶湧 孤舟力弱, 將覆不覆 不知其氣. ‖ /及泊于岸, 日在三竿. 夕宿興陽縣. —≪頭流山雙溪青鶴洞遊覽記≫

8 車天輅(1556~1615) ; 朝鮮宣祖 때의 文臣. 號는 五山. 詩文이 뛰어났다. 저서로 ≪五山說林草藁≫ 등, 歌辭로 〈江村別曲〉.

9 兪公好仁在玉堂, 成廟恩顧特優, 學士無比, 每月夜從宦者數人, 遊慶會樓池中, 小舟僅受五六人, 獨命好仁從者. ‖ 上愛好仁之詩才, 終不至大官, 盖察其器不堪爲宰輔也. 時

글A는 日記 속에 들어 있는 글, 글B는 說林 속에 전하는 글이다. 우리 文學史에는 〈接菓記〉처럼 격식을 갖춘 수필을 쓴 분들도 있고, 글 A, B처럼 별 격식 없는 수필을 쓴 분들도 있다.[10] 저자는 이제 그런 분들을 찾아 그 중 몇 분의 이름을 여기 기록하려고 한다. 기록을 하다 보면 그 시대적인 배경이나 그분들의 글(책)에 관한 이야기도 자연히 하게 될 것이다.

기록은 다음과 같은 차례(時代區分)를 따를까 한다.

❏ 序 言

人以是服 上之用人之各因其才也. ‖ —≪五山說林草藁≫

10 近現代 隨筆에서는 이런 격식 없는 예를 보기 어렵다. 다음은 그 희귀한 예, 崔玟順의 긴 글 중의 한 부분이다. 표기는 현대국어 철자법에 따라 고치고 漢字는 저자 임의로 혼용했다. 최민순(1912~1975)은 神父, 文人. 天主公敎神學校(現가톨릭大) 교수, ≪대구매일신문≫ 사장 등 역임. 저서로 長篇隨筆 ≪生命의 曲≫, 詩集 ≪님≫, 譯書로 세르반테스의 ≪돈키호테≫ 등.

굶어죽을망정 首陽山의 고사리를 꺾어먹은 伯夷叔齊를 恨하던 그이인지라 世祖의 祿이라고는 쌀 한 톨을 건드리지 아니한 그이—.
쫓겨나신 임금님을 도로 모시고자 일을 꾸몄다가 드디어 잡힌 몸이 갖은 형벌을 다 당할지라도 하늘에 해가 둘이 없고 백성에게 임금이 둘이 없음을 끝끝내 밝히고자 하던 忠文公(成三問)—, 노들의 모래톱에서 獨也靑靑의 절개를 피로써 증명할 때가 바야흐로 이르렀을 무렵에 그는 무슨 노래를 불렀다더냐?

擊鼓催人命, 북소리 울리어 人命을 재촉는데,
回首日欲斜, 돌아보니 저문 해 기울었구나.
黃泉無一店, 黃泉 길엔 숫막도 한 채 없는데,
今夜宿誰家, 오늘 밤은 뉘 집에 잔단 말인가. ‖

4백 년 뒤 오늘에 외어 보아도 가슴이 저려지는 노래들이다.
鳥之將死에 其鳴也 哀하고, 人之將死에 其言也 善이니라, 새가 장차 죽음에 그 울음이 슬프고, 사람이 장차 죽음에 그 말이 착하니라—, 하였거니 忠文公의 이 마지막 노래야말로 슬프고도 진실되기 그지없구나. ‖ —≪生命의 曲≫

❑ 韓國隨筆文學史의 黎明

ㅡ三國鼎立~新羅末

❑ 韓國隨筆文學史의 展開

中世隨筆ㅡ高麗建國~高麗末

近世隨筆ㅡ朝鮮建國~甲午更張 前夜

近代隨筆ㅡ開化期~日帝時代~解放前後

❑ 結 言

이 차례는 다만 이래야 편할 것 같은 저자의 막연한 편의의식에 따른 것이다. 그러나 저자로서는 그런대로 숙고한 면도 없지 않다. 이 후의 이야기(現代隨筆)는 다른 분들에게 맡기겠다.

글 한 편 읽고 이 序論을 마치기로 한다. 日記體로 쓴 金剛山 紀行文, 지은이 미상의 글이다. 그 뒤에 붙인 글은 저자의 독후감ㅡ.

未詳/**金剛山**

二十八日 庚子에.

일찍 일어나 또 梵鐘樓에 오르니, 비로소 비 개고 안개도 쾌히 걷어 첩첩한 봉우리들이 서로 갈라져 오니, 저 사람같이 은근한 것은 觀音峰이요, 노루 뛰는 듯한 것은 藏經峰이요, 위태로이 높이 솟은 것은 釋迦峰이요, 둥글고 단정한 것은 地藏峰이니 다 범종루 동북편에 있고, 觀音庵 밑의 앞은 황량한 빈 터뿐이요, 홀로 藏經庵이 나무 사이에 그 숨은 모습이 바라보이더라. ‖

地藏庵으로부터 百川洞 들어가니 이곳은 地藏峰頭 사이라. 석가봉 아래 한 돌峰이 또 있어 물 가운데 오리 뜬 모양 같으니 그 이름은 오리峰이라. 그곳을 지난 후에 돌 뾰죽이 아스라이 높고 돌길 구불거려,

비 끝에 이끼 미끄러워 실로 가마 탈 길이 없는지라, 막대를 짚고 힘써 나가더니, 홀연히 四面을 두른 石壁이 병풍 친 듯하여 시냇물이 어느 곳으로부터 흘러오는 줄을 알지 못할러라. ‖

二十九日 辛丑에.

일찍 일어나 天氣를 보니 가을 날씨 명랑하고 한 점 먼지 움직이지 아니커늘 心身이 상쾌하여 밥을 재촉하여 먹은 후 金剛門으로 들어가니, 두 바위 서로 접하여 문을 이루었으니 길이 그 아래로 통하는지라. 부훈과 광익 두 중이 앞을 인도하여 萬瀑洞口에 이르니, 두 골 물은 하나는 毘盧峰으로부터 흐르고 하나는 永郎亭으로부터 흘러 이곳에 와 합류하여 폭포를 이루니, 폭포 소리 골짜기에 진동하여 천둥번개 일며 흰 눈 날리는 듯하니 진실로 壯觀일러라.

큰 반석 위에 '蓬萊楓嶽元化洞天' 여덟 글자를 새겼으니 이는 楊蓬萊[11]의 草書라. 그 筆法이 山嶽으로 더불어 雄壯함을 다투고, 또 바둑판을 돌바닥에 새겨 이른바 商山局이라 하니 이 또한 양 봉래의 놀던 곳이라 이르더라. ‖[12]

－≪東遊記≫

지은이는 어떤 사람일까?

그는 藏經峰을 보면서 꼭 노루 뛰는 것 같다고 한다. 산봉우리의 뛰는 모습이 눈에 보이는 듯하다(시각적 심상). 혹 藏을 보며 獐(노루 장)을 생각했던 것은 아닐까? 폭포 앞에선 천둥번개 일며 흰 눈 날리는 듯

11 楊蓬萊 ; 蓬萊는 朝鮮明宗 때의 文臣, 書藝家였던 楊士彦(1517~1584)의 號. 글씨 이외에 詩에도 뛰어났다. 저서로 ≪蓬萊詩集≫, 時調로 〈泰山이 높다 하되〉.

12 이 글은 崔康賢의 ≪韓國古典隨筆講讀≫에 전하는 ≪東遊記≫의 한 부분을 저자가 읽기 쉽도록 漢字도 적당히 혼용하고 文章도 現代國語에 맞추어 알맞게 고친 것이다. 제목도 물론 저자가 붙였다.

하다고 한다. 정말 그 천둥번개 소리 들리고 흰 눈 날리는 모양이 보이는 듯하다(청각적, 시각적 심상). 이 밖에도 이 글에 쓰인 그의 비유는 여간 산뜻하지가 않다. 지은이는 분명 문장이 뛰어났던 사람일 것이다.

그는 돌길 구불거리고 비 끝에 이끼 미끄러워 가마 탈 길이 없다고 한다. 이것은 그가, 길이 그렇지 않았다면 가마 타고 오를 사람이라는 뜻이다. 그러니까 그는 아주 낮은 신분은 아니었던 모양이다. 楊蓬萊와 그의 草書를 놓치지 않고 언급한 것을 보면 教養도 충분히 쌓은 사람으로 다가온다.

그런데 왜 그의 이름은 전하지 않을까? 전해오다 중간에 잃었다면 전하는 사람들의 부주의를 탓할 수밖에 없다. 諺文으로 글 쓰는 게 떳떳지 못해서 처음부터 감추었다면 이것은 우리 문학의 한 비극이다. 어느 글에든 지은이의 이름이 아름답기를.

꽃을 바치며―獻花歌

失名老人

자줏빛 바위 가에 암소 버리고
험한 벼랑 높이 올라
꽃을 꺾었네.

이 몸을 부끄리지 않으신다면
이 꽃을 그대에게
바치오리다.

―《三國遺事》, 著者意譯

제2장

韓國隨筆文學史의 黎明

- 三國鼎立~新羅末

韓國隨筆文學史의 黎明

黎明은 어둡다. 그러나 머잖아 밝는다. 우리는 지금 韓國隨筆文學史의 여명 앞에 서 있다. 그것은 三國, 곧 新羅, 高句麗, 百濟의 시대다. 이윽고 동녘이 번해진다. 그 희부연 빛 속에 드러나는 것, 漢字의 輸入과 散文(漢文)의 出現一.

1. 漢字의 輸入

옛날 우리 先民에게 고유한 文字가 있었는지는 알 수 없다. 그러나 어떻든 우리 선민들은 남의 문자를 들여다 썼다. 그것이 中國의 漢字다. 물론 언제부터의 일인지도 확실치 않다. 그렇기는 하지만 우리는 다음과 같은 ≪三國史記≫의 기록만으로도 그것이 아주 오래 전의 일이라는 것을 쉬 짐작할 수 있다.

30년(375) ‖ 古記에 이르기를, 百濟는 아직 文字로써 記事한 일이 없더니 이때에 이르러 博士 高興으로 하여금 비로소 書記하게 했다. 그러나 高興은 다른 책에 드러나지 않으므로 그가 누구인지는 알 수 없

다.[1] －百濟 近肖古王

6년(545) 가을에 伊湌 異斯夫가 아뢰되

"國史라고 하는 것은 君臣의 善惡을 기록하여 그 褒貶을 萬代에 보이는 것인데, 이제 國史를 수찬하지 않으니 뒷사람들이 무엇을 보겠습니까?"

하니, 임금이 그러이 여기고 大阿湌 居柒夫 등에 명하여 널리 선비들을 모으고 그들로 하여금 國史를 수찬케 했다.[2] －新羅 眞興王

11년(600) ‖ 정월에 太學博士 李文眞으로 하여금 古史를 요약 정리하여 ≪新集≫ 5권을 만들게 했다. 國初에 文字를 처음 쓰기 시작했다. 그때 어떤 사람이 記事 1백 권을 지어 이름을 ≪留記≫라 했는데 이때에 이르러 그 字句를 다듬었다.[3] －高句麗 嬰陽王

우리 선민은 이 漢字를 들여다가 두 갈래(方式)로 썼다. 하나는 그 소리(音)와 뜻(訓)을 이용하여 우리말을 우리말 그대로 표기하는 데, 다른 하나는 우리말을 漢文으로 번역하는 데―. 다음 글A는 전자의 예, 글B와 C는 후자의 예다.

A. ‖ 於內秋察早隱風未, 此矣彼矣浮良落尸葉如/

一等隱枝良出古, 去奴隱處毛冬好丁. ‖ －月明 〈祭亡妹歌〉

---

1 三十年 ‖ 古記云 百濟開國已來 未有以文字記事, 至是博士高興始有書記. 然高興未嘗顯於他書, 不知其何許人也. －≪三國史記≫ 百濟本紀 近肖古王

2 六年秋七月 伊湌異斯夫奏曰 "國史者記君臣之善惡, 示褒貶於萬代, 不有修撰 後代何觀?" 王深然之, 命大阿湌居柒夫等 廣集文士俾之修撰. －≪三國史記≫ 新羅本紀 眞興王

3 十一年春正月 ‖ 詔大學博士李文眞 約古史爲 ≪新集≫ 五卷. 國初始用文字時 有人記事一百卷 名曰 ≪留記≫, 至是刪修. －≪三國史記≫ 高句麗本紀 嬰陽王

어느 가을 이른 바람에 이에 저에 떠질 잎다이/

한 가지에 나고 가는 곳 모르온저.[4]

B. 壬申年六月十六日, 二人並誓記. 天前誓. 今自三年以後 忠道執旨 過失无誓. ‖

—未詳 〈二人誓石記〉

壬申年 유월십륙일, 두 사람이 나란히 맹세하여 기록한다. 하느님 앞에 맹세한다. 지금으로부터 삼 년 忠道를 執持하고 過失이 없기를 맹세한다. ‖[5]

C. 國有玄妙之道 曰風流. 設敎之源 備詳 ≪仙史≫, 實乃包含三敎. 接化羣生. ‖

—崔致遠 〈鸞郎碑序〉, ≪三國史記≫ 新羅本紀 眞興王三十七年

나라에 玄妙한 道가 있으니 가로되 風流라 한다. 이 敎를 베푼 根源은 ≪仙史≫에 상세하거니와 실로 이는 三敎를 포함하여 羣生을 接化하는 것이다.

글A는 鄕札이다. 우리말을 우리말 그대로 적은 것이다. 이런 방식으로 표기된 詩(鄕歌) 14수가 ≪三國遺事≫에 전한다. 글B는 誓記體다. 우리말을 漢文으로 번역한 것이기는 한데 그 語順이 우리말 그대로다.

---

4 가령 '於內' 같은 말은 그 소리로써 우리말 '어느'를 표기한 것이다. 만일 이를 漢文으로 읽는다면 '안(內)에서(於), 안에, 안보다'쯤 될 것이다.

—梁柱東 ≪古歌硏究≫ 祭亡妹歌條 參照

이 노래는 ≪三國遺事≫ 月明兜率歌條에 전한다.

5 이 글은 漢字를 그 뜻대로 쓴, 그러니까 漢文이기는 한데 우리말 語順을 따른 것이다. 가령 '天前誓' 같은 말은 '하느님 앞에 맹세한다.'는 뜻을 나타낸 것으로 이는 우리말 어순과 똑같다. 이를 漢文으로 쓴다면 '誓於天前'처럼 어순을 바꾸어야 한다.

—李秉岐, 白鐵 ≪國文學全史≫ p.66 參照

이런 예가 얼마나 더 있었는지는 알 수 없다. 위에 보인 것은 壬申誓記石[6]에서 한 줄 옮긴 것이다. 글C는 漢文이다. 우리말을 완전한 한문으로 번역한 것이다.

그런데 三國의 우리 先民은 언제부터인지 이 鄕札과 誓記體를 다 버리고 모든 表現과 傳達과 記錄을 한문에 의존하게 되었다. 섭섭한 일이다. 그러나 비록 남의 문자를 수입해서라도 표기수단을 가지게 되었다는 것은 여간 다행한 일이 아니다. 그러지 않았다면 오늘 우리가 무엇으로 三國의 문학을 말하겠는가?

2. 散文의 出現

여기서 말하는 散文은 물론 漢文이다. 鄕札로 詩(鄕歌)도 쓴 우리 선민, 그것으로 정서 고운 산문 한 편쯤 남길 법도 한데 전하는 바가 없다. 誓記體도 마찬가지다. 그러나 한문으로나마 산문을 대할 수 있으니 이는 또 얼마나 반가운 일인가? 隨筆은 산문에서 나오니까―. 그럼 三國의 산문을 살펴보기로 한다.

우선 新羅. 신라가 남긴 산문은 그 형식이 퍽 다양하다.[7] 간략히 그 몇 예를 보이면 다음과 같다.

---

6 1934년 慶州北郊의 見谷面金丈里 언덕에서 발견된 自然石. 慶州博物館所藏. 이 돌에 두 사람의 맹세가 새겨져 있다. 이 맹세 속에는 3년 안에 ≪詩傳≫, ≪尙書≫, ≪禮記≫ 같은 책들을 습득하겠다는 내용도 들어 있다. 이로써 보면 新羅에서는 일찍부터 中國의 이런 古典들을 읽었던가 보다.

7 崔致遠의 글 중 ≪東文選≫에 실려 전하는 散文만 하더라도 表, 啓, 狀, 書, 記, 牒, 疏 등 그 형식이 여간 다양하지가 않다.

奏議	金后稷	〈上眞平王書〉	三國史記, 東文選
〃	薛 聰	〈花王戒(諷王書)〉	三國史記, 東文選
碑文	新 羅	〈眞興王巡狩碑〉	
册	文武王	〈封安勝爲高句麗王〉[8]	三國史記
遺詔	文武王	〈文武王遺詔〉[9]	三國史記
紀行	慧 超	≪往五天竺國傳≫	
論	元 曉	〈金剛三昧經論〉	
記	金志誠	〈甘山寺彌陀造像記〉	仝彌陀像 三國遺事
書	崔承祐	〈代甄萱寄高麗王書〉	東文選
〃	祿 眞	〈上角干金忠恭書〉	東文選
檄書	崔致遠	〈檄黃巢書〉	桂苑筆耕, 東文選
祭文	崔致遠	〈寒食祭陣亡將士文〉	桂苑筆耕, 東文選

다음은 이 가운데 文學的 散文의 두어 예다. 풍부한 정서, 유려한 문장, 그러나 그 양적 빈곤은 안타까울 수밖에 없다.

A. 薛聰[10]/花王戒(諷王書)

臣은 들었습니다.

옛날 花王이 여기 처음 왔을 때 香園에 이를 처음 심고 翠幕으로 가

8 文武王 10년, 王은 이미 망한 高句麗의 遺民 牟岑(모잠)의 청원을 들어 고구려의 大臣이었던 淵淨土의 아들 安勝을 고구려왕에 封했는데 이는 그때 내린 册命.

—≪三國史記≫ 新羅本紀 文武王上

9 文武王이 그 21년, 죽음에 즈음하여 주위에 내린 遺言. 〈文武王遺詔〉라고 한 것은 저자의 恣意. —≪三國史記≫ 新羅本紀 文武王下

10 薛聰 ; 新羅景德王 때의 學者. 號는 氷月堂. 아버지는 元曉大師, 어머니는 瑤石公主. 新羅十賢의 하나로 儒學과 文學에 연구가 깊었다. 漢文에 토 다는 법을 창안했다고 한다.

렸더니, 봄이 되자 곱게 피어나 百花를 압도하고 홀로 빼어났습니다. 이에 아리따운 꽃들이 멀고 가까운 곳에서 달려오며 오직 뵙지 못할까만을 두려워하였습니다.

그때 홀연히 한 아름다운 女人이 있어, 발간 얼굴에 옥같이 흰 이, 산뜻한 화장과 예쁜 차림으로 한들한들 화왕께 다가와 상냥한 목소리로 말씀을 올렸습니다.

"저는 눈처럼 하얀 모래 위를 거닐며 거울처럼 맑은 바다를 보옵니다. 봄비에 목욕하여 때를 씻고 맑은 바람 속에 노니옵니다. 저의 이름은 薔薇라 하옵니다. 이제 大王의 德望 높으심을 듣자왔기로 향내 나는 장막 안에 한번 薦枕코자 하오니 대왕께서는 허락하여 주시옵소서."

그때 또 한 사내가 있어, 베옷에 가죽 띠를 띠고 흰 머리에 지팡이를 끌며 굽은 허리로 화왕께 다가와 말씀을 올렸습니다.

"저는 서울 근교 큰길가에 사오며, 아래로는 드넓은 野景을 굽어보고 위로는 높은 산의 山色을 우러르옵니다. 저의 이름은 白頭翁이라 하옵니다. 살피건대 大王께서는 左右의 供給이 넉넉하시옵니다. 그러나 비록 그러하여 膏粱으로 充腸하고 茶酒로 淸神하며 비단 바른 상자 속에 저장한 바가 많다 할지라도 모름지기 良藥으로 기운을 돋우시고 惡石으로 毒을 빼야 하실 것이옵니다." ‖ 11　　　—≪三國史記≫

11 臣聞./昔花王之始來也, 植之以香園, 護之以翠幕, 當三春而發艶, 凌百花而獨出. 於是自邇及遐, 艶艶之靈, 妖妖之英, 無不奔走上謁, 唯恐不及./忽有一佳人, 朱顔玉齒, 鮮裝靚服, 伶俜而來, 綽約而前曰 "妾履雪白之沙汀, 對鏡淸之海, 而沐春雨以去垢, 快淸風而自適, 其名曰薔薇. 聞王之令德, 期薦枕於香帷, 王其容我乎."/又有一丈夫, 布衣韋帶, 戴白持杖, 龍鍾而步, 傴僂而來曰 "僕在京城之外 居大道之旁, 下臨蒼茫之野景, 上倚嵯峨之山色. 其名曰白頭翁. 竊謂左右供給雖足, 膏粱以充腸, 茶酒以淸神, 巾衍儲藏, 須有良藥以補氣, 惡石以蠲毒. ‖ —≪三國史記≫ 列傳 薛聰條

B. 慧超[12]/故里燈無主

산중에 절이 하나 있다. 那揭羅馱娜(나가라다나)라는 이름의 절이다. 한 중국 스님이 이 절에서 돌아갔다. 이 절의 스님이 말했다.

"그분은 中天竺國에서 오셨는데 三藏聖教에 밝으셨습니다. 장차 고향으로 돌아가려 하시다가 갑자기 병을 얻으셨습니다."

나는 그 말을 듣고 마음이 아파 4韻으로 5言詩를 써 그의 저승길을 슬퍼했다.

스님은 가시고 고향은 먼데,/어디로 떠나셨나 재가 되신 몸.
못 이루신 그 소원이 애처러워라./흰 구름만 부질없이 돌아가는가.

故里燈無主, 他方寶樹摧. 神靈去何處, 玉貌已成灰.
憶想哀情切, 悲君願不隨. 孰知鄕國路, 空見白雲歸.[13]

—≪往五天竺國傳≫

C. 崔致遠[14]/寒食祭陣亡將士文

嗚呼라, 삶이 有限함은 古今이 탄식하는 바이나 죽은 자의 이름이 오히려 不朽하기도 한 것은 목숨보다 忠義를 앞세웠기 때문이다.

---

12 慧超(惠超, 704~787) ; 新羅聖德王 때의 스님. 唐나라에 가 그곳 佛教聖跡을 순례하고 파미르高原을 넘어 다시 당나라로 돌아왔다. 저서로 ≪往五天竺國傳≫. 이 제목은 저자가 붙인 것.

13 山中有一寺, 名那揭羅馱娜. 有一漢僧, 於此寺身亡. 彼大德說 "從中天來, 明閑三藏聖教, 將欲還鄕, 忽然違和, 便卽化矣."/于時聞說, 莫不傷心, 便題四韻, 以悲冥路 五言. (詩前出) —≪往五天竺國傳≫

14 崔致遠(875~?) ; 字는 孤雲, 또는 海雲. 일찍이 唐나라에 遊學, 거기서 文名을 떨친 바 〈檄黃巢書(討黃巢檄文)〉는 그의 유명한 문장이다. 黃巢가 이 글을 받아 읽다가 중간에 놀라 의자에서 떨어졌다고 한다(p.38). ≪三國史記≫에 따르면, 그는 그 후 新羅에 돌아와 벼슬에도 올랐으나 의심하고 시기하는 무리가 많아 뜻을 펴지 못하고, 亂世를 비관하며 유랑하다가 伽倻山에 들어가 여생을 마친 것으로 되어 있다. 저서로 ≪桂苑筆耕≫ 외에 ≪中山覆簣集≫ 등이 더 있었으나 전하지 않는다.

그대들은 온 몸을 다하여 활을 당겼다. 통쾌하게 힘을 떨쳐 적의 수레를 뒤엎었다. 그리하여 熊羆(웅비, 武士)의 대열에서 기개를 드높이다 鵝鸛(아관, 軍陣) 앞에 몸을 마치니, 능히 干戈에 용맹을 떨치고 참으로 牀笫(상자, 寢牀)에서 죽는 부끄러움을 면하였구나.

이제 들풀은 다시 푸르고 꾀꼬리 좋이 우나 아득한 강물에 흐르는 恨이 끝없다. 아, 저 황량한 무덤들 속에 그대들의 魂이 있는 줄을 누가 알랴.

내 생각하노라, 그대들의 옛 功이여. 我所念兮舊功勞,
내 슬퍼하노라, 시절의 아름다움이여. 我所傷兮好時節.

나 이제 박한 술이나마 여기 한잔 베풀어 저승에 노니는 그대들의 영혼을 위로하려 한다. ‖ 15

―≪桂苑筆耕≫

글A는 ≪東文選≫에 奏議로 분류되어 있다. 임금을 깨우치는 글이다. 이 글은 한 편의 說話다. 여기 등장하는 薔薇는 甘言으로 임금을 유혹한다. 白頭翁은 苦言으로 임금을 깨우친다. 각각 奸臣과 諫臣의 비유다. 지은이 薛聰은 神文王 때의 학자로 元曉大師의 아드님이다. 그러나 아버지와 달리 儒學의 길을 걸어 그 발전에 공헌이 컸다고 한다. 그는 그 문장으로 보아 다른 작품도 있을 법한데 아직은 이 이외에 보이는 바가 없다.

글B는 다섯 天竺國(印度, 당시 인도는 5개국으로 나뉘어 있었다)을 여행한 長篇紀行文 ≪往五天竺國傳≫의 한 부분이다. 기행문이니만치 보

---

15 嗚呼, 生也有涯 古今所嘆, 名之不朽 忠義爲先./爾等, 彍弩勞身, 蒙輪逞力, 奮氣於熊羆之列, 亡形於鵝鸛之前, 能衍勇於干戈, 固免慚於牀笫./今也, 野草綠色, 林鶯好音, 杳杳逝川 空流恨而無極, 纍纍荒塚 誰驗魂之有知. (二句前出) 俾陳薄酹 用慰冥遊. ‖

―≪桂苑筆耕≫

고 듣고 겪은 事實이 중심을 이루지만, 위에 보인 부분처럼 情緖的인 데도 적지 않다. 먼 나라에 나그네 노릇하는 지은이, 고향에 돌아가지 못한 중국 스님의 죽음이 마음 아팠을 것이다. 慧超는 聖德王 때의 스님으로 唐나라에 가 공부하던 중에 天竺國을 다녀왔다고 한다. 역시 이 글밖에는 달리 전하는 바가 없다.

글C는 祭文이다. "이제 들풀은 다시 푸르고 꾀꼬리 좋이 우나 아득한 강물에 흐르는 恨이 끝없다.", 이 한 마디가 다시 못 오는 젊은이들의 묘비 앞에 한숨을 짓게 한다. 6월 6일의 저 국립현충원—. 지은이 崔致遠은 신라말기의 문인으로 우리나라 漢文學의 鼻祖, 그의 ≪桂苑筆耕≫은 韓國文學史上 최초의 문집으로 알려져 있다. 이 책에 실린 산문들은 다 훌륭한 문장이지만, 그러나 위에 보인 祭文처럼 모두가 그렇게 정서적인 것은 아니다.

이제 신라의 산문 이야기는 이만 마쳐야겠다. 그런데 문학적 산문은 아니지만 훌륭한 문장에 뜻 높은 글이 한 편 있기로 여기 실어 두기로 한다.

金后稷[16]/**上眞平王書**

옛날의 임금은 하루에도 반드시 일만 가지 政事를 살피며 깊이 생각하고 멀리 염려하였습니다. 바른 선비를 좌우에 두고 直諫하는 말을 들

---

16 金后稷 ; 眞平王 때의 伊飡. 그의 이 글을 보면, 당시 新羅의 상류사회에서는 ≪老子≫나 ≪書經≫ 같은 漢籍이 이미 널리 퍼졌던 듯하다. ≪三國史記≫ 列傳 金后稷條에는 다음과 같은 기록이 보인다. 참 대단한 忠臣이다.

그가 죽음에 이르러 말하기를 "나는 남의 臣下로서 임금의 잘못을 고치지 못했으니 大王이 사냥을 그치지 않다가 敗亡에 이를까 두렵다. 내 비록 죽어서라도 임금을 깨우치리니, 내 뼈를 임금이 사냥 다니는 길가에 묻으라." 했다.

었습니다. 부지런히 힘쓰고 힘쓸 뿐 감히 편하게 쉴 생각은 하지 아니하였습니다. 그런 연후에야 德政이 醇美하여져 國家를 보전할 수가 있다고 믿었기 때문입니다.

이제 殿下께서는 날마다 狂夫獵師(광부엽사)와 함께하십니다. 더불어 매와 개를 놓아 꿩과 토끼를 좇으며, 산과 들을 치달려 스스로 그칠 줄을 모르십니다.

일찍이 ≪老子≫에 말하였습니다.

"말을 달려 사냥을 하는 것은 사람을 미치게 만든다."

≪書經≫에도 일렀습니다.

"집 안에서 女色에 문란하거나 집 밖에서 사냥에 미치거나, 이 둘 중 한 가지만 있어도 망하지 않는 자가 없다."

이로써 볼 때 안으로는 전하의 마음이 방탕으로 흐를 것이요, 밖으로는 나라가 위태로워질 것이니, 어찌 반성하지 않을 수 있겠습니까?

전하께서는 이를 깊이 생각하소서.[17] —≪三國史記≫

임금의 잘못을 諫하는 이런 글은 高麗를 거쳐 朝鮮에서도 끊임없이 이어졌다. 자, 다음으로—.

高句麗는 위에 보인 대로 일찍이 史書를 만들었다. 唐將 于仲文을

그 후 임금이 사냥을 나가는데 그 가는 길 중간쯤에서 이상한 소리가 들렸다. 임금이 돌아보고 어디서 나는 소리냐고 물었다. 從子가 伊湌 后稷의 무덤에서 난다 하고 그가 죽을 때 한 遺言을 고했다. 임금이 슬피 눈물을 흘리며 "后稷의 忠諫은 죽어서도 잊지를 않으니 이는 나를 깊이 사랑함이로다. 내가 만약 고치지 않는다면 무슨 낯으로 그를 대하겠느냐?" 하고, 다시는 사냥을 하지 않았다.

17 古之王者 必一日萬機深思遠慮. 左右正士容受直諫. 孳孳矻矻不敢逸豫. 然後德政醇美, 國家可保./今殿下, 日與狂夫獵師, 放鷹犬逐雉兎, 奔馳山河, 不能自止./≪老子≫曰"馳騁田獵 令人心狂."/≪書≫曰 "內作色荒 外作禽荒, 有一于此 未或不亡."/由是觀之, 內則蕩心, 外則亡國, 不可不省也./殿下其念之. —≪三國史記≫ 列傳 金后稷條

기롱하는 乙支文德의 〈遺于仲文詩(與隋將于仲文詩)〉 같은 詩도 있다. 그렇다면 문학적이든 비문학적이든 산문 몇 편은 남길 법도 한데 유감스럽게도 전하는 바가 없다. 다만 廣開土王陵碑, 中原高句麗碑 같은 碑文이 있어 고구려의 산문을 짐작케 할 뿐이다.

未詳/**廣開土王陵碑**

옛적 始祖 鄒牟王(추모왕, 朱蒙)이 나라를 세우시니, 王은 北夫餘에서 나신바 天帝의 아드님이요 어머니는 河伯의 따님이시다. 알을 깨치고 세상에 나오매 나시면서 聖스러움이 있으셨다.(6字缺) 남으로 내려오시는 중 夫餘의 奄利大水(엄리대수)를 거치게 되셨던바, 王이 나루에 이르러 가라시되

"나는 皇天의 아들이요 어머니는 河伯의 따님이다. 나 鄒牟王을 위하여 갈대를 엮고 거북이들이 물 위로 뜨게 하라."

하시니, 곧 갈대가 엮여지고 거북이들이 물 위에 떴다. 그런 후 王은 물을 건너 沸流谷忽本 서쪽 山上에 城을 쌓고 도읍하셨다. ‖ [18]

百濟도 위에 보인 바와 같이 일찍이 漢文으로 書記했다. 그러나 오늘 우리가 볼 수 있는 것은 蓋鹵王(개로왕)이 魏王에게 구원을 요청한 글,[19] 砂宅智積碑[20]의 碑文, 그리고 義慈王을 諫하다 옥에 갇힌 成忠이

---

18 惟昔始祖鄒牟王之創基也, 出自北夫餘, 天帝之子, 母河伯女郎. 剖卵降出生子. 有聖□□□□□□命駕巡車南下, 路由夫餘奄利大水, 王臨津言曰 "我是皇天之子 母河伯女郎 鄒牟王, 爲我連葭浮龜." 應聲卽爲連葭浮龜. 然後造渡, 於沸流谷忽本西城山上 而建都焉.

—崔南善 ≪增補三國遺事≫ 附錄所載

* '剖卵降出生子, 有聖'은 '剖卵降世, 生而有聖'의 誤植인 듯.

19 ≪三國史記≫ 百濟本紀 蓋鹵王18年(472)條.

20 百濟의 高官으로 추정되는 砂宅智積이라는 사람이 세운 碑. 이 碑文에는 삶의 無常

그 죽음에 이르러 임금에게 올린 짧은 글 한 편 정도다. 成忠의 이 글은 우리가 앞에서 읽은 金后稷의 〈上眞平王書〉와 똑같은 충신의 글이다. 그는 唐軍이 올 것을 벌써 예측했던가?

成忠[21]/上義慈王書

忠臣은 죽어도 그 임금을 잊지 않는다 하니, 臣은 원컨대 한 말씀 올리고 죽고자 하나이다.

臣은 늘 時運의 변화를 관찰하옵는바 머잖아 반드시 兵革의 禍가 있을 것이옵니다. 무릇 軍士를 쓰실 때는 모름지기 잘 살피어 땅을 가리시되 上流에 處하소서. 그리하여 敵軍을 끌어들이시면 가히 保全하실 수 있을 것이옵니다.

만일 다른 나라의 군사가 쳐들어오면, 陸路는 沈峴(지금의 忠南大德郡 馬道嶺, 炭峴)을 넘지 못하게 하시고, 水軍은 伎伐浦(지금의 錦江河口의 옛 이름) 江岸에 들어오지 못하도록 막으소서. 그리하여 그 險한 곳에 據하여 방어하시면 가히 물리치실 수 있을 것이옵니다.[22]

―≪三國史記≫

感과 佛教信仰이 드러나 있다. 扶餘博物館所藏.

21 成忠(?~656) ; 百濟義慈王 때의 忠臣. 一名淨忠. 당시 佐平으로 義慈王의 잘못을 諫하다가 옥에 갇혀 옥사했다. 이 제목은 원문에 제목이 없어 저자가 붙인 것. 成忠에 관해서는 ≪三國史記≫ 百濟本紀 義慈王16年條에 다음과 같은 기록이 보인다.

王이 宮人과 더불어 淫荒耽樂에 飮酒가 끊이지 않아, 佐平 成忠(혹은 爭忠)이 極諫하니 王이 노하여 그를 옥중에 가두었다. 이로 말미암아 그 후로는 王에게 말하는 자가 없었다. 成忠은 몸이 쇠약해져 마침내 옥중에서 죽음을 맞았다.

22 忠臣死不忘君, 願一言而死./臣常觀時察變, 必有兵革之事. 凡用兵必審擇其地, 處上流而延敵, 然後可保全./若異國兵來, 陸路不使過沉峴, 水軍不使入伎伐浦岸, 據其險隘而禦之, 然後可也.

―≪三國史記≫ 百濟本紀 義慈王16年條

三國時代는 新羅, 高句麗, 百濟, 이 세 나라의 시대, 1천년 가까운 긴 세월이다. 그리고 일찍이 表記手段도 가지고 있었다. 그렇다면 많은 글들이 쌓였을 법도 한데, 지금 전하는 것은 너무 영성하다. 어디 숨어 있을까? 자, 우리 漢文學의 鼻祖, 崔致遠의 글 한 줄 읽고 마치자. 다음은 黃巢가 읽다가 놀라 의자에서 떨어졌다는 유명한 구절이다. 뒤에 붙인 것은 저자의 독후감—.

崔致遠/**檄黃巢書(討黃巢檄文)**

‖太陽이 찬란하니 어찌 요망한 기운을 그대로 두겠는가? 天網이 높이 쳐졌으니 반드시 흉한 족속을 멸할 것이다. 하물며 너는 평민의 말짜로 들판에서 일어나 불 지르고 겁탈하는 것을 좋이 도모하며 무단히 사람 죽이는 것을 급선무로 앎에랴.

네 죄는 머리털처럼 셀 수 없이 많은데 용서받을 착한 일은 작은 것 한 가지도 한 것이 없다. 그러므로 천하의 모든 사람들이 다 너를 屠戮(도륙)하려 할 뿐만 아니라 땅 속의 귀신들까지도 다 너를 誅殺(주살)하기로 의논을 마쳤으니, 이제 너는 비록 숨은 쉰다 하지만 넋은 이미 빠졌을 것이다.‖[23]

—≪桂苑筆耕≫

이 글은 ≪東文選≫에도 전하고 ≪三國史記≫에도 실려 있다. 유명한 글이다. 왜 유명할까? 문장이 좋아서 그럴까? 그럴 것이다. 그러나 그보다는 그 세찬 기백 때문에 더 그럴 것이다. 어지러운 시대일수록 기백 있는 문장이 있어야 한다.

---

23 ‖日輪濶輾 豈縱妖氛, 天網高懸 必除兇族. 況汝出自閭閻之末, 起於隴畝之間, 以焚劫爲良謀, 以殺傷爲急務./有大愆可以擢髮, 無小善可以贖身. 不唯天下之人 皆思顯戮, 抑亦地中之鬼 已議陰誅, 縱饒假氣遊魂, 早合亡身奪魂.‖ —≪桂苑筆耕≫

다음은 지은이의 詩, 제목은 〈秋夜雨中〉. 그토록 기백 있는 글을 썼던 그는, 그러나 고국 新羅에 돌아와서는 失意에 잠기고 말았다. 經綸을 펼쳐 보려 했지만 아무도 알아주지 않았던 것이다. 아니, 오히려 의심과 질시가 끊이지 않았다.[24] 이 詩에는 쓸쓸함이 드러나 있다. 그때 그는 혹 자기를 인정해 주던 唐나라의 하늘을 그리워했던 것은 아닐까?

바람 이는 가을밤의 나의 노래는
아득한 세상길에
듣는 이 없어,
찬비 오는 이 한밤을 등잔 돋우며
꿈속인 듯 치닫는
그리운 하늘.

秋風惟苦吟, 世路少知音. 窓外三更雨, 燈前萬里心. —≪大東詩選≫

—저자 ≪고전산문을 읽는 즐거움≫ p.29 改稿

24 ≪三國史記≫ 列傳, 崔致遠傳 參照.

뿌리 깊은 나무는—龍飛御天歌 第2章

世宗朝諸儒

뿌리 깊은 나무는 바람에 아니 움직이므로
꽃 좋고 열매 많나니.

샘이 깊은 물은 가물에 아니 그치므로
내가 되어 바다에 가나니.

根深之木 風亦不扤, 有灼其華 有蕡其實.
源遠之水 旱亦不竭, 流斯爲川 于海必達.

—《龍飛御天歌》, 著者現代語譯

제3장

韓國隨筆文學史의 展開

韓國隨筆文學史의 展開

I. 中世隨筆—高麗建國~高麗末

우리는 앞에서 三國時代 1천년 가까운 긴 세월을 들여다보았다. 그리고 좀 쓸쓸한 걸음으로 그 시대를 떠났다. 이제 우리는 우리 隨筆文學의 中世, 즉 高麗에 들어와 있다. 太祖(王建)가 나라를 세우고(918) 恭愍王이 나라를 마칠(1392) 때까지의 5백 년, 역시 긴 세월이다.

이 시대의 表記手段은 漢字, 漢文이었다. 鄕札이 있기는 했지만 지금 우리가 볼 수 있는 것은 均如의 〈普賢十願歌〉와 睿宗의 〈悼二將歌〉 정도다. 고려야말로 韻文이든 散文이든 참으로 漢文學이 찬란했던 시대가 아닌가 한다.

자, 다시 본론으로 돌아가자. 우리는 앞서 新羅의 散文을 살피는 중에 그 形式의 다양함을 이야기한 일이 있다. 고려에서도 마찬가지다. 그런데 그 다양한 형식들 속에는, 隨筆로 분류하기는 어려우면서 수필과 금을 긋기도 쉽지 않은 그런 산문이 있다. 말하자면 隨筆文學의 周

邊쯤 되는 그런 산문이다. 아니, 隨筆과 非隨筆의 경계 어디쯤 되는—. 우리는 이 시대의 수필이 어떤 모습인지를 살펴보기 전에 먼저 이 주변쯤 되는 산문들을 일별해 보는 것이 순서일까 한다.

1. 隨筆文學의 周邊

수필로 분류하기는 어려우면서 수필과 금을 긋기도 쉽지 않은 그런 산문—, 그 현저한 예로 우리는 奏議, 列傳, 假傳 같은 글을 들 수 있다.

A. 崔承老[1]/上時務書

‖ 易에 말하기를 "聖人이 人心을 감동시키니 天下가 화평하다." 하고, 語에는 "하염없이(無爲) 나라를 다스린 임금은 舜이니, 순임금은 다만 몸을 공손히 하고 똑바로 南面하였을 뿐이다." 하였습니다. 성인이 天人을 감동시킨 것은 純一한 德이 있고 私心이 없기 때문입니다.

만일 聖上께서 스스로 낮추고 남을 높이며 두려운 마음으로 臣下를 예우하신다면 어느 누가 心力을 다하지 않겠습니까? ‖ 원컨대 성상께서는 하루하루를 謹愼하고 하루도 스스로 驕滿하지 마십시오. ‖ [2]

—≪東文選≫

---

1 崔承老(927~989) ; 高麗成宗 때의 文臣. 성종에게 올린 이 글에는, 軍制를 개편하고 僧侶의 횡포를 엄금하며 貢役을 균등히 하고 迷信을 타파하는 등, 28條의 時務策이 들어 있다. 그러나 3條가 유실되어 25條만 전한다. 이 글은 그 흐름이 金后稷의 〈上眞平王書〉와 같다. 그러나 부분적으로는 위에 보인 것처럼 정서적인 데가 있다.

2 ‖ 易曰 "聖人感人心, 天下和平." 語曰 "無爲而治者 其舜也歟. 夫何爲哉? 恭己正南面而已." 聖人所以感動天人者, 以其純一之德, 無私之心也./若聖上執心撝謙, 常存敬畏, 禮遇臣下, 則孰不罄竭心力? ‖ 願聖上日愼, 一日不自驕滿. ‖ —≪東文選≫

B. 金富軾[3]/**百結先生**

‖어느 해, 장차 한 해가 저물려 함에 이웃집에서 벼를 찧으니, 선생의 아내가 방아 소리를 들으며 말했다.

"남들은 다 곡식이 있어서 방아를 찧는데 우리는 홀로 아무것도 없으니 무엇으로써 설을 쇠리오?"

선생이 하늘을 우러러 탄식하며 말했다.

"사람의 死生은 운명에 매였고 富貴는 하늘에 달린 것이오. 그 오는 것을 막을 수 없고 그 가는 것을 좇을 수 없는데, 부인은 어찌 그리 슬퍼만 하오? 내 이제 방아 소리를 내어 그대의 슬픔을 위로하리다."

이에 거문고(앵금일 듯)를 튕겨 방아 소리를 내니 이것이 세상에 전해져 그 이름을 碓樂(대악)이라고 했다.[4] —≪三國史記≫

C. 李奎報[5]/**麴先生傳**

麴聖(술의 敬稱)은 字가 中之로 酒泉 사람이다. ‖

聖은 어릴 때 이미 局量이 깊어, 客이 집으로 그 아비를 찾아왔다가 그를 보고는 오히려 그 아비에게 말했다.

"이 아이의 마음그릇이 萬頃의 물결처럼 넓은지라 맑히려 해도 맑아지지 않고 흔들어 흐리려 해도 흐려지지 않네그려. 자네하고 이야기를 나누느니보다는 이 아이하고 즐기는 게 낫겠네."

자라서는 劉伶과 陶潛으로 벗을 삼으니, 일찍이 그들이 말했다.

---

3 金富軾(1075~1151) ; 高麗仁宗 때의 政治家, 學者, 文人. 號는 雷川. 詩文이 뛰어났다. 文集이 있다고 하나 전하지 않고, 그의 시문 상당량이 ≪東文選≫에 실려 전한다. 그의 두 형인 富弼과 富佾, 한 아우인 富儀도 다 文名이 있었다. 저서로 ≪三國史記≫.

4 ‖歲將暮, 鄰里舂粟, 其妻聞杵聲曰 "人皆有粟舂之, 我獨無焉, 何以卒歲?" 先生仰天嘆曰 "夫死生有命, 富貴在天. 其來也不可拒, 其往也不可追, 汝何傷乎? 吾爲汝作杵聲以慰之. 乃鼓琴作杵聲, 世傳之 名爲碓樂. —≪三國史記≫ 列傳 百結先生條

5 李奎報(1168~1241) ; p.17

"하루라도 이 사람을 못 보면 내 마음이 넉넉해지질 못하네."

늘 볼 때마다 날이 가도록 피로를 잊고 번번이 취하여 돌아왔다. ‖[6]

—≪東文選≫

글A는 奏議다. 임금께 아뢰는 글이다. 우리는 이미 新羅 薛聰의 〈花王戒(諷王書)〉에서 그 예를 본바 있다. 같은 시대 金后稷의 〈上眞平王書〉도 주의다. 그런데 이 둘은, 임금을 깨우치려는 그 목적은 같지만 글의 형식은 전혀 다르다. 즉, 설총의 戒는 說話요 김후직의 書는 論說인 것이다.

그 후 주의는 李存吾의[7] 〈論辛吨疏〉, 朴宜中[8]의 〈戒逸豫書〉 등 끊임없이 이어졌으나 설총의 戒 같은 순수하게 문학적인 글은 보이지 않는다. 모두 김후직의 書를 따르고 있는 것이다. 그럼에도 우리가 이 논설들을 몰라라 할 수 없는 것은 부분적으로나마 임금의 情緖에 호소하는 면이 있기 때문이다.

글B는 列傳이다. 열전이란 많은 사람의 傳記를 차례로 벌려놓은 글, ≪三國史記≫나 ≪高麗史≫에는 각각 그 시대에 활약한 주요 인물들의

---

6 麴聖字中之, 酒泉郡人也. ‖/聖自爲兒時, 已有沉深局量, 客詣父目愛曰 "此兒心器當汪汪萬頃之波, 澄之不淸, 搖之不濁, 與卿談不若與阿聖樂."/及長, 與中山劉伶 潯陽陶潛爲友, 二人嘗謂曰 "一日不見此子, 鄙吝萌矣." 每見移日忘疲, 輒心醉而歸. ‖

—≪東文選≫

7 李存吾(1341~1371) ; 高麗恭愍王 때의 文臣. 號는 孤山, 石灘. 〈論辛吨疏〉는 辛吨의 放恣함을 바로 다스리라는 글. —≪東文選≫

그의 "구름이 無心탄 말이 아마도 虛浪하다./中天에 떠 있어 任意로 다니면서/구태여 光明한 날빛은 따라가며 덮느니.—≪靑丘永言≫"라는 時調는 임금의 덕을 가리는 辛吨을 풍자한 것이라고 한다.

8 朴宜中 ; 麗末鮮初의 文臣. 號는 貞齋. 性理學에 밝고 文章이 우아했다고 한다. 저서로 ≪貞齋集≫. 〈戒逸豫書〉는 임금의 安逸함을 경계하는 글. —≪東文選≫

전기가 차례로 벌려져 있다. 그럼 三國時代에도 열전이 있었을까? 그 시대에도 史書를 수찬했으니 혹 있었는지 모르지만 지금은 전하지 않으니 알 수가 없다.

열전은 전기이니만치 물론 敍事的이다. 위에 보인 〈百結先生(新羅)〉도 그렇고, 이 밖에 〈溫達(高句麗)〉, 〈都彌(百濟)〉도 다 마찬가지다. 해서 온달과 도미 같은 이야기를 한 說話로서 小說의 출발로 보기도 한다.[9] 그럼에도 수필과 금을 긋기 어려운 것은 오늘의 敍事隨筆과 많이 닮았기 때문이다.

글C는 假傳이다. 가전은 사람 아닌 것의 傳記, 이 글은 사람 아닌 술의 전기다. 이 글에 등장하는 劉伶과 陶潛은 晉의 文人으로, 劉는 酒德을 칭송하고(〈酒德頌〉) 陶는 壺觴(호상, 술병과 술잔)을 당겨 홀로 自酌했던(〈歸去來辭〉) 대단한 酒客이다. 가전은 주의와 달리 심각하지 않고 해학적이다.

이런 글은 적잖이 유행한 듯하다. ≪東文選≫에 전하는 것만 해도 李奎報의 〈麴先生傳〉 외에 林椿[10]의 〈麴醇傳〉, 李穀[11]의 〈竹夫人傳〉, 釋息影庵[12]의 〈丁侍者傳〉 등 여러 편이다. 이 역시 小說로 분류하기도

---

9 李秉岐, 白鐵 ≪國文學全史≫ p.133.

10 林椿(1147~1197) ; 高麗明宗 때의 文人. 字는 耆之. 詩文이 뛰어났으나 科擧에 실패, 武臣의 亂(1170)에 겨우 목숨을 건지고, 詩酒로 세월을 보냈다고 한다. 저서로는 李仁老가 그의 遺稿를 모아 엮은 ≪西河先生集≫. 그의 〈麴醇傳〉은 술을 의인화한 것.

11 李穀(1298~1351) ; 高麗忠穆王 때의 文臣, 學者. 號는 稼亭. 文章에 능하고 經學의 大家였다. 元나라에 가 科擧에 오르고 벼슬도 산 일이 있다. 저서로 ≪稼亭集≫. 그의 〈竹夫人傳〉은 죽부인을 의인화한 것.

12 釋息影庵 ; 高麗恭愍王 무렵의 僧侶, 文人. 文章이 뛰어났다. 당대의 문인들과 교류도 있었던 듯. 그의 假傳 〈丁侍者傳〉은 지팡이를 의인화한 것이다.

한다.[13] 그러나 어떻든 이들도 이야기여서 오늘의 서사수필과 많이 닮은 데가 있다.

물론 이런 논의를 진행한 것은 수필문학의 대상을 좀더 엄격하게 제한하자는 뜻이었다. 그러나 우리가 다소나마 너그러워진다면 이런 글들 속에서도 수필로 읽을 수 있는 글을 적잖이 찾아낼 수 있을 것이다.

2. 隨筆文學의 展開

그렇다면 高麗時代의 隨筆文學은 어떤 모습인가, 이제 우리는 그 실상을 살펴볼 차례다. 대체로 시간의 흐름을 따라 그 한 모습씩을 찾아볼까 한다. 우선―.

義天[14]과 金富軾[15]

義天과 金富軾이 무슨 특별한 관계가 있는 것 같지는 않다. 의천은 寺刹에 있고 김부식은 朝廷에 있었다. 있다면 김부식이 의천의 碑文(〈大覺國師碑文〉)을 썼다는 정도다(김부식은 儒學에 바탕을 두었지만 佛敎와 관련된 글도 여러 편 남겼다.). 그럼에도 이들을 한 자리에 놓는 것은 혹이 시대의 隨筆이 이들을 통해서 열리는 게 아닌가 하는 생각 때문이다. 이들 이전에는 이렇다 할 수필을 보기 어렵다.

---

13 李家源 ≪韓國漢文學史≫ p.151.

14 義天(1055~1101) ; 高麗文宗의 넷째 아드님, 大覺國師. 이름은 煦(후), 義天은 字. 高麗佛敎의 융합을 실현, 韓國佛敎史에 획기적인 업적을 남겼다. 散文 외에 詩도 썼다. 저서로 ≪大覺國師文集≫.

15 金富軾 ; p.44

A. 義天/祭文王文

維年月日, 佛法을 구하는 沙門 臣 義天은 삼가 齋羞(재수)와 茶菓를 차리고 先考 高麗國王 靈前에 고하옵니다.

嗚呼, 이 슬픔이여, 엎드려 생각하매 그 낳아 기르신 恩惠 깊고 깊사오니 이를 어찌 갚사오리까? ‖

세월의 흐름에 멈춤이 없사온지라 이제 祥日을 맞아 마지막으로 아버님 영전에 고하려 하오니 가슴에 복받치는 슬픔을 누를 길이 없사옵니다.

변변찮은 祭物이오나 받으시옵소서.[16] —≪大覺國師文集≫

B. 金富軾/啞鷄賦

‖가까이에 닭장이 있다.

"조만간 닭이 홰를 치고 울리라."

寢衣 그대로 앉아 창틈의 微明을 본다. 보다가 문을 열고 나가 하늘을 우러른다. 參星이 밝게 서녘으로 기울어져 있다. 아이를 불러 묻는다.

"대체 닭이 살았느냐 죽었느냐?"

잡아서 제사에 쓴 일도 없는데 왜 울지를 않느냐? 살쾡이에게 해를 입을까봐 그러느냐? 어찌 머리를 떨어뜨리고 눈을 감고 마침내 입 다물고 소리가 없느냐? ‖울 때에 침묵하니 이 어찌 天理에 어긋남이 아니냐? 이는 개가 도둑인 줄 알고도 짖지 않는 것이나 고양이가 쥐를 보고도 쫓지 않는 것이나, 제 타고난 才能을 다하지 않기는 마찬가지이니, 그러므로 잡아 죽이는 것이 또한 마땅하나 聖人의 가르침이 不殺爲仁이라 하셨으니….

"네 만일 마음이 있거든 이를 고맙게 알아, 잘못을 뉘우치고 스스로

---

16 維年月日, 求法沙門臣某 謹以齋羞茶菓之奠敢告于先考高麗國王之靈./嗚呼哀哉, 伏念其鞠育恩深生成何報. ‖今克光陰不住, 祥日告終式懷霜露之悲, 輒獻蘋蘩之奠.
—≪大覺國師文集≫

새로워져라."[17] —≪東文選≫

글A는 義天이 宋나라에 머무를 때 그 아버지 文宗의 祥日을 맞아 쓴 祭文이다. 全文을 읽어 보면 마지막으로 아버지를 보내는 아들의 슬픔이 행간마다 배어 있다. 제문은 실용문임에도 우리가 이 글을 隨筆로 읽는 것은 이런 情緒 때문일 것이다. 崔致遠의 〈寒食祭陣亡將士文〉(p.32)도 그랬다. 의천의 ≪大覺國師文集≫을 보면 이런 제문 이외에도 여러 정서적인 문장을 볼 수 있다. 그는 높은 신분의 王子요 僧侶이면서 동시에 훌륭한 文人이었다.

글B는 울지 않는 닭을 꾸짖는 글이다. 울어서 때를 알려야 할 닭이 이 글에서는 울지를 않는다. 살쾡이가 두려웠나? 울지 않는 이 닭만이 아니고 도둑인 줄 알고도 짖지 않는 개, 쥐를 보고도 쫓지 않는 고양이를 꾸짖는 말 역시 우리의 共感을 얻기에 충분하다. 그것은 제 使命을 포기하는, 제 任務를 저버리는, 그런 부실한 인간을 우리가 많이 보기 때문일 것이다. 그는, 賦는 물론 詩, 表箋, 啓, 狀, 記 등 여러 장르에 업적을 남긴 뛰어난 문인이었다.

여기서 우리는 잠깐 그의 ≪三國史記≫에 관해서 조금 생각하고 지나가야 할 것 같다. 이 책에는 알다시피 列傳이 들어 있다. 이것은 '수필로 분류하기는 어려우면서 수필과 금을 긋기도 쉽지 않은' 그런 글이

---

17 ‖想鷄塒在邇. "早晩鼓翼以一鳴." 擁寢衣而幽坐 見窓隙之微明, 遽出戶以迎望 參昴澹西傾. 呼童子而令起 乃問鷄之死生. 旣不羞於俎豆, 恐見害於貍猩. 何低頭而瞑目, 竟緘口而無聲?‖今可鳴而反黙, 豈不違其天理與? 夫狗知盜而不吠 猫見鼠而不追 校不才之一揆, 雖屠之而亦宜, 惟聖人之敎誡 以不殺而爲仁. "倘有心而知感, 可悔過而自新." —≪東文選≫

다. 그런데 本紀에도 그런 글이 더러 있다. 다음은 그 한 예다.

金富軾/**義慈王**

義慈王 20년 6월에, ‖ 들사슴처럼 생긴 개 한 마리가 서쪽에서 와 泗沘河 언덕에 이르더니 王宮을 향해 짖고는 잠깐 사이에 사라졌다. 그러자 서울의 개들도 다 路上에 모여 혹은 짖고 혹은 울고 하다가 흩어졌다. 그때 한 귀신이 宮中에 들어와 외치기를

"百濟는 망한다, 백제는 망한다."

하고 곧 땅속으로 들어갔다. 왕이 이상하게 생각하고 파보게 했다. 그랬더니 땅속 석 자 깊이에 거북이 한 마리 있는데 그 등에 씌어 있기를

"백제는 보름달이요, 신라는 초승달이라."

했다. 왕이 巫者에게 물었다. 그가 대답했다.

"보름달은 가득 찬 것이니 장차 이지러지고, 초승달은 아직 차지 않은 것이니 점차 차게 된다는 뜻입니다."

왕은 노하여 무자를 죽였다. 그때 누가 말했다.

"보름달은 盛한 모양이요 초승달은 微한 모양이니, 백제는 隆盛하고 신라는 衰微해진다는 뜻입니다."

왕이 이 말을 듣고 기뻐했다. —≪百濟本紀≫ 義慈王條[18]

權力 앞일지라도 자신이 믿는 바를 그대로 말하는 사람, 다른 셈을 가지고 권력의 비위를 맞추는 사람, 이런 사람은 지금도 얼마든지 있

---

18 義慈王二十年六月, ‖ 有一犬如野鹿 自西至泗沘河岸 向王宮吠之 俄而不知所去. 王都羣犬集於路上或吠或哭, 移時卽散, 有一鬼入宮中 大呼 "百濟亡, 百濟亡." 卽入地. 王怪之使人掘地, 深三尺許有一龜, 其背有文 曰 "百濟同月輪, 新羅如月新." 王問之巫者 曰 "同月輪者滿也 滿則虧, 如月新者未滿也 未滿則漸盈." 王怒殺之. 或曰 "同月輪者盛也, 如月新者微也, 意者國家盛而新羅寖微者乎." 王喜. —≪三國史記≫ 百濟本紀 義慈王條

다. 그리고 비위에 역하면 노하고 비위에 맞으면 기뻐하는 것도 우리가 흔히 보는 바다. 이 글은 물론 한 說話요 隨筆은 아니지만, 그러나 수필로서도 버리기는 아까운 데가 있다.

林椿과 李奎報

林椿과 李奎報를 이렇게 나란히 세우는 것도 무슨 특별한 관계가 있어서 그러는 것은 아니다. 그러나 굳이 말한다면, 임춘은 불행한 삶을 산 사람, 이규보는 화려한 삶을 산 사람, 임춘은 海左七賢의 한 멤버, 이규보는 이 모임에 오히려 냉소적이었던 사람,[19] 이런 대조적인 일면은 지적할 수 있겠다. 科擧에 낙방하고 武臣의 亂에 좌절했던 임춘, 좋은 官運을 타고 文名을 천하에 떨친 이규보—.

A. 林椿/謝見訪啓

‖오직 憂患만 쌓인 저의 남은 人生이 지루한 병까지 끊이지 않아 벗들과의 만남도 사절한 지 이미 오래입니다. 어찌 제 집의 쓸쓸함을 이루 다 말할 수 있겠습니까?

허나 선생께서는 이 다 못 쓰게 된 저를 버리지 않으셨습니다. 때로는 밥을 싸 가지고 와 제가 평안히 지내는지 물으시고, 때로는 술을 싣고 와 함께 지내기도 하셨습니다.‖

저는 顔回의 陋巷에 살고 있습니다.[20] 그러나 한 도시락의 밥과 한

---

19 武臣의 亂 후 李仁老, 吳世才, 林椿, 趙通, 皇甫沆, 咸淳, 李湛之 등 일곱 文士가 忘年友를 삼고 詩酒로 즐겼는데 이를 海左七賢이라고 한다. 李奎報의 ≪白雲小說≫에 따르면, 그는 이 모임에 다소 냉소적이었던 것으로 드러난다.

20 孔子의 제자 顔回는 한 도시락의 밥과 한 표주박의 물로 누추한 곳에 살면서도 즐거

표주박의 물의 괴로움을 참기 어렵습니다. 다만 王績의 醉鄕에 들뿐입니다.[21] 취향, 그렇습니다. 그곳은 수레를 타지 않고도 갈 수 있는 곳입니다. ‖ [22]

—≪東文選≫

B. 李奎報/**壞土室說**

시월 초하룻날, 내가 밖에서 돌아오니 아이들이 땅을 파고 土室을 지어 놓았는데 그 모양이 꼭 무덤 같았다. 내가 물었다.

"집 안에 웬 무덤이냐?"

아이들이 대답했다.

"무덤이 아니라 토실입니다."

"왜 이것을 만들었느냐?"

"겨울에 화초와 과일을 저장할 수가 있습니다. 또 길쌈하는 부녀자들은 아무리 추운 날씨라도 따뜻하기 봄날 같아 손이 트질 않습니다. 모두 유쾌한 일 아닙니까?"

내가 노하여 소리쳤다.

"여름이 덥고 겨울이 추운 것은 四時의 변함없는 이치인데, ‖ 너희 토실을 경영하여 추위를 더위로 돌려놓으려 하니 이는 天命을 거역하는 것이다. ‖ 봄에 성하고 겨울에 시드는 것은 草木의 변치 않는 성질이니, 만일 이에 반한다면 그것은 제철 아닌 물건이요, 제철 아닌 물건을 길러서 때 없이 즐긴다면 이는 天權을 빼앗는 것이다. ‖"

위했지만(≪論語≫), 자신은 그런 괴로움을 참기 어렵다는 뜻. 그래서 술에 취하는 것.

21 옛 중국 王績의 글에 〈醉鄕記〉라는 것이 있다. 醉鄕은 바로 술 취한 상태를 뜻하는 말. 그러니까 늘 술에 취해 있다는 뜻이겠다.

22 ‖ 惟憂患之餘生, 抱支離多病, 久矣朋遊之謝絶. 何其門巷之蕭條? 豈意仁人不遺舊物, 常裹飯來問, 或載酒以相過. ‖ 守顔回陋巷 雖簞瓢不堪其憂. 入王績之醉鄕, 非轍迹可得之. ‖

—≪東文選≫

아이들이 두려워 곧 헐어냈다.∥[23] —≪東文選≫

글A는 林椿이 자기를 방문해 준 누군가에게 감사를 표한 글이다. 武臣의 亂으로 좌절한, 醉鄕에 들어 빈한과 병고와 고독을 잊는 그의 모습이 너무 쓸쓸하다. ≪東文選≫을 펼치면 그의 啓 15편을 볼 수 있다. 그 속에 담긴 知識은 참으로 무진장인데(그럼에도 科擧에 두 번이나 낙방했다.) 거기 묘사된 그의 삶은 퍽도 곤궁해 보인다. ≪東文選≫에는 또 그의 假傳이 두 편 전한다. 이 글을 읽노라면 그 내용에 관계없이 하필 돈(〈孔方傳〉)과 술(〈麴醇傳〉)의 傳을 썼을까 하는 생각이 든다.

글B는 土室 지은 아이들을 꾸짖은 이야기다. 이 글은, 오늘의 우리 안목으로 보면 自然의 秩序를 함부로 파괴하지 말라는 뜻으로 읽힌다. 그런데 그 어투가 퍽 오만하다. 그의 글은 남 위에 군림하는 모습일 때가 많다. 예컨대 〈蝨犬說〉이나 〈放蟬賦〉 같은 글은 아주 높은 자세로 상대방을 깨우친다. 아니, 윽박지른다. 손에 돈 한 푼 없어 벼슬길에 나가지 못하는 자신을 한탄하는 글(〈舟賂說〉)에서도 결코 좌절하지 않고 '다른 날(벼슬길에 나간 후를 말함일 것이다.)'을 기약한다. 글의 흐름이 전혀 매인 데가 없다. 그는 스스로 이르기를

白雲居士는 선생의 自號다.∥쌀독이 비어 여러 번 밥을 짓지 못했지만 마음에 두지 않았다. 성품이 호방하여 거리낌이 없었다. 天地四方이

---

23 十月初吉, 李子自外還, 兒子輩鑿土作廬, 其形如墳. 李子佯愚曰 "何故作墳於家?" 兒子輩曰 "此不是墳, 乃土室也." 曰 "奚爲是也?" 曰 "冬月宜藏花草瓜蓏, 又宜婦女紡績者雖盛寒之月 溫然若春氣 手不凍裂 是可快也." 李子益怒曰 "夏熱冬寒 四時之常數也,∥又更營土室 反寒爲燠, 是謂逆天令也.∥又春榮冬衰 草木之常性, 苟反是亦乖物也, 養乖物爲不時之翫, 是奪天權也."∥兒子等懼亟撤之. —≪東文選≫

오히려 답답했다. ∥스스로 贊하여 가로되, 뜻을 진실로 宇宙 밖에 두었으니 天地가 이를 가두지 못할지라, 장차 천지의 氣로 더불어 無何有에 놀지 않으랴.[24]

—≪白雲小說≫

한 바 있는데, 無何有는 ≪莊子≫의 無何有之鄕(逍遙遊, 應帝王), 이 글에서는 어디 우주 밖에나 있을 법한 無爲의 유토피아로 이해된다. 뜻이 호방하다.[25] 다음은—.

李仁老[26]와 崔滋,[27] 그리고 一然[28]

李仁老는 ≪破閑集≫의 저자, 崔滋는 ≪補閑集≫의 저자다. 補閑은 破閑을 보완한다는 뜻을 담고 있다. 이 두 책의 공통점은 각각 詩話를 다루었다는 것이다. 전에도 시화가 더러 있기는 했지만 본격적인 것은

---

24 白雲居士 先生自號. ∥家屢空火食不續, 居士自怡怡也, 性放曠無檢, 六合爲隘 天地爲窄. ∥自作贊日 "志固在六合之外 天地所不囿, 將與氣毋遊於無何有?"—≪白雲小說≫

25 李奎報는 경박한 사람, 權臣에게 아첨한 사람으로 비난도 받았던 듯하다(李睟光 ≪芝峰類說≫ 卷八文章部一 東文). 그러나 다음과 같은 기록도 있다.

> 東都(慶州)에서 반란이 일어났다. 장수를 보내어 이를 토벌하게 되었는데, ∥사람들이 모두 계교로써 이를 회피했다. 李奎報가 강개해서 말하기를 "내가 비록 겁이 많고 나약하지만 國難을 당해서 몸을 피한다면 이는 대장부가 아니다." 하고 종군해서 兵馬錄事兼修製가 되었다. ∥
>
> 성품이 활달해서 재물에 뜻이 없고 술 마시며 질탕하게 놀기를 좋아했다. 詩文을 만드는 데에는 옛 사람의 자취를 밟으려 하지 않고 자유분방하여 별다른 경지를 이루었으니, 한때의 雄文이 모두 그의 손에서 나왔다. —李民樹 ≪高麗人物列傳≫ 李奎報條

26 李仁老(1152~1220) ; 高麗明宗 때의 學者, 文人. 海左七賢(竹林高會)의 리더. 武臣의 亂 때 잠시 머리를 깎았다가 환속했다. 詩文과 글씨에 뛰어났다. 저서로 ≪破閑集≫.

27 崔滋(1188~1260) ; 高麗高宗 때의 文臣, 文人. 號는 東山叟. 詩文이 뛰어났다. 李奎報에게 文才가 인정되어 그의 추천으로 文翰을 맡았다고 한다. 저서로 ≪補閑集≫.

28 一然(1206~1289) ; 高麗忠烈王 때의 스님. 號는 無極, 睦庵. 一然은 字. 俗姓名은 金見明. 國師로 추대되었다. 저서로 ≪三國遺事≫ 등.

이들로부터가 아닌가 한다.[29] 그런데 시화라고 하면 우리는 흔히 漢詩를 생각하는 듯하다. 그러나 一然의 ≪三國遺事≫에 전하는 鄕歌 이야기 14편도 훌륭한 시화다.

A. 李仁老/**長源亭**[30]

處士 郭輿[31]는 睿宗께서 世子宮에 계실 때 모셨는데 예종께서 즉위하시자 벼슬을 버리고 멀리 떠났다. ‖ 일찍이 예종을 따라 長源亭엘 간 일이 있다. 정자 위에 올라 보니 때마침 석양인데 시골 늙은이 하나가 소를 타고 냇물을 따라 돌아가고 있었다. 예종께서 시를 지으라 하시니 곽여가 곧 지었다.

평안한 모습이네, 소 탄 저 노인./안개비 부연 속에
들길을 가네./저 물가 어디쯤에 집이 있는가./
흐르는 냇물 위에 석양이 지네.

太平容貌恣騎牛, 半濕殘霏過壟頭.
知有水邊家近在, 從他落日傍溪流.

---

29 우리는 여기서 李奎報의 ≪白雲小說≫과 李齊賢의 ≪櫟翁稗說≫도 함께 기억했으면 한다. 이들도 다 詩話를 다루고 있다. 다음은 이들 이전의 시화의 예—.

古朝鮮	麗　玉	〈箜篌引(公無渡河歌)〉	大東詩選
高句麗	瑠 璃 王	〈黃鳥歌〉	三國史記
	乙支文德	〈遺于仲文詩(與隋將于仲文詩)〉	上　仝
新　羅	王 巨 仁	〈憤怨詩〉	上　仝
百　濟	行商人妻	〈井邑詞〉	高麗史樂志

30 京畿道 開豊郡에 있던 離宮의 하나. 원문에 詩의 제목이 없으므로 저자가 이로써 제목을 삼은 것. ≪大東詩選≫에는 이 시의 제목이 〈長源亭應製野叟騎牛(장원정에서 시골 노인이 소를 타고 가는 것을 보고 왕명으로 지음)〉로 전한다.

31 郭輿(1059~1190, 원문에는 璵로 되어 있으나 여타의 기록에 따라 輿로 함) ; 高麗 睿宗 때의 學者. 學問이 깊고 筆法이 뛰어났다. 예종의 극진한 예우를 받았다.

어찌 仙風道韻만이 임금의 뜻을 움직이겠는가? 文章도 탁월했으므로 임금께서 대우하기를 특별히 하셨으니 이는 朝廷의 다른 신하가 미칠 바가 아니었다.[32]

—≪破閑集≫

B. 崔滋/動人紅[33]

動人紅은 彭原妓女로 제법 글을 알았다.

한 兵馬使가 太守와 더불어 바둑을 두는데, 어젯밤 마신 술이 덜 깨어 잘 되지 않았다. 해서 한 마디 읊었다.

博川 천 잔 술에 兵馬가 취해/동쪽인지 서쪽인지 알지 못하네.

都護博州千杯酒, 醉未分東西.

동인홍이 옆에 있다 한 마디 더했다.

판 벌린 太守도 술이 덜 깼나,/죽는지 사는지 알지 못하네.

太守分營一局棋, 蒙不知生死. ‖

일찍이 동인홍이 한 선비에게 간청했다.

"韓愈의 글을 배우고자 하오니 가르쳐주시와요."

선비가 말했다.

---

32 郭處士璵 睿王在春宮時僚佐也, 及上踐阼掛冠長往. ‖ 又隨駕長源亭上登樓晩眺, 有野叟騎牛傍溪而歸家, 卽令口占(詩前出)./豈惟仙風道韻足以傾動人主之意, 至於文章亦勁敏絶倫, 上眷顧尤異非朝臣所及.

—≪破閑集≫ 卷中

33 動人紅 ; 妓女. 사람(人)을 가동시키는(動) 붉은 꽃(紅)이라는 뜻인가? 원문에 글의 제목이 없어서 저자가 이로써 제목을 삼은 것. 그녀의 〈自敍〉는 다음과 같다. 이 시를 읽기 전에 옛이야기 하나—. 중국 衛나라의 여인 共羌이 남편이 일찍 죽어 그 친정 부모가 강제로 개가시키려 했다. 이에 공강이 〈柏舟(잣나무 배)〉라는 시를 지어 정절을 맹세하고 듣지 않았다.

倡女의 마음인들 淑女와 다르리까.

아름답다, 柏舟의 貞節, 죽는다 변하리까.

倡女與良家, 其心間幾何. 可憐柏舟節, 自誓死靡他. —≪補閑集≫

"詩를 짓지 않으면 가르쳐주지 않으리."

동인홍이 즉시 시를 지어 읊었다.

술 사느라 비단치마 벗고/님 부르며 옥 같은 손 흔들었네.

買酒羅裳解, 招君玉手搖.∥[34] —≪補閑集≫

C. 一然/**武王**

百濟 제30대 武王은 이름이 璋이고∥兒名은 薯童이다. 器量이 뛰어나 헤아리기 어려웠다. 늘 마를 캐어 생계를 이었으므로 나라 사람들이 그렇게 이름을 붙인 것이다.

어느 날 그는 新羅 眞平王의 셋째 공주 善花(또는 善化)가 탁월한 美貌라는 소문을 들었다. 그는 곧 머리를 깎고 서울(慶州)엘 와서 마을 아이들에게 마를 나누어 주니 아이들이 가까이 따랐다. 이에 노래를 지어 아이들에게 부르게 하니 노래는 이러하다.

어여쁘신 공주님, 善花 공주님,/아무도 모르게 얼어 두시고,/
밤이면 薯童님께 몰래 가시네./그님 품에 안기시려 몰래 가시네.

노래는 삽시간에 서울에 퍼져 드디어 궁궐에까지 들리게 되었다. 그러자 百官이 極諫하기를 공주를 멀리 귀양 보내라고 했다.∥[35]

—≪三國遺事≫

---

34 動人紅彭原倡妓也. 頗知文句./有一兵馬分道與太守圍棋, 因宿酲未解曰(詩前出). 動人紅在傍曰(詩前出). 嘗從一書生欲學韓文, 書生曰"不作詩不敎授." 遂作八韻曰(詩前出).∥ —≪補閑集≫ 卷下

35 第三十武王名璋,∥小名薯童, 器量難測. 常掘薯蕷, 賣爲活業, 國人因以爲名./聞新羅眞平王第三公主善花(一作善化)美艶無雙, 剃髮來京師, 以薯蕷餉閭里羣童, 羣童親附之. 乃作謠, 誘羣童而唱之云(謠省略). 童謠滿京, 達於宮禁. 百官極諫竄流公主遠方.∥ —≪三國遺事≫ 卷第二 武王

우선 글A부터. 지은이는 말한다. "郭輿가 임금의 특별한 대우를 받은 것은 그 仙風道韻만이 아니라 탁월한 文章 때문이기도 하다." 그렇다. 탁월한 문장이다. 이 詩만 하더라도 소를 타고 돌아가는 시골 노인 하나를 보임으로써 太平盛世를 다 그려내고 있다.[36] 우리는 지은이의 이 말에 충분히 共感을 하고도 남는다.

李仁老는 〈翰林別曲〉에 '元淳文 仁老詩'라 할 만큼 詩에 뛰어났지만 그 밖의 장르에도 탁월한 文人이었다. 따라서 그를 詩나 詩話에 묶어 두는 것은 잘못이다. 다음은 그의 賦다. 물 참 깨끗 시원하고 주인공은 태평도 하다.

李仁老/**紅桃井賦**[37]

栢堂 동쪽 산기슭에 한 샘이 있어 맑고 찬데, 돌 틈으로 새어나오는 물이 흰 구름 그윽한 골을 씻어낼 듯 흐른다. 가뭄에도 마르지 않는 그 물 소리 거문고 울리듯 비파 울리듯, 물은 예닐곱 걸음 돌아 흐르다가 그 개울로 들어가는데, 거기 사는 사람들이 모두 손으로 이 물을 움켜 마신다. 시원하게—.

隴西子 나물로 배불려 배를 쓰다듬고, 낡은 烏紗帽 비스듬히 숙여 쓰고, 똑똑 소리 나게 龍竹杖 짚고, 바위에 걸터앉아 두 다리 드러내고,

---

36 저자는 이 詩를 읽고 다음과 같이 쓴 일이 있다.

우선 郭輿가 멋있다. ‖ 睿宗도 멋있다. ‖ 詩도 멋있다. 시골 노인이 소를 타고 들길을 간다. 흔히 볼 수 있는 평범한 노인이다. 집으로 돌아가는 길이다. 평안한 모습이다. 아들, 며느리들이 잘 모셔서 그럴 것이다. 노인네가 평안하게 살면 그게 바로 太平盛世 아닌가? —≪祈願의 塔≫ 평안한 모습이네, 郭輿 〈長源亭〉

37 紅桃井은 우물 이름, 賦는 漢文文體의 하나로 한문으로는 본래 韻文이다. 그러나 우리말로 번역해 놓으면(리듬을 살리려고 억지를 부리지 않는 한) 대체로 散文이 된다. 우리가 앞에서 본 金富軾의 〈啞鷄賦〉도 같은 경우다.

얼음처럼 찬 물, 옥같이 맑은 물, 움켰다 버렸다 머금다 뱉다 하면 어찌 이 무더위만 피하겠는가, 먼지 앉은 갓끈도 이미 깨끗해졌을 것을.[38]

—≪東文選≫

다음은 글B. 이 글은 動人紅이라는 한 妓女의 이야기다. 그녀는 對句 놓는 재치가 놀랍다. 詩 짓는 솜씨도 놀랍고. 韓愈의 글을 배우겠다는 것은 글에 대한 그녀의 높은 안목을 말한다. 이 글(원문) 끝 부분에는 그녀의 〈自敍〉라는 詩 한 편이 실려 있다(p.56). 貞節을 읊은 것이다. 이 글의 전문을 다 읽고 나면 이 재능 있는 여인이 기녀라는 사실에 연민을 느끼게 된다. 지은이는 당대에 이름 있는 선비였고 그의 ≪補閑集≫ 역시 시화 외에도 수필로 읽을 글이 많은 책이다.

글C는, 제목은 武王이지만 실은 善花公主 이야기다. 우리가 다 아는 바와 같이 公主는 그 귀양길에 薯童을 만나고, 그리고 둘은 가다가 潛通을 하고—. 그러나 조금도 야하지 않다. 탁월한 젊은이들의 풋풋한 결합이 오히려 미쁘기만 하다. 행복한 결말, 이것은 우리 옛이야기가 끊임없이 추구해 온 主題다. 이런 글을 보면, 一然은 높은 스님이면서 문학적 재능이 뛰어난 문인이었다.

자, 하나 정리하고 가자. 詩話는 詩에 관한 이야기다. 그런데 우리는 지금 세 편의 시화를 읽으면서 시 이야기는 별로 한 게 없다. 아니, 지은이의 말에 공감하거나 한 재능 있는 여인에게 연민을 느끼거나 미

---

38 栢堂東麓有泉 澄淥冷然, 流出於石縫 若漱白雲之幽谷. 旱而不渴, 響如琴筑. 縈廻六七許步, 然後入於溝瀆, 遂使傍泉而居者 皆快意於揖掬./隴西子茹蔬得飽以手捫腹, 岸掩苒之烏紗, 杖鏗鏞之龍竹, 踞一石露雙脚, 挼碎氷霜, 呑吐珠玉, 豈唯火日之可避, 亦復塵纓之已濯. ‖

—≪東文選≫

뼘을 가지고 탁월한 젊은이들의 풋풋한 결합을 바라보거나 했다. 이것은 우리가 情緒的으로 만족했다는 뜻이다.[39] 독자에게 정서적인 만족을 수여하는 이런 시화, 설령 수필로서는 다소 미흡한 데가 있다 하더라도 우리 수필문학이 품고 가야 할 글이 아닐까 한다. 그럼, 다음으로—.

李齊賢[40]과 李穀[41]

李齊賢은 스승, 李穀은 그의 門人이다. 이곡의 文學이 그 스승으로부터 무슨 영향을 받았는지는 미처 궁구하지 못했다. 그러나 그런 것과 관계없이 이 탁월한 스승과 제자로 하여 우리 隨筆文學史의 빛나는 한 장을 볼 수 있다면 그것으로 족하지 않은가? 둘 다 그 시대에 文名을 떨친 바 있다.

A. 李齊賢/**龜乎龜乎**[42]

近世 通海縣에 거북처럼 생긴 큰 짐승이 밀물을 타고 들어왔다가 썰물에 돌아가지 못하니 백성들이 장차 잡아먹으려 했다. 이에 縣令 朴世通이 이를 말리고 큰 새끼를 꼬아 두 배(舟)로 끌어다가 바다에 놓아주었더니, 그날 밤 꿈에 한 노인이 절하고 말했다.

"내 자식이 날을 가리지 않고 나가 놀다가 가마솥에 삶길 뻔하였습니

---

39 pp.16~17, 각주 2, 셋째 效用論을 다시 보기 바란다.

40 李齊賢(1287~1351) ; 高麗忠烈王 때의 文臣, 學者, 詩人. 號는 益齋. 詩書에 뛰어나고 學問이 깊었다. 저서로 ≪益齋亂藁≫, ≪櫟翁稗說≫.

41 李穀 ; p.46

42 거북아, 거북아. 원문에 詩題가 없어서 저자가 이로써 제목을 삼은 것. 이 글의 上將軍은 정3품으로 2품 이상인 宰相의 반열에 들지 못한다. 僕射는 본래 중국 官名인데 여기서는 재상이라는 뜻.

다. 다행히 그대가 살려 주셨으니 그 陰德이 실로 큽니다. 앞으로 그대와 그대 子孫 三世가 반드시 宰相이 될 것입니다."

그런데 世通과 아들 洪茂는 재상의 반열에 올랐으나 손자 瑊은 上將軍에서 물러나게 되었다. 이에 세통이 마음이 언짢아 읊기를

거북아, 거북아, 잠에서 깨라./三世 宰相이 헛말이구나.

龜乎龜乎莫耽睡, 三世宰相虛言耳.

하니, 이날 밤 꿈에 거북이 말했다.

"그대가 酒色에 빠져 스스로 福을 감한 것이지 내가 그대의 德을 잊은 것이 아닙니다. 그러나 장차 기쁜 일 한 가지가 있을 것입니다."

며칠 후 과연 그 손자에게 다시 벼슬이 주어져 마침내 僕射(복야)가 되었다.[43]

—≪櫟翁稗說≫

B. 李穀/**借馬說**

내가 집이 가난해서 말이 없으므로 더러 남의 말을 빌려 탄다. 그런데 아둔하고 여윈 말을 빌리면, 비록 일이 급해도 감히 채찍을 가할 수 없고, 항상 쓰러질까 조심하며, 개천이나 구렁을 만났을 때는 곧 내리므로 아직은 후회한 일이 없다. 그러나 굽이 높고 귀가 날카로우며 몸이 날쌘 놈을 빌리면, 흡족하여 마음대로 채찍을 가하고 바삐 고삐를 당기니, 언덕과 골짜기가 평지처럼 보이는지라 심히 통쾌하기는 하나, 落馬의 위험은 면치 못한다.

---

43 近世通海縣 有巨物如龜, 乘潮入浦 潮落而不得去. 民將屠之, 縣令朴世通禁之, 作大索兩舟曳放海中. 夢老父拜於前曰 "吾兒有不擇日. 幾不免鼎鑊, 公幸活之, 陰德大矣. 公與子孫必三世爲宰相."/世通及子洪茂俱登宥密, 孫瑊以上將軍致仕, 鞅鞅作詩(詩前出)./是夕龜夢之曰 "君溺於酒色自減其福, 非予敢忘德也. 然將有一喜, 姑需焉. 數日果落致仕爲僕射.

—≪櫟翁稗說≫ 前集二

아, 사람의 마음의 옮기고 바뀜이 어찌 한결같이 이러한가? 남의 것을 빌려 하루아침의 소용에 대비하는 데도 오히려 이러하거든 하물며 참 자기 所有의 것임에랴.

그러나 사람의 소유한 바 그 어느 것이 남에게서 빌린 것이 아니겠는가? 君王은 百姓에게서 힘을 빌려 높이 되고, 臣下는 군왕에게 權勢를 빌려 귀히 되며, 아들은 아버지에게, 아내는 남편에게, 婢僕은 主人에게, 그 빌리는 바가 많으나 그것을 모두 제 所有로 생각하고 끝내 반성하지 않으니 어찌 미혹한 일이 아니겠는가?

그러다 잠깐 사이에 그 빌린 바를 돌려주게 되면, 萬邦의 군왕도 匹夫가 되고 百乘의 집안도 孤臣이 되니, 하물며 하찮은 백성임에랴. ‖ [44]

—≪稼亭集≫

글A는 詩話다. 이 글의 주제는 積善이다. 적선을 행하라는 것, 그러면 반드시 보답(餘慶)이 있다는 것이다. 지은이는 당대의 탁월한 詩人이지만, 우리가 지금 막 읽은 시화와 함께 가령 表箋, 書, 記, 論 같은 글도 적잖이 남겼다. 물론 이들 가운데 우리들 수필 독자에게 가장 반가운 글은 ≪櫟翁稗說≫일 것이다.

이 책에는 시화 아닌 글도 많다. 다음은 그 한 예—. 淸廉한 사람은 權力도 해치지 못한다는 그의 목소리가 또랑또랑하게 들린다. 그가 추구한 주제의 하나는 積善이니 淸廉이니 하는 이런 道德性에 있던 게 아

---

44 余家貧無馬, 或借而乘之. 得駑且瘦者, 事雖急不敢加策, 兢兢然若將蹶躓, 値溝塹則下, 故鮮有悔. 得蹄高耳銳駿且駛者, 陽陽然肆志着鞭縱靶, 平時陵谷, 甚可快也, 然或未免危墮之患./噫, 人情之移易一至此耶? 借物而備一朝之用, 尙猶如此, 況其眞有者乎?/然人之所有孰爲不借者? 君借力於民以尊富, 臣借勢於君以寵貴, 子之於父, 婦之於夫, 婢僕之於主, 其所借亦深且多. 率以爲己有而終莫之省, 豈非惑也?/苟或須臾之頃, 還其所借, 則萬邦之君爲獨夫, 百乘之家爲孤臣, 況微子也? ‖ —≪稼亭集≫ 說

닌가 한다(≪櫟翁稗說≫에는 우스갯소리도 있지만 흔하지는 않다.). 함께 읽고 지나가자.

李齊賢/**金之岱**[45]

晋陽公[46]의 庶子 萬全이 중(僧)이 되어 珍島郡의 한 절에 있었는데, 그 무리들이 橫暴 放恣하여 못 하는 짓이 없었다. 그 중에서도 通知라는 자가 제일 심했다.

英憲公 金之岱가 全羅道 按察使로 갔을 때의 일이다. 그들은 또 여전히 청탁을 다했다. 그러나 公은 그들의 소청을 무시하고 하나도 들어주지 않았다. 그러던 어느 날 公이 그 절엘 갔다. 한데 萬全이 오만스럽게 욕을 해대며 나와 보질 않았다. 그래 곧 堂으로 올라갔다. 거기 樂器들이 즐비했다. 公이 거문고 두어 곡조를 타고 피리 한 가락을 불었다. 그 소리가 비장했다. 그제야 萬全이 낯빛을 고치고 나와 이르기를

"마침 몸이 좀 좋질 않아 公께서 오신 줄을 미처 알지 못했습니다. 죄송합니다."

하고, 그리하여 둘은 온종일 함께 마시며 즐겼다. 그때 萬全이 10여 가지의 일을 청탁했다. 公은 그 자리에서 다 들어주기로 하고 다만 몇 가지는 보류하면서

"이건 行營에 가 봐야 결정할 수 있네. 通知를 보내게. 그러면 검토해서 알려줌세."

했다. 公이 돌아온 지 며칠 후에 과연 通知가 왔다. 公은 아랫사람들에

---

45 金之岱(1190~1266) ; 高麗高宗 때의 文臣, 武臣. 英憲은 諡號. 원문에 제목이 없어 저자가 이로써 제목을 삼은 것.

46 晋陽公(?~1249) ; 高麗高宗 때의 權臣 崔瑀. 晋陽은 그의 爵號. 나라를 위하여 많은 업적을 쌓았지만, 후에 전횡이 심해서 백성의 원성을 들었다. 글씨에 뛰어났다.

게 명하여 그를 포박하고 그의 不法한 죄를 묻고는 강물에 던져 버렸다.
이윽고 晋陽公이 돌아가고 萬全이 政權을 이어 잡으니 晋平公 沆이 바로 그다. 비록 英憲公에 대한 지난날의 감정이 없지 않았으나 公이 清廉, 謹愼하고 過誤가 없으매 해치지 못했다.[47] —≪櫟翁稗說≫

다음은 글B. 無所有라는 말이 있다. 소유한 바가 없다, 소유하지 말라, 이런 뜻이다. 소유는 자신을 속박한다는 것이다. 그런데 이 글은 소유 자체를 부정한다. 그것은 모두 빌린 것이요 진짜 소유는 없다는 것이다. 죽을 때 무엇 하나 가지고 가지 못하는 것을 보면 절로 공감이 간다. 그런데 사람들은 그렇게 생각지 않는다. 가령 국회의원 같은 경우, 그가 누리는 막강한 힘은 다 유권자에게 빌린 것인데 그는 그것을 자기 소유로 아는 것이다. 지은이는 中國에 가 科擧에 오르고 나라 안팎에 文名을 떨친 바 있다.

崔瀣[48]와 李達衷[49]

崔瀣와 李達衷을 한 자리에 앉힌 것은 이 둘 사이에 무슨 특별한 관

47 晋陽公孽子禪師名萬全, 住珍島郡之一寺, 其徒橫恣靡所不爲, 而號通知者尤甚./金英憲之岱爲全羅道按察使, 其所請謁皆抑而不行. 公嘗至其寺 全慢罵而不之見. 公直入升堂, 堂上有樂器, 乃操琴數弄橫笛而吹之, 音節悲壯. 全欣然出曰 "適有微疾不知公至此." 相與歡飮盡日, 因托以十餘事, 公卽其座中一切聽行之, 留數事曰 "此則當至行營乃可爲矣. 宜遣通知相候." 公歸數日, 通知果至, 公使吏縛之數其不法, 投之江中./晋陽公卒, 萬全嗣秉政卽晋平公沆也. 雖挾前憾以公謙謹少過莫能害之. —≪櫟翁稗說≫ 前集二

48 崔瀣(1287~1340) ; 高麗忠肅王 때의 學者, 文人. 號는 拙翁, 猊山農隱. 性品이 강직하고 당대의 文豪로 文名을 떨쳤다. 저서로 ≪農隱集≫.

49 李達衷(?~1385) ; 高麗恭愍王 때의 文臣, 學者. 號는 霽亭. 性品이 강직, 공민왕의 노여움을 사고 辛旽에게 밉보여 각각 파면된 일이 있다. 저서로 ≪霽亭集≫.

계가 있어서 그런 것은 아니고, 다만 최해가 남긴 바 〈猊山隱者傳〉과 이달충이 지은 바 〈礎賦〉를 함께 말해보고 싶어서다. 이 두 글은 그 作法이 가령 李仁老의 〈紅桃井賦〉나 李穀의 〈借馬說〉 같은 일반적인 문장과 현저히 다르다.

A. 崔瀣/**猊山隱者傳**

隱者의 이름은 夏屆(하계)인데 혹 下逮(하체)라고도 부른다. 蒼槐(창괴)는 그 姓氏이니 대대로 龍伯國 사람이다.[50] 본래는 複姓이 아니었으나 은자에 이르러 우리 音이 느린 까닭으로 그 이름과 함께 바꾼 것이다.

은자는 어려서 이미 天理를 아는 듯했다. 그러나 就學을 해서는 한 구석에 집착하지 않고 겨우 그 뜻이나 알았으니 하나도 졸업한 것이 없다. 이는 널리 볼 뿐 깊이 탐구하지 않은 까닭이다.

차차 커 가면서 慨然히 功名에 뜻을 세웠으나 세상이 허락하지 않았다. 이는 그 성미가 윗사람에게 問候할 줄을 모르고, 술을 즐기되 두어 잔이면 남의 善惡을 말하기 좋아하며, 무릇 귀에 들어온 것을 입이 지키지 못함으로써 사람들의 愛重하는 바가 되지 못한 까닭이다. 번번이 벼슬에 오르려다가 내침을 받으니, 친한 벗들이 애석하게 여겨 이를 고쳐 보려고 혹은 勸하고 혹은 責하였으나 받아들이지 못했다. ‖[51] —≪東文選≫

---

50 두 글자로 된 이 이름들에서 각각 첫 글자에서는 初聲을, 둘째 글자에서는 中聲을 취해 보라. 夏屆는 ㅎ+ㅖ=혜, 下遞는 ㅎ+ㅔ(당시는 ㅖ)=헤(혜), 그러니까 지은이의 이름 瀣를 그렇게 나타낸 것이다. 瀣의 당시 音은 '혜'였을 것이다. '薤(부채 해)'의 옛 音이 '혜'이다(崔世珍의 ≪訓蒙字會≫ 참조). 蒼槐도 蒼은 ㅊ, 槐는 ㅚ, 그러니까 崔다. 龍伯國은 本貫과 무슨 관계가 있는지 모르겠다.

51 隱者名夏屆 或稱下逮, 蒼槐其氏也, 世爲龍伯國人. 本非複姓, 至隱者 因夷音之緩, 倂其名而易之./隱者方孩提, 已似識天理, 及就學 不滯於一隅 纔得旨歸 便無卒業, 其汎而不究也./稍壯, 慨然有志於功名而世莫之許也. 是其性不善於伺候, 而又好酒數爵而後喜說人善惡, 凡從耳而入者口不解藏, 故不爲人所愛重. 輒擧輒斥而去, 雖親友惜其欲改

B. 李達衷/礎賦

礎(주춧돌)가 있어 퍽 크다. 오직 楹(기둥)을 위한 받침이다. 礎는 아래에 居하여 낮다. 楹은 위에 處하여 높다. 楹이 礎에게 말했다.

"너의 쓸모라는 게 이미 천하고 답답한데, 성질은 또 어찌 그리 완고하고 용모는 왜 또 그리 쓸쓸한가? ‖ 그러고서 내 꾸중을 면하겠는가?"

礎가 엎드린 채 楹에게 말했다.

"너는 당당하다. 서 있는 바가 높다. 네 무리들도 한쪽으로 기우는 일이 없다. 무엇이 받쳐 주어서 그런가? 나 아니면 너는 썩는다. 나 아니면 너는 쓰러진다. ‖ "

마침 匠石이 이를 듣고 말했다.

"제 몸을 낮추면 이롭고 높이면 위태롭다. 저 楹이 몸을 맡긴 곳은 오직 礎라, 礎의 이름을 위에 쓰고 楹의 이름을 그 다음에 써라." ‖ [52]

—≪東文選≫

우선 글A부터. 이 글은 3인칭시점(全知的作家視點)으로 되어 있다. 그리고 글 속의 夏屆와 下逮는 瀣, 蒼槐는 崔다. 그러니까 이 글에서 3인칭으로 지칭되는 인물은 지은이 자신이다. 이 이전에도 3인칭시점의 예(列傳, 假傳, 詩話 등)는 많았지만 지은이가 자신을 3인칭으로 이야기하는 예가 얼마나 있었는지는 잘 모르겠다.[53] 崔瀣가 이런 視點을 택한

或勸或責不能納. ‖ —≪東文選≫

52 有礎孔碩, 惟楹之適. 礎居下而謙謙, 楹處高而赫赫, 楹乃語礎曰 "若之爲用旣卑且阨, 性何堅頑容何岑寂? ‖ 以若所爲之卑汚, 寧免吾之峻責?" 於是礎乃頫伏而復于楹曰 "子之堂堂所立卓爾, 疇類侁侁不偏不倚, 孰爲之綱, 孰爲之紀, 孰爲之基 孰爲之址? 匪吾則腐, 匪吾則靡." ‖ 適有匠石 聞而議之曰 "謙能受益, 高必易危. 彼楹之寄惟礎是資, 錄礎名於上面, 次以楹而次之." ‖ —≪東文選≫

53 있어도 李奎報의 〈白雲居士〉(p.53) 정도일 것이다. 後世에는 더러 있다. 朴齊家의

것은 자신을 남처럼 객관적으로 그리는 데(발가벗겨 보이는 데) 보다 효과적이라고 믿어서 그랬을 것이다. 다음은 그에 관한 沈守慶의 기록, 읽을 때마다 안타깝다.

> 高麗 때 拙翁 崔瀣는 元나라에 가 科擧에 올랐다. 그는 才能이 뛰어나고 志操가 높았지만 때를 만나지 못했다. 마침내 獅子山 아래 가 살며 〈猊山隱者傳〉을 짓고 거기서 죽었다.[54] —≪遣閑雜錄≫

다음은 글B. 이 글에는 虛構的인 인물이 셋 등장한다. 하나는 주춧돌을 擬人化한 礎, 둘은 기둥을 의인화한 楹, 그리고 셋은 匠石(匠石은 ≪莊子≫에 나오는 名匠으로 이 글에서는 허구적인 인물이 되어 있다.). 우리는 이런 의인법, 이런 허구적인 인물을 假傳에서 이미 본 바 있다.[55] 그러나 세 허구적인 인물 중 甲(楹)과 乙(礎)이 서로 논박하고 제3자(匠石)가 판결하는 이런 형식의 글은 아주 희귀한 예에 속한다(저자로서는 처음이다.). 그럼 지은이는 왜 이런 형식을 취했을까? 變化를 갈구하는 심경이, 새로운 것을 꾀하자는 의지가 그렇게 만든 것은 아닐까? 그의 〈愛惡箴〉도 두 허구적인 인물이 문답하는 내용이다. 그는 文名이 있었다. 그의 詩文 상당량이 ≪東文選≫에 전한다.

〈小傳—≪楚亭全書≫〉, 鄭震權의 〈다시 짧은 글 연습—≪내 아내는 잘라 팔 머리가 없다≫〉은 다 지은이가 자신을 3인칭으로 말한 글이다.

54 高麗時 拙翁崔瀣 登第於元朝. 才奇志高, 不遇於時, 終居獅子山下, 自著〈猊山隱者傳〉而卒. —≪遣閑雜錄≫

55 한 예를 들어 본다. 우리는 앞에서 李奎報의 〈麴先生傳〉 중 한 장면을 읽은 일이 있다(p.44). 이 글에서 聖은 술을 의인화한 것, 劉伶과 陶潛은 實在人物이지만 여기서는 虛構化되어 있다.

자신을 3인칭으로 나타내는 글, 세 허구적인 인물을 등장시켜 둘이 논박하고 하나가 판결하는 글, 이런 글은 아주 희귀한 예에 속하지만 그 作法이 퍽 참신한(창조적인) 것으로 받아들여진다.

李穡,[56] 鄭夢周,[57] 그리고 李崇仁[58]

이들 셋은 차례로 그 號가 牧隱, 圃隱, 陶隱이다. 이른바 三隱이다.[59] 같은 隱이라고 해서 문학적 성향까지 같은 것은 아니겠지만, 어떻든 우리는 그런 것과 관계없이 이들을 三隱이라는 한 이름으로 불러 온다. 이들은 또 高麗와 그 마지막을 함께한 선비이기도 하다. 해서 한 자리에 모으는 것이다.

A. 李穡/送朴中書歸覲序

Ⅱ 朴中書 군이 朝廷의 내침을 받았다. 그래 그 어머니를 뵈러 간다면서 내게 글 한 편을 청한다. 나는 이 글에 다른 사람의 말을 끌어다 쓸 겨를이 없다. 朴군을 잘 아는 분들의 質正을 바란다.

朴군은 젊은 나이에 조정에 들어, 여러 직책을 거치며 임금께 가까이

56 李穡(1328~1396) ; 高麗恭愍王 때의 文臣, 學者, 文人. 號는 牧隱. 李穀(p.46)의 아들. 李齊賢의 門人으로 詩文이 뛰어났다. 그 아버지처럼 元에 가 科擧에 올랐다. 性理學 발전에 공헌이 컸다. 저서로 ≪牧隱集≫, 時調로 〈白雪이 잦아진 골에—〉.

57 鄭夢周(1337~1392) ; 高麗恭愍王 때의 文臣, 學者. 號는 圃隱. 性理學의 大家로 詩文과 글씨, 그림에 두루 뛰어났다. 저서로 ≪圃隱集≫, 時調로 〈丹心歌〉.

58 李崇仁(1349~1392) ; 高麗恭愍王 때의 文臣, 學者. 號는 陶隱. 詩文이 뛰어나고 學問이 깊었다. 저서로 ≪陶隱集≫.

59 三隱은 牧隱, 圃隱, 陶隱을 말하기도 하고 陶隱 대신 冶隱(吉再)을 말하기도 한다. 冶隱의 글에 관해서는 朝鮮時代 첫머리에 말하기로 하겠다. 이 책이 다루려는 그의 글은 그때 이루어진 것으로 생각해야 하기 때문이다.

있었으므로 사람들이 영화롭다고 했다. 그러나 그는 그렇게 생각지 않았다. 퇴근을 해서 집에 있을 때는 아침저녁으로 아버지의 溫凊(따뜻함과 서늘함)을 살피고, 형제 사이에는 서로 사랑하며 공경을 다해 참으로 和氣가 충만했다. 그러나 그는 늘 마음에 덜 찬 듯했다.

대개 조정에서는 자기 직무에 충실할 것만 생각하고, 마땅히 자기가 해야 할 일이면 하지 않은 것이 없었다. 아침에 출근하고 저녁에 숙직함에 더욱 경건히 했으니 쓰임과 내침이 어찌 榮譽가 되고 恥辱이 되랴 하는 것이 朴군의 마음이다. ‖ 그러므로 이제 내침을 당해도 흔연하기 평시와 같은 것이다.[60]

—≪東文選≫

B. 鄭夢周/**祭金得培文**[61]

嗚呼, 하늘이여! ‖

지난날 紅巾賊이 침입하여 임금의 수레가 서울을 떠나고 나라의 운명이 위태롭기 실낱 같던 때, 오직 公이 앞장서 大義를 이끌었으니 이로 하여 멀고 가까운 곳곳이 함께 일어났던 것이며, 몸소 일만 번 죽어도 개의치 않는 계책으로써 三韓의 業을 회복했던 것이니, 오늘 우리가 이 땅에서 편히 먹고 잠잘 수 있는 것이 실로 누구의 功인가?

비록 罪가 있다 할지라도 功으로써 가릴 것이요, 罪가 功보다 크다면 불러서 그 罪를 自服케 한 연후에 죽이는 것이 옳거늘, 어찌 그 달려온 말의 땀도 마르지 않고 그 凱旋의 노래도 파하기 전에, 아 그 태산 같

60 ‖ 中書君旣斥於朝, 歸覲大夫人, 俾予敍其行, 予不暇旁人他說, 姑以知君者質之./中書君束髮入朝, 游歷華近, 人榮之而不自榮, 退而朝夕溫凊, 兄弟友恭, 藹乎可觀而常若有所慊然者. 蓋於朝則思盡己之職, 當爲無不爲, 朝衙夕直, 不懈益虔而已. 用舍升黜 何與於我而足以爲榮辱乎, 此中書之心也. ‖ 是以今之見斥也, 怡然如平時. ‖ —≪東文選≫

61 金得培(1312~1362) ; 高麗恭愍王 때의 文臣. 號는 蘭溪. 紅巾賊을 퇴치하고 開京을 수복하는 데 혁혁한 功을 세웠으나 金鏞의 奸計로 죽임(梟首)을 당했다. 鄭夢周가 임금에게 청하여 시체를 거두고 이 祭文을 지어 장사를 지냈다.

은 功으로 하여금 한 칼날의 피가 되게 하는가? 내 피울음으로써 그 까닭을 하늘에 묻는다.

그 忠壯한 魂魄이 千秋萬歲에 九泉 아래 흐느껴 울 것을 내가 아노니, 嗚呼라, 이 또한 運命이뇨? 어이하리, 이를 어이하리![62] —≪東文選≫

C. 李崇仁/送息庵遊方序

나의 門下生 金時用이 내게 와서 말했다.

"息庵은 鷄林의 士族으로 열두 살 어린 나이에 神印宗[63]에 들어 머리를 깎았습니다. 그 뒤 學問에 정진하여 僧科에 오르고 여러 寺刹의 住持를 역임했는데, 하루아침에 이를 다 버리고 懶翁[64]을 따라 떠난지 이미 오래 되었습니다.

지금 息庵은 四方을 두루 뛰어다니며 그가 터득한 바를 여기저기 묻습니다. 어떤 사람이 말하기를, ‖ 息庵은 號를 암자(庵)에 쉰다(息) 하고서도 빈 山에 숨어 한가로이 노닐며 스스로 즐기지 않고 멀리 뛰어다님에 어찌 저리 거리낌이 없는가 하니, 저에게도 疑惑이 없지 않습니다. 가르쳐 주십시오."

내가 말했다.

"암자(庵)에 쉰다(息)는 그 號의 쉰다는 것은 몸을 쉰다는 것이 아니라 마음을 쉰다는 것이다. 스스로 몸을 쉬는 자는 비록 눈을 감고 단

---

62 嗚呼皇天! ‖ 往者紅寇闌入, 乘輿播越, 國家之命危如懸綫, 惟公首倡大義, 遠近響應, 身出萬死之計, 克復三韓之業. 凡今之人食於斯寢於斯, 伊誰之功歟? 雖有其罪 以功掩之可也, 罪重於功, 必使歸服其罪, 然後誅之可也. 奈何汗馬未乾, 凱歌未罷, 遂使泰山之功, 轉爲鋒刃之血歟? 此吾所以泣血而問於天者也./ 吾知其忠魂壯魄, 千秋萬歲 必飮泣於九泉之下, 嗚呼命也. 如之何如之何? —≪東文選≫

63 佛敎宗派의 하나. 新羅聖德王 때 明朗大師가 開宗, 文豆婁宗이라고도 한다.

64 懶翁(1320~1376) ; 高麗恭愍王 때의 僧侶, 王師. 俗姓은 牙. 이름은 惠勤(慧勤), 懶翁은 號. 저서로 ≪懶翁集≫.

정히 앉아 그 形狀이 槁木과 같을지라도 마음속으로는 분주하게 내닫는 수가 있다. 그러나 스스로 마음을 쉬는 자는 그 마음(方寸)이 事物에 초연하므로 山林엘 가든 朝廷엘 가든 市井엘 가든 쉼 아님이 없다. ‖ 더구나 息庵은 자신이 터득한 바가 미흡하여 높은 스승을 찾아 그 가르침을 청하려 그러는 것이 아닌가?" ‖ 65 —≪東文選≫

우선 글A부터. 옛날 선비들은, 선후배나 친구가 어디 먼 곳을 가면 글을 지어 그를 보냈던 모양이다. 그런 글을 많이 볼 수 있다. 이 글은 친구인 朴中書를 보내는 글이다. 지은이는 이 짧은 글 한 편으로 떠나는 그의 높은 人品을 다 그렸다. 내침을 당해도 흔연하기 평시와 같다는 것은 凡人이 미칠 수 있는 경지가 아니다. 지은이도 혹 그런 데 이르기를 바랐던 걸까? 李穡의 詩文에 관해서는 權近의 다음과 같은 언급이 있기로 여기 옮겨 둘까 한다.

무릇 글을 지음에 붓을 잡으면 곧 써 내니, 마치 바람 불고 물 흐르듯 막힘이 없다. 그러면서 辭意는 精到하고 格律은 高古하니, 그 넓고 질펀한 것이 저 강물이 바다에 흘러드는 것과 같다.66 —≪東文選≫

---

65 吾門生金時用來言曰 "息庵鷄林士族也. 年十二投神印宗薙髮, 學旣進 中僧選歷住諸伽藍. 一日去而從懶翁游久之. ‖ 息庵遑遑焉欲遍走乎諸方, 以質其所得而後已也. 或者曰 ‖ 今彼上人其號息庵矣, 曷不屛迹空山, 優哉游哉, 自樂於己而遠游四方 ‖ 何不憚若是乎? 時用竊惑焉. 幸先生敎之."/予曰 "息庵之息 非息形也息心也. 自其息形者言之, 雖瞑目端坐, 塊如槁木而所謂坐馳者或有之矣, 自其息心者言之, 方寸之間 淡然空寂, 不物於物, 之山林之朝市, 何嘗不息也. ‖ 況息庵之行 不以其所已得者爲足, 而方將求其名師尊宿, 以請益者哉?" —≪東文選≫

66 凡爲文章 操筆卽書, 如風行流水, 略無凝滯, 而辭意精到 格律高古, 浩浩滔滔 如江河注海. —≪東文選≫ 權近 〈牧隱先生李文靖公行狀〉

다음은 글B. 奸計가 人材를 慘殺한다. 金得培도 그렇게 죽었다. 紅巾賊을 무찌르고 開京을 수복한 그인데, 그 달려온 말의 땀도 마르기 전에, 그 승리의 노래도 파하기 전에 그는 간계에 죽임을 당했다. 대체 임금은 무얼 하는가? 이 글은 祭文이다. "내 피울음으로써 그 까닭을 하늘에 묻는다."는 지은이의 그 피울음이 들려 올 것만 같다. 成俔은 그의 學問과 文章과 忠國을 다음과 같이 말한 바 있다.

> 圃隱은 學問이 精粹하고 文章이 浩瀚(호한)했다. 麗末에 侍中이 되어 盡忠으로 輔國하는 것을 자기의 任務로 알았다. 革命에 즈음하여 天命과 人心이 다 推戴 쪽에 있었지만[67] 公 홀로 毅然하여 함부로 犯할 수 없는 빛이 있었다.[68]
>
> —≪慵齋叢話≫

글C도 글A처럼 사람을 보내는 글이다. 역시 짧은 글이지만 이 글을 읽노라면 息庵이라는 한 인물의 과거와 현재가 선명하게 드러난다. 息庵의 息은 몸을 쉬는 게 아니라 마음을 쉬는 것이라는 그 풀이도 산뜻한 데가 있다. 지은이는 혹 이 바쁜 스님에게 마음을 쉬라는 메시지를 전하고 싶었던 것은 아닐까? 마음을 쉬는 자는 山林엘 가든 朝廷엘 가든 市井엘 가든 쉼 아님이 없다는 말은 참으로 名言이다. 다음은 李崇仁에 대한 權近의 언급—.

> 星山의 陶隱 李 선생은‖글을 지음에 그 文章이 예스럽고 깨끗하고 뛰어나고 빈틈이 없어‖韓山의 牧隱 李文靖公이 늘 歎賞하기를

67 모두가 다 李成桂를 추대했다는 뜻.

68 圃隱學問精粹, 文章亦浩瀚. 麗季爲侍中以盡忠輔國爲己任, 革命之際天命人心皆有所推戴, 公獨毅然有不可犯之色. —≪慵齋叢話≫ 卷之三

"陶隱의 文章은 中國에 가 구해도 쉬 얻을 수 없다. 우리나라에 글하는 선비가 생긴 이래로 이와 견줄 사람이 흔치 않다."

고 했다.[69] —≪東文選≫

자, 그럼 그만 中世(高麗)를 떠나기로 하자. 그러나 그냥 떠나기는 좀 섭섭하니 글 한 편 읽고 떠나자. 스님의 글이다. 고려에는 스님의 글도 많은데 우리가 읽은 것은 義天의 祭文 한 편밖에 없다. 이 글 뒤에 붙인 글은 저자의 독후감—.

釋息影庵[70]/**菊坡說**

菊節에 復菴 休公과 뒤뜰에서 국화를 구경했다. 그때 休公이 말했다.

"내 친구 肅山 全卿이 성안에 사는데, 국화를 몹시 사랑하여 그 사는 곳을 菊坡라 이름했네. 全卿은 참으로 賢人君子라네."

내가 말했다.

"事物을 대함에 있어서 君子는 반드시 자기와 符合되는 것이 있어야 취하는 것일세. 이제 全卿이 국화를 사랑한다 하니 내 그가 賢者임을 알겠네.

대저 국화는 그 꽃빛이 黃色이니 이는 全卿의 道가 한가운데 바로서 한쪽으로 치우치지 않음을 알겠고, 국화는 또 그 꽃냄새가 향기로우니 그의 德이 사방으로 퍼져 가릴 수 없음을 알겠고, 국화는 늘 봄 여름을 지나 가을에 피니 그의 나타남이 陽數에 應하므로[71] 君子됨

69 星山陶隱李先生, ‖ 數爲文辭, 高古雅潔, 卓偉精緻. ‖ 韓山李文靖公每加歎賞曰 "此子文章 求之中國世不多得. 自有海東文士以來, 鮮有其比者也."

—≪東文選≫ 權近 〈陶隱先生文集序〉

70 釋息影庵 ; p.46. 이 글의 등장인물은 다 스님인 듯.

71 進退가 다 때에 맞는다는 뜻인 듯.

을 알겠네.

대저 君子는 毒草 곁에 놀지 않고 惡木 아래 쉬지 않으니,[72] 全卿이 놀고 쉴 데가 菊坡 아니고 어디겠는가?"

休公이 내 말을 듣고 이어 말하기를

"자네가 말을 아네그려."

하고는 이 말을 글로 쓰라 했다.[73] —≪東文選≫

이 글은 국화의 덕을 세 가지 들고 있다. 첫째는 노란 빛깔, 둘째는 그 향기, 셋째는 봄여름에 피지 않고 가을에 피는 것. 자, 이 덕을 가지고 君子를 생각해 보자.

첫째로 군자는 中庸을 지키고 한쪽에 치우치지 않는다.

둘째로 군자는 사방에 덕을 베풀어 가릴 수 없다.

셋째로 군자는 나아갈 때와 물러날 때를 안다.

이런 군자가 毒草 곁에 놀지 않고 惡木 아래 쉬지 않는 것은 너무나 당연하다. 그러나 우리들 凡人은 利害에 따라 한쪽에 치우치고, 덕은 고사하고 해나 끼치며, 시도 때도 없이 나아가려고만 하니 우선 이런 내가 딱하다. 그러니 내게 이롭기만 하면 독초 곁에 놀고 악목 아래 쉬는 것이 어찌 당연하지 않겠는가? 아무나 군자가 되는 것이 아니다.

—저자 ≪고전산문을 읽는 즐거움≫ p.75 轉載

---

72 毒草와 惡木은 다 小人輩의 비유이겠다.

73 三年丙寅菊節, 與復菴休公在後庭看菊. 休日 "吾友肅山全卿, 居城中頗愛菊, 因名其居爲菊坡. 全卿賢人君子." 吾日 "君子之於物, 必有合於己者而后取之, 吾聞全卿之所愛者菊, 知全卿之果賢也./夫菊之爲花其色黃, 吾知全卿之道中正而不頗也, 菊之臭馨, 吾知全卿之德旁達而難掩也, 菊之開不于春夏必於秋季, 吾知全卿之出應陽數而爲君子人也. 夫君子不遊于毒草之傍, 不息乎惡木之河, 然則全卿之所遊息, 非菊坡而何" 休日 "子知言." 命書之. —≪東文選≫

Ⅱ. 近世隨筆—朝鮮建國~甲午更張(1894) 前夜

우리는 지금까지 우리 隨筆文學의 中世(高麗) 5백 년, 그 작가와 작품의 이런저런 모습들을 살펴보았다. 주제도 소재도 퍽 다양했다. 그 주제를 구현하기 위하여 사물을 擬人化하기도 하고 자신을 3인칭으로 일컫기도 했다. 아니, 虛構的인 인물을 등장시키기도 했다. 쓸쓸히 三國時代를 떠났던 것을 생각하면 참으로 풍성한 한 시대였다. 이제는 近世, 여기서 근세는 朝鮮建國 후 甲午更張(1984) 前夜까지를 가리키기로 한다.

이 시대의 우리 隨筆文學史에 관한 이야기는 아무래도 新舊王朝의 교체기부터 시작해야 할 것 같다. 이 시기를 비롯, 이름 있는 선비들이 文名을 다투며 5백 년을 잇는다. 그 중 成宗代, 宣祖前後와 英正代는 특히 빛나는 한 시대로 다가선다.

그러나 무엇보다도 여기 특기해야 할 것은 것은 世宗의 訓民正音 창제가 아닐 수 없다. 당시엔 비록 漢字처럼 國家公用文字로서의 자리는 획득하지 못했지만, 그러나 이 文字가 없었다면 오늘의 우리 文學이 어떻게 있을 수 있겠는가, 참으로 하늘이 도운 것이다. 다음은 유명한 그 序文.

世宗[74]/나랏말ᄊᆞ미

나랏말ᄊᆞ미 中듕國귁에 달아 文문字ᄍᆞᆼ와로 서르 ᄉᆞᄆᆞᆺ디 아니ᄒᆞᆯᄊᆡ, 이런 젼ᄎᆞ로 어린 百ᄇᆡᆨ姓셩이 니르고져 홇 배 이셔도 ᄆᆞᄎᆞᆷ내 제 ᄠᅳ들 시

74 世宗(1397~1450) ; 朝鮮 제4대 임금. 이름은 祹(도). 內政과 外治, 文化 등 다방면에 큰 업적을 쌓아 聖君으로 추앙된다.

러 펴디 몯ᄒᆞᇙ 노미 하니라. 내 이ᄅᆞᆯ 爲윙ᄒᆞ야 어엿비 너겨 새로 스믈여듧 字ᄍᆞᆼᄅᆞᆯ ᄆᆡᇰᄀᆞ노니, 사ᄅᆞᆷ마다 ᄒᆡᅇᅧ 수ᄫᅵ 니겨 날로 ᄡᅮ메 便뼌安ᅙᅡᆫ킈 ᄒᆞ고져 ᄒᆞᇙ ᄯᆞᄅᆞ미니라.[75]

> 國之語音 異乎中國 與文字不相流通 故愚民有所欲言 而終不得伸其情者多矣. 予爲此憫然 新制二十八字 欲使人人易習 便於日用矣.
>
> —≪御製訓民正音≫

1. 不貳와 參與

朝鮮이 나라를 열 때, 자신이 섬기던 나라 高麗를 못 잊는 不貳의 遺臣들이 있었다. 그들은 죽임을 당하거나 숨거나 했다. 새 王朝에 參與한 고려의 신하들도 물론 많았다. 그들은 조선의 기초를 닦았다. 이리하여 두 王朝의 교체가 이루어졌다.

吉再[76]와 鄭道傳,[77] 李詹,[78] 權近[79]

이들은 다 탁월한 선비, 고려의 신하들이다. 그러나 길이 갈렸다.

---

75 文字—漢文字, ᄉᆞᄆᆞᆺ디—通하지, 어린—어리석은, 어엿비—가엾게.

76 吉再(1353~1419) ; 麗末鮮初의 學者. 號는 冶隱. 朝鮮建國 후 朝廷에서 불렀으나 나가지 않고 고향인 善山에서 後進을 양성하는 데 전념했다. 저서로 ≪冶隱集≫. 다음에 보이는 〈又辭箋〉은 두 번째로 사양하는 글이라는 뜻. 앞에 한 번 더 부름을 받고 사양하는 글 〈辭太常博士箋〉을 쓴 일이 있다.

77 鄭道傳(?~1398) ; 麗末鮮初의 文臣, 學者. 號는 三峰. 詩文이 뛰어났다. 鮮初의 文物制度를 정비했다. 저서로 ≪三峰集≫.

78 李詹(1345~1405) ; 麗末鮮初의 文臣. 號는 雙梅堂. 文章과 글씨에 뛰어났다. 저서로 ≪雙梅堂集≫, 假傳으로 〈楮生傳(종이의 전기)〉.

79 權近(1352~1409) ; 麗末鮮初의 文臣, 學者. 號는 陽村. 詩文이 뛰어나고 經學에 밝았다. 저서로 ≪陽村集≫.

吉再는 不貳의 길로 들어서고 鄭道傳, 李詹, 權近은 參與의 길을 간 것이다. 그럼 우선 길재와 정도전부터.

A. 吉再/**上宰相啓**[80]

‖聖賢의 글을 읽어 배운 바가 무엇입니까? 子息은 孝에 죽고 臣下는 忠에 죽는다 하였습니다. 古今의 이 禮를 따르려는 것은 다름이 아니라, 常時에는 仁을 행하고 變時에는 節을 지키고자 함입니다. 구차히 甲을 섬기다 乙에게 옮긴다면 이는 실로 옷 입은 짐승(牛馬)에 다름 아닐 것입니다.

밤 다하여 별빛 희미할 제 샛별은 더욱 빛나며, 가을 와 빈 산에 잎 질 때 잣나무는 오히려 늠름합니다.‖개나 말에 이르러서도 그 主人을 그리워하거든 하물며 남의 臣下된 자로서 그 임금을 잊겠습니까?[81]

—≪冶隱集≫

B. 鄭道傳/**梅川賦**

庚申年 늦겨울, 날씨 매섭게 차고 마른 나무에 바람 휘몰아쳤다. 나(三峰子) 나막신 홀로 신고 문을 나섰다. 四方이 아득하다. 天地는 온통 얼어붙고. 홀연히 코끝에 향기 맑게 일었다. 만지려 해도 보이지 않고 찾으려 해도 간 곳이 없다. 다만 황홀할 뿐—. 무얼까? 공연히 섭섭했다.

---

80 어느 宰相이 吉再에게 새 王朝의 벼슬을 받으라고 권했던 모양이다. 이 글은 그 재상에게 쓴 것. ≪冶隱集≫에 실려 있는 이 글과 〈辭太常博士箋〉, 〈又辭箋〉, 이 세 편의 글은 後人의 擬製일지 모른다는 말이 이 글 끝에 적혀 있다.

81 ‖讀聖賢書所學何事? 子死孝而臣死忠, 履古今禮爲抱, 非他 常蹈仁而變蹈節, 儻事甲而移乙, 實襟馬而裾牛./夜變星稀而獨長庚之昭昭, 山空葉落而惟老栢之凜凜.‖在犬馬而戀主矧人臣而忘君?

—≪冶隱集≫

마침 눈 그치고 달빛 희게 흘렀다. 물소리 맑았다. 그 내를 건너 걸음을 옮겼다. 아, 저기 있구나, 냇가에 그가 서 있다. 그대 누구뇨? 허나 말이 없다.

> 낯빛 天眞해라, 차림새 곱고. 흰 치마 하얀 소매, 羽衣 입은 듯.
> 살결 희어라, 맵시도 곱고. 탐스러운 얼굴은 옥처럼 맑고. ‖

내가 문득 눈을 씻고 다시 보니 그가 浩甫[82]와 더불어 梅川에 노닐고 있었다.[83]

—≪東文選≫

글A는 지은이가 새 王朝의 어느 宰相에게 보낸 글이다. 甲을 섬기다 乙에게 옮길 수는 없다는 것, 그는 그의 〈又辭箋(다시 사양하는 글)〉에서도 말하기를

> 삼가 두 王朝를 섬기지 않으려는 것은 감히 節義의 이름이나 취하자는 것이 아니옵고, 山林에 自適하며 적이 逍遙하려는 뜻을 이루고자 함이옵니다.[84]
>
> —≪冶隱集≫

한 바 있다. 자, 다시 윗글의 둘째 문단, 샛별과 잣나무의 心象이 퍽 참신하다. 表現이 멋지다. 다 자신의 表象이겠다.

---

82 浩甫는 河有宗의 字, 梅川은 그가 살던 곳, 이 글은 鄭道傳이 浩甫의 고결한 人品을 梅花에 의탁하여 드러낸 것이라고 한다.

83 歲在庚申, 時惟季冬, 天氣凜烈, 枯木號風, 三峰子躡屐出門. 四顧蒼茫, 渺天地兮窮陰. 忽鼻端兮淸香, 觸之而不見, 尋之而無方, 恍未知爲何物, 悵予心兮若忘. 于時夜雪新霽, 素月流光, 渡川流之淸淺, 散予策兮彷徨, 粲然得之, 于川之傍. 欲誰何兮無言. 羌意眞兮色莊, 縞裙兮練袂, 羽衣兮霓裳, 雪肌兮綽約, 玉貌兮輕盈. ‖ 拭目而視之, 乃與浩甫遊于梅川. —≪東文選≫

84 謹當不事二姓, 非敢激節義之名, 自適一邱, 庶少酬逍遙之意. —≪冶隱集≫

글B는 梅花를 예찬한 글이다. 늦겨울 모진 추위 속을 달빛 벗하여 매화가 핀다. 맑게 이는 香氣, 눈처럼 흰 살결, 羽衣이듯 깨끗한 차림, 이 글은 매화를 예찬한 글이다. 아니, 浩甫의 매화처럼 고결한 人品을 예찬한 글이다. 자, 지은이의 글 한 줄 더 읽고 지나가자. 不貳와 參與란 말도 생각하면서. 이 글 뒤에 붙인 것은 정도전에 대한 한 史學者(劇作家)의 감상—.

선비가 세상에 처함에 그 나아감과 집에 머무름(出處), 그 가는 것과 오는 것(去就)이 어찌 늘 한결같으랴. 마땅히 크게 쓰이면 크게 行할 것이요, 작게 쓰이면 작게 행할 것이며, 쓰이지 못하면 행하지 못하는 것이니, 다 이와 같은 것이다.[85] —≪東文選≫

辛奉承/**임금님의 이름은 세 가지**

‖조선왕조를 창업한 李成桂 곁에는 鄭道傳이라는 걸출한 碩學이 있었다. 때문에 高麗 말에는 田制의 개혁안을 만들어서 백성들을 열광하게 하였고, 새 왕조가 창립된 다음에는 재빨리 ≪朝鮮經國典≫을 완성하여 조선개국의 理念이자 綱領을 세웠다. ‖

나는 가끔 鄭道傳이 쓴 글을 소리 내 읽어 볼 때가 있다. 그때마다 도도한 강물과도 같은 흐름이라는 생각을 한다. 이 강물에 뛰어들고 싶을 때가 있다. 꼭 임금만이 아니라 사람이 살아가는 도리가 꿈틀거리고 있어서다. ‖ —≪한글+漢字문화≫ 2009. 12.

85 士之生斯世, 其出處去就何常? 當大用則大行, 小用則小行, 至於不用則不行, 如此而已矣. —≪東文選≫ 贈典敎金副令詩序

C. 李詹/**野桂堂銘**

野桂堂은 지난날 海道元帥 陸公의 私邸였는데, 그 섬돌 아래 계수나무 한 그루가 우뚝하다. 나는 일찍이 이 나무가 회초리만 할 때 본 일이 있다. 그 후 육공의 사저는 헐리고 그 자리에 새 집이 들어섰다.

甲戌年에 내가 合浦로 귀양 와서 여기 이르니, 나무는 이미 커서 소 한 마리를 가릴 만했다. 때가 바야흐로 초여름이어서 녹음은 땅을 덮고 서늘함이 사람의 피부에 끼쳐 왔다. 비 오면 나무는 솨아솨아 비 맞는 소리를 내고 바람 불면 우수수 바람 맞는 소리를 냈다. 멧새도 들새도 다 이 나무 위에서 지저귀었다. 그 소리들은 가히 金石絲竹[86]의 風樂을 대신할 만했다. 인적 없는 곳으로 도망한 사람은 지나는 사람의 발자국 소리만 들어도 오히려 기뻐한다 했는데,[87] 하물며 天地의 氣와 動植의 物이 부딪치고 갈려서[88] 서로 감격하여 스스로 내는 소리임에랴. 다만 즐거울 뿐이었다.∥[89]

―≪東文選≫

D. 權近/**騎牛說**

내가 일찍이 말했다. "山水를 遊覽함에는 마음에 사사로운 얽매임을 없앤 뒤에라야 그 즐거움을 누릴 수 있다."

---

86 樂器의 총칭. 金은 쇠로 된 악기, 石은 돌로 만든 악기, 絲는 줄(실)로 만든 악기(絃樂器), 竹은 대롱으로 만든 악기(管樂器). 鐘(金), 磬(石), 琴(絲), 笛(竹) 같은 것.

87 ≪莊子(雜篇, 徐无鬼)≫에 "人跡 없는 곳으로 도망한 자는∥사람의 발소리만 들어도 기뻐한다(夫逃虛空者∥聞人足音, 跫然而喜矣.)."는 말이 있다.

88 비나 바람 같은 天地의 氣와 새나 나무 같은 動植의 物이 서로 부딪치고 갈려서.

89 堂 故海道元帥 陸公私第也, 野桂在庭除間. 拱把時余嘗見之矣, 其後宅廢營於地矣./歲甲戌, 余謫合浦, 至則桂已大, 可以蔽牛矣. 時方初夏, 綠陰滿地, 嫩凉逼人. 以至得雨蕭瑟, 受風飀飀, 山禽野鳥嚶呦其上, 可以代金石絲竹之樂. 逃空虛者尙喜跫音, 況天地之氣 動植之物 盪磨感激 自由音響? 顧不樂歟!

―≪東文選≫

내 친구 李周道[90] 군은 平海에 산다. 달 밝은 밤이면 매번 술병 들고 소를 타고 그 山水에 노니니, 평해는 形勝으로 이름난 곳이다. 그가 유람을 즐김에는 옛 사람도 능히 알지 못한 妙를 깨우친 것이 있다. 무릇 사람이 物을 봄에, 그 보는 것이 빠르면 그 본 바가 거칠고, 찬찬히 더디 보면 그 묘한 바를 볼 수 있으니, 말은 빠르고 소는 느린지라, 그가 소를 타는 것은 그 느린 것을 취하고자 함이다.

생각건대 밝은 달 둥실 떠오면 산 높고 물은 넓어 天地가 한 빛이리니, 우러러 하늘을 보나 굽어 땅을 보나 막힘이 없으리라. 비유컨대 萬事는 뜬구름인 것, 서늘히 불어오는 맑은 바람에 휘파람 불어 날리며, 소 가는 대로 길을 맡기고 뜻 이는 대로 술병을 기울이니, 트이는 가슴에 스스로 즐겁지 아니하랴. 이 어찌 마음에 사사로운 얽매임이 있는 자로서 가능한 일이겠는가?‖[91] —≪東文選≫

글C는 野桂의 德을 예찬한 것이다. 소 한 마리 가릴 만한 넉넉한 그늘, 비 오고 바람 불고 새 울면 天地의 氣와 動植의 物이 함께 만들어 내는 아름다운 自然의 소리, 혹 어디 그런 넉넉하고 아름다운 사람이 있어서 그를 예찬한 것인가? 이 글 전문을 읽어 보면, 그 야계 아래를 거닐며 詩 읊고 思索에 잠기는 지은이를 만날 수 있다. 야계의 첫여름, 그 시각적, 청각적 심상이 선명도 하다.

---

90 李周道(1352~1432) ; 麗末鮮初의 文臣. 周道는 字, 이름은 行, 號는 騎牛子. 처음엔 나가지 않았다가 太宗 때 기용되었다. 저서로 ≪騎牛子集≫.

91 吾嘗謂 "山水遊覽 惟心無私累然後, 可以樂其樂也."/友人李公周道家居平海, 每月夜携酒騎牛, 遊於山水之間. 平海號稱名勝, 其遊觀之樂, 李君能盡得, 古人所不知之妙也. 凡寓目於物者, 疾則粗 遲則盡得其妙, 馬疾牛遲, 騎牛欲其遲也./想夫明月在天, 山高水闊, 上下一色, 俯仰無垠, 等萬事於浮雲, 寄高嘯於淸風. 縱牛所如 隨意自酌, 胸次悠然自有其樂, 此豈拘於私累者所能爲也?‖ —≪東文選≫

글D는, 달 밝은 밤이면 매번 술병 들고 소를 타고 山水를 유람하는 李周道, 소 가는 대로 길을 맡기고 뜻 이는 대로 술병을 기울이는 그의 유유자적하는 모습을 그린 것이다. 참으로 얽매임 없는 삶이다. 느릿느릿 소를 타고—. 다음은 權近에 관한 한 기록, 文章이 대단했던 모양이다. 함께 읽고 지나가자.

> 權近은 ‖ 本朝에 들어와 官이 贊成事에 이르렀다. 諡號는 文忠, 文章은 當世의 으뜸이었다. ‖ 權近의 문장은 그 下筆이 滔滔(도도)하여 나라 안에서 禮를 밝히는 글이나 中國에 보내는 임금의 글이 모두 그의 손에서 나왔다. ‖ 92
>
> —≪海東雜錄≫

2. 한글 散文의 登場

新舊 王朝의 교체기, 이에 이어서 나타난 것이 한글창제다. 한글을 만든 것은 世宗 25(1443)년, 시험 삼아 ≪龍飛御天歌≫를 지어 그 성능을 확인한 것은 세종 27(1445)년, 세종은 그 28(1446)년에 이를 온 나라에 반포했다. 그 후 ≪龍飛御天歌≫나 ≪月印千江之曲≫ 같은 한글 韻文 외에 하나둘씩 한글(우리말) 散文이 나타나기 시작했다.

다음은 그 몇 예—. 이 예문들은 모두 梁柱東의 ≪國文學菁華≫에 실린 것을 저자가 현대철자법에 따라 옮긴 것이다.

---

92 權近 ‖ 本朝官至贊成事, 諡文忠, 文章爲時冠. ‖ 陽村爲文章, 下筆滔滔, 經世禮文, 事大詞命, 皆出其手 ‖
—≪海東雜錄≫ 權近條

A. 首陽大君[93]/**釋譜詳節序**

부처 三界의 尊이 되어 계셔 衆生을 널리 濟度하시나니, 그지없어 못내 헤아릴 功과 德이 사람들과 하늘들이 내내 기리지 못하는 바이시니라.

世間에 부처의 道理 배우려는 이들, 부처 나아 다니시며 가만히 계시던 처음과 마침을 아는 이 적으니, 비록 알고자 하는 이라도 또 八相[94]을 넘지 아니하여서 마나니라. ‖

佛爲三界之尊, 弘渡群生, 無量功德 人天所不能盡讚./世之學佛者, 鮮有知出處始終, 雖欲知者 亦不過八相而止.

B. 集賢殿/**孟子諺解**

孟子이 梁惠王을 보신대 王이 가라사대, 叟이 千里를 멀리 아니 여겨 오시니 또한 장차 써 내 國을 利케 함이 있으리까. 孟子이 對하여 가라사대, 王은 어찌 반드시 利를 이르시니까. 또한 仁義이 있을 따름이니이다.

孟子見梁惠王, 王曰 叟不遠千里而來, 亦將有以利吾國乎. 孟子對曰 王何必曰利, 亦有仁義而已矣.

C. 昭惠王后[95]/**內訓**

夫婦의 道는 陰과 陽이 맞으며 神明에 사무치니 진실로 하늘과 땅의

---

93 首陽大君(1417~1468) ; 朝鮮 제7대 임금 世祖의 君號. 이름은 瑈(유). 刊經都監을 설치, 많은 經書를 諺解했다. 이 글은 ≪釋譜詳節≫의 序文. 詳節은 世宗이 昭憲王后의 冥福을 빌기 위하여 首陽으로 하여금 釋迦의 一代記를 찬술케 한 책으로 여러 佛經에서 자료를 뽑아 번역한 것.

94 부처님이 이 세상에서 衆生을 구제하기 위하여 나타낸 여덟 가지 모습. 즉, 下天, 托胎, 降誕, 出家, 降魔, 成道, 轉法輪, 入涅槃.

95 昭惠王后(1437~1504) ; 追尊王인 德宗의 妃, 成宗의 어머니. 佛教를 독실히 믿어 佛經에 조예가 깊었다. 編譯書로 ≪內訓≫. 이 책은 ≪小學≫, ≪烈女≫ 같은 여러 책에서 婦女子에게 教訓이 될 만한 내용을 가려 뽑아 번역한 것.

큰 義이며 人倫의 큰 마디라. 이러므로 써 禮에 男女 사이를 貴히 여기고 詩에 關雎義를 나타내니,[96] 이를 말미암아 이르건대 可히 重히 여기지 아니치 못하리라.

지아비 어질지 못하면 계집을 거느리지 못하고, 계집이 어질지 못하면 지아비를 섬기지 못하며, 지아비 계집을 거느리지 못하면 威儀이 해어지고, 계집이 지아비를 섬기지 못하면 義理 무너지리니, 이 두 일을 비기건대 그 씀이 한 가지라. ‖

夫婦之道 參配陰陽, 通達神明, 信天地之弘義, 人倫之大節也. 是以 禮貴男女之際, 詩著關雎之義, 由斯言之, 不可不重也.

夫不賢則無以御婦, 婦不賢則無以事夫, 夫不御婦則威儀廢壞, 婦不事夫則義理墮闕, 方斯二者其用一也.

글A는 ≪釋譜詳節≫에 붙인 序文이다. 그러니까 ≪釋譜詳節≫처럼 여러 佛經에서 가려 뽑은 原文들을 번역(諺解)한 것이 아니고 全文이 다 首陽大君 자신의 글인 것이다. 이에 대하여 ≪孟子諺解≫는 ≪孟子≫를, ≪內訓≫은 여러 책에서 가려 뽑은 글들을 번역한 것이니 결국 남의 글인 셈이다.

그러나 내 글이든 남의 글이든, 그런 것과 관계없이 우리가 여기서 주목해야 할 것은 漢文만 써 오던 우리 歷史에 한글(우리말) 散文이 등장했다는 사실이다. 아직은 아니지만(이렇다 하게 내놓을 만한 것이 없지만) 멀지 않은 날에 그것은 훌륭한 문학적 산문, 곧 한글 수필을 불러올 것이었다.

---

96 禮는 ≪禮記≫, 詩는 ≪詩經≫. 關雎는 ≪詩經≫ 周南篇의 關關雎鳩(관관저구)의 줄임말로 그 속뜻은 窈窕淑女(요조숙녀)와 君子는 좋은 짝이 된다는 것.

3. 成宗[97]代의 隨筆文學

우리가 한글 산문을 이야기하는 동안에 한 가지 잊은 게 있다. 世祖가 端宗을 내쫓고 卽位, 그 復位를 꾀하던 조정의 신하들을 도륙한 사건이다. 조정 안팎이 온통 어수선했을 것이다. 이 힘든 세월을 잘 극복하고 나라의 文運을 크게 일으킨 임금이 있다. 그가 바로 成宗이다. 다음은 이 시대의 우리 수필문학.

徐居正[98]과 成俔[99]

徐居正은 일찍이 ≪東文選≫을 엮은 바 있다. 王名(成宗)으로 여러 학자들과 함께였다. 이 책은 先人들의 수많은 隨筆을 전한다. 그가 지은 ≪東人詩話≫나 ≪筆苑雜記≫, ≪太平閑話滑稽傳≫도 수필로 읽을 글을 많이 싣고 있다. 成俔의 ≪慵齋叢話≫는 實話와 說話, 笑話, 批評, 詩話 등 그 내용이 무진장이다. 우리 隨筆文學史가 이 책을 주목하는 것은 역시 수필로 읽을 많은 글을 싣고 있기 때문이다. 서거정과 성현을 한 자리에 놓는 소이연이다.

A. 徐居正/**蝙蝠賦**(편복부)

‖내 일찍이 적막한 몸으로 외로이 살아 밤이 되어도 근심으로 잠

---

97 成宗(1457~1494) ; 朝鮮 제9대 임금. 이름은 娎(혈). 世祖의 손자. 性理學에 정통하고 射藝와 書畵에 능했다. 在位期間 중 文運이 성했다.

98 徐居正(1420~1488) ; 朝鮮成宗 때의 文臣, 學者, 文人. 號는 四佳亭. 詩文이 뛰어나고, 性理學, 天文地理, 醫學 등 다방면에 통달했다. 저서로 ≪東人詩話≫, ≪筆苑雜記≫, ≪太平閑話滑稽傳≫, 편저로 ≪東文選≫.

99 成俔(1439~1504) ; 朝鮮成宗 때의 文臣, 學者, 文人. 號는 慵齋. 音律에 정통하고 書藝에 뛰어났다. 저서로 ≪慵齋叢話≫ 등. 〈鷄城君 李陽生〉은 저자가 붙인 제목.

못 이룰 때, 귀뚜라미 슬피 울면 나도 슬프고 개구리 시끄럽게 울면 나도 성난 듯했으나, 오히려 품은 생각은 밝아져 귀가 시끄러워도 듣기 싫지 않았는데, 네(박쥐－저자) 소리는 잠깐만 들어도 노한 머리카락이 곤두선다. ‖

그러나 끝없는 이 땅 위의 온갖 形體 있는 것들이 혹은 꿈틀거리고 혹은 얽히고 혹은 분분하고 혹은 번다하여, 이(蝨)는 잠방이 속에 숨어 살고 鷦鷯(초료)는 속눈썹에 깃들이며, 파리는 흰 것을 더럽히고 달팽이는 뿔끼리 싸우니, 이것이 모두 타고난 自然이라, 大小와 形質로써 차별할 수 없는 것이다. 이제 붓을 잡고 이 賦를 지음에, 박쥐야, 내 어찌 너를 책망하랴.[100]

－≪東文選≫

B. 成俔/**鷄城君 李陽生**

鷄城君 李陽生은 본래 庶孼(서얼)로서 미천한 사람이다. 일찍이 신을 삼아 생계를 꾸렸는데, 壯勇隊에 들어가 李施愛의 亂을 평정하는 데 功을 세우고 嘉善에 올라 封君되었다. 비록 글은 읽을 줄 몰랐으나 성품이 納謹樂易하고 일에는 털끝만큼도 사사로움이 없었다.

그는 더러 옛 장터를 지나는 일이 있었는데, 혹 미천할 때 사귄 친구를 만나면 반드시 말에서 내려 懷抱의 말을 나누고 떠났다. 그의 아내는 나의 막내고모 댁의 계집종이었는데 용모가 추하고 나이 들도록 자식이 없었다. 그래 어떤 사람이 그에게 권하여 말하기를

"그대는 큰 功이 있어 벼슬이 宰相의 반열에 이르렀으나 뒤를 이을 자식이 없다. 어찌 다시 名門의 딸로 아내를 삼아 아들을 낳으려 하

---

100 ‖余嘗寂寞而塊處兮 夜耿耿而不寐, 蛩哀咽而悽悲兮 蛙亂吠而囂哭, 然暢敍乎雅懷兮 羌不厭乎耳聒也, 俄聞爾之一聲兮 續怒髮之竪立也. ‖/然於窮壤之間 形形物物 蠕蠕蚩蚩 紛紛職職, 蝨處於褌, 鷦巢於睫, 蠅亂黑白, 蝸爭蠻觸, 是天地稟賦之自然, 不可以大小形質而有別也. 爰揮筆而作賦 於蝙蝠乎何責?

－≪東文選≫

지 않는가?"

하니, 그가 대답했다.

"내가 젊어서 貧困을 함께 한 사람이니 하루아침에 버린다는 것은 불가한 일이다. 미천한 사람으로서 良家의 딸을 아내로 삼는 것도 義를 해치는 일이니 불가하다. ‖"

사람들이 모두 말하기를, 分數를 아니 長者의 기품이 있다고 했다. ‖[101] —≪慵齋叢話≫

글A는 蝙蝠(편복, 박쥐) 이야기다. 지은이는 이 박쥐란 놈이 아주 싫다. 그러나 결론은 "내 어찌 너를 책망하랴."이다. 아주 싫지만 그게 다 타고난 自然, 이(蝨) 한 마리, 파리 한 마리도 그 大小와 形質로써 차별해서는 안 된다고 믿기 때문이다. 꼭 民主主義槪論의 어느 한 장을 읽는 느낌이다. 다음은 그에 대한 評—.

詩文이 贍麗(섬려), 叡敏(예민)하고 著述이 많다. ‖ 누구든 글을 구하면 선뜻 써 주었는데, 글이 물결 일 듯했다. 그의 신기한 글과 기이한 이야기가 사람들의 입을 통해서 세상에 전한다.[102] —≪海東雜錄≫

---

101 鷄城君李陽生, 本庶孼賤人, 嘗以造屨資生, 入壯勇隊, 從征李施愛有功, 賜功臣號, 加膳封君. 目不知書, 然性納謹樂易, 無一毫私曲./嘗過舊肆, 見微時所與交者, 必下馬論懷而後去. 其妻則我叔姑家婢也, 容貌麁陋, 年老無子, 人有勸之者曰 "君有大功, 宦至宰樞, 且無胤嗣, 何不更娶名家女爲婦生子乎?" 答曰 "吾少時所與共貧困, 而一朝棄之不可也, 以賤人而娶良家女, 有害於義不可也. ‖"/人皆謂知分而有長者風. ‖

—≪慵齋叢話≫ 卷之四

102 詩文贍敏, 多所著述. ‖ 人或有求碑誌, 記,序,詩, 賦, 雜文, 酬答如流, 波瀾泛溢. 奇文異話, 傳誦於世. ‖ —≪海東雜錄≫ 徐居正條

다음은 글B. 주인공 李陽生은 賤民으로서 宰相의 반열에 오른 사람이다. 그러나 貧賤할 때 사귄 벗을 잊지 않는다. 貧困을 함께 한 아내도 버리지 않는다. 옛말(貧賤之交不可忘, 糟糠之妻不下堂. -≪後漢書≫ 宋弘傳)을 그대로 따른 사람이다. 그가 높이 된 것이 다만 武勇 때문만은 아닌 듯하다. 信義다.

成俔 역시 뛰어난 文人이었다. 그의 文章을 평하여 水湧山出이라고도 했다(李秉岐 · 白鐵 ≪國文學全史≫ p.521). 이는 글 잘 짓는 재주를 찬탄하는 말이다.

金守溫[103]과 姜希孟[104]

金守溫과 姜希孟은 위에 말한 徐居正, 成俔과 함께 成宗代의 文人들 중 비교적 선배 그룹에 속한다. 이들은 다 世宗 때 登科했고, 十여 년의 나이 차이가 있었지만 성종대에서도 나란히 文名을 떨쳤다.

A. 金守溫/**贈敏大選序**

儒者가 나를 譏弄한다.

"公은 佛의 教理를 말하기 잘 하니 중(僧)과 같습니다. 그물과 낚시로 물고기를 잡지 않고 殺生을 싫어하니 더욱 중과 같습니다. 그런데 어찌하여 머리도 깎지 않고 검정 옷(僧衣)도 입지 않습니까?"

이번에는 佛者가 나를 기롱한다.

---

103 金守溫(1409~1481) ; 朝鮮成宗 때의 文臣, 學者. 號는 乖崖(괴애), 拭尤(식우). 古典에 밝고 文章에 능했다. 저서로 ≪拭尤集≫.

104 姜希孟(1424~1483) ; 朝鮮成宗 때의 文臣. 號는 私淑齋. 文章과 書畵에 뛰어났다. 저서로 ≪私淑齋集≫, ≪村談解頤≫ 등.

"公은 佛의 教理를 말하기 잘 하니 우리와 같습니다. 그물과 낚시로 물고기를 잡지 않고 殺生을 싫어하니 더욱 우리와 같습니다. 그런데 妾을 거느리고 子孫을 기르고 술을 즐기고 닭이든 돼지든 그 고기를 가리지 않으니, 어찌 어긋남이 이와 같습니까?"

아, 놓일 길 없는 나를 儒佛이 함께 훼방하니 진실로 사람 노릇 하기 어렵구나. 그러나 내가 즐기는 바는 道다. 나는 道를 즐긴다. 儒佛이 先後하여 나를 공격한다 해도 나는 알 바 없다. ‖[105] —≪續東文選≫

B. 姜希孟/**盜子說**

백성 중에 도둑질을 業으로 하는 자가 있어 그 아들에게 術法을 다 가르쳤더니, 아들이 또한 제 재주를 자부하여 ‖

"저는 아버지의 술법에 모자람이 없고 혈기는 오히려 더 왕성하니, 이로써 나간다면 어찌 이루지 못할까를 걱정하겠습니까?"

하니, 아비 도둑이 말했다.

"아직은 아니다. 智慧란, 남에게 배워서 이룬 것은 窮乏하고 스스로 겪어 얻은 것이 裕餘한 것이다. 너는 아직 아니다." ‖

대저 도둑질이란 賤하고 惡한 짓이지만, 그것도 오히려 스스로 겪어 얻은 연후에야 능히 天下에 敵手가 없는 것이다. 하물며 士君子가 道德을 닦고 功名을 이룸에 있어서이랴. ‖[106] —≪續東文選≫

---

105 儒者譏余曰 "公之善談佛理 猶僧也, 不網不釣惡其殺命 尤猶僧也. 何不髠其顚而緇其服乎?"/佛者譏余又曰 "公之善談佛理 猶吾也, 不網不釣惡其殺命 尤猶吾也. 而廣畜姬妾, 育子與孫, 糞嗜麴蘗, 不擇鷄猪而啗之, 何行之乖剌若是歟?"/噫, 以余不貲之身而儒佛兩毁, 信難乎其爲人矣. 雖然 余之所樂者道也. 余樂道也. 夫庸知儒佛之先後蕞攻於余乎?
—≪續東文選≫

106 民有業盜者, 教其子盡其術, 盜子亦負其才 ‖ "吾無爽老子之術, 而强壯過之, 以此而往何憂不濟?" 盜曰 "未也. 智窮於學成而裕於自得. 汝猶未也." ‖ 夫盜賤惡之術也, 猶必自得然後乃能無敵於天下, 而況士君子之於道德功名者乎? —≪續東文選≫

우선 글A부터. 지은이는 지금 儒者의 譏弄을 받는다. 그런데 유자와 다른 이유로 해서 또 금방 佛者의 기롱도 받는다. 儒佛이 함께 이러니 정말 사람 노릇 하기 어려웠을 게다. 그러나 지은이는 그런 데 개의치 않는다고 한다. 즐기는 道가 따로 있으니까. 그게 뭔지는 잘 모르지만 여유 있는 그 말투가 좋다. 다음은 지은이에 관한 한 짧은 批評, 함께 읽고 지나가자.

> 金守溫은 世宗 때 登第했다. ‖ 그의 文章은 굳세고 깊고 기이하고 예스러웠다. 지금 그의 책이 세상에 전하는데, ‖ 當世에 그와 대적할 文章이 없었다.[107]
>
> —≪海東雜錄≫

글B는 지은이가 그 아들(이름은 龜孫)을 훈계하기 위해서 지은 다섯 說(訓子五說) 중의 한 편이다. 그 전문은 도둑의 아들(盜子)이 스스로 智慧를 발휘하여 危機를 모면한다는 것이다. 지은이는 이 이야기로써, 지혜란 남에게서 배우는 게 아니고 스스로 겪어 얻는 것(自得)이어야 한다고 가르친다. 뜻도 좋고 예화도 그럴 듯하다. 이 예화는 물론 虛構일 것이다. 지은이에 관해서는 다음과 같은 評이 있다.

> 姜希孟은 世宗 때 登第했다. ‖ 詩文이 優雅, 纖細하며, 넉넉하고 빛나며, 크게 열려 매인 데가 없다. ‖[108]
>
> —≪海東雜錄≫

107 乖涯, 我世宗朝登第. ‖ 文章雄深奇古, 有集行于世, ‖ 擧世無與支吾.

—≪海東雜錄≫ 金守溫條

108 私淑齋 ‖ 英廟朝擢嵬科. 詩文醞藉精深 渾涵浸郁, 大放以肆. ‖

—≪海東雜錄≫ 姜希孟條

金宗直[109]과 金馹孫[110]

이 둘은 師弟다. 일찍이 金宗直이 〈弔義帝文〉을 지었는데 이는 世祖의 王位簒奪을 풍자한 것이었다. 燕山君 때, 士林派인 金馹孫이 史官으로 있으면서 勳舊派의 非行을 史草에 올리고 거기 스승의 이 글도 실은 일이 있다. 훈구파가 들고 일어났다.

결국 김일손은 젊은 나이에 死刑을 받고 이미 죽은 김종직은 剖棺斬屍를 당했다. 이른바 戊午士禍다(연산군 4년, 1498). 다음은 이 비극의 스승과 제자의 글—.

A. 金宗直/祭亡妻淑人文

아무 날에 夫 金宗直은 술과 제물을 갖추고 亡室 曹氏淑人의 靈前에 고하오. 아, 淑人이여, 나를 버림이 어찌 이리 급하뇨? 百年의 期約이 겨우 三分의 一일세. 서른 해 함께 산 삶을 하루아침에 버리니, 내 지난 날을 돌아보며 무슨 말을 더하랴. 다만 슬플 뿐. ‖

내 天性이 經營에 서툴러 자주 양식이 떨어졌으나 그대 또한 安貧하여 利를 도모하지 않았으며, 궂은 음식과 험한 옷으로도 처음과 끝이 다름없었네. ‖ 벼슬에서 물러나 나무하고 고기 낚으며 흰머리로 서로 의지하며 살렸더니 그 계획이 다 이루어져 가는 마당에 이게 웬 말인가? ‖

그대 부친 저리 살아 계신데 良辰佳節에 누가 술을 마련하며, 그대의 두 딸 아직 어린데 훗날 시집 갈 때 누가 그 짐을 싸는가? ‖ 새로 지은

---

109 金宗直(1431~1492) ; 朝鮮成宗 때의 文臣, 學者. 號는 佔畢齋. 性理學의 大家로 文章과 書畵에 뛰어났다. 저서로 ≪佔畢齋集≫, ≪遊頭流錄≫ 등.

110 金馹孫(1464~1498) ; 朝鮮成宗 때의 文臣, 學者. 號는 濯纓. 金宗直의 門下. 文章이 뛰어났다. 저서로 ≪濯纓集≫.

집에 정원도 연못도 다 있건만 함께 거닐 사람이 없구나. ‖ [111]

—≪續東文選≫

B. 金馹孫/**仲雲小祥祭文**

슬퍼라, 해는 이어 다시 오는데 사람은 한번 가 다시 못 오니, 막막한 宇宙 안에 서로 따를 수 없음을 恨할 뿐입니다. ‖

형님이 돌아가신 후 형님의 魂魄이 꿈에 자주 나타나십니다. ‖ 기쁜 듯 노한 듯, 괴로운 듯 근심스러운 듯, 씩씩한 모습은 여느 때와 같고 失意에 찬 모습은 편찮을 때와 같으십니다. 놀라 깨어 넋을 잃고 앉았노라면 눈물이 뺨에 가득이 흐릅니다. 혹 편치 못한 일이라도 있으십니까?

까마귀 옛 언덕에 울고 묵은 풀에 꽃 활짝 핀 날,
바람 앞에 한번 통곡하면 草木이 함께 울리라.

형님의 遺腹女兒 어느덧 돌입니다. 제 무릎에 기어 올라와 그릇을 가지고 놀며 밥을 달라 합니다. 그 자라남이 기쁩니다. 그러나 어머니는 부르고 아버지는 부를 줄을 모릅니다. 이는 너무 큰 슬픔입니다. 밤낮으로 바라기는 잘 자라 시집 좋은 데 가는 것이니 형님의 혼령이 도우소서. ‖ [112]

—≪續東文選≫

---

111 日月夫具位金宗直, 謹以淸酌時羞之奠, 敢哀告于亡室曹氏淑人之靈. 嗟嗟, 淑人棄我何亟? 百年之約三分纔一. 卅年伉儷一朝而訣, 追惟往事胡寧忍說, 嗚呼哀哉. ‖ 我性鳩拙甑石屢匱, 君亦安貧不事贏利, 菲食惡衣始終罔異. ‖ 方謀休官採山釣水, 白首相依以保餘齒, 玆計幾就胡遽至此? ‖ 君之嚴君康强在堂 良辰佳節誰侑酒觴, 君之兩女少者在房 他日于歸誰辦其裝? ‖ 新築屋廬有園有塘, 君不留居 誰與周章. —≪續東文選≫

112 噫, 歲運還復乎不窮, 人生一去而莫回, 長恨宇宙亦復何追. ‖ 自兄之沒, 尋常魂魄與夢相接. ‖ 如喜如怒, 如惱如愁, 揚揚如平昔, 忽忽如大漸之時, 驚覺自失有淚盈腮, 不知兄有未安於玆耶./鴉啼古隴宿草離披, 臨風一慟草木共悲. ‖ 遺腹女孩行以及晬, 匍匐上膝

글A는 죽은 아내를 제사지내는 글이다. 마디마디가 다 슬프다. 특히 그대의 두 딸 아직 어린데 훗날 시집 갈 때 누가 그 짐을 싸는가, 이 한 마디가 더 마음을 아프게 한다. 새로 지은 집에 정원도 연못도 다 있건만 함께 거닐 사람이 없다는 말도 오래 마음에 남는다. 다음은 지은이의 사람과 글을 함께 드러내는 몇 줄.

金宗直은 世祖 때 登第했다. 操行은 端雅하고 學問은 精深하며 文章은 高古하여 一世의 儒宗이 되었다. 가르치기를 게을리 하지 않아 그 門下에서 많은 名士가 나왔다. 成宗께서 重히 여기셨다.[113]

—≪海東雜錄≫

글B는 지은이가 그 둘째 兄인 驥孫(仲雲은 字)의 小祥을 맞아 지은 祭文이다. 죽은 형을 생각하는 아우의 마음이 행간마다 슬프다. 어느덧 그 형의 遺腹女가 돌이란다. 그 자라남은 기쁘지만, 어머니는 부르고 아버지는 못 부르는 어린 아이를 보며 지은이는 애가 끊겼을 것이다. 다음은 그에 관한 한 評.

金馹孫은 成宗 丙午年 司馬試에 壯元하고 같은 해 甲科에 올라 文章과 氣節로써 세상에 이름을 떨쳤다. ‖그의 글(疏章과 箚子)은 汪汪하기 大海와 같고, 國事를 論議하고 人物을 是非함이 靑天의 白日과 같아,

---

弄瓦叫食, 知呼孃而不知呼爺也, 吾與族人且悲且喜. 日夜冀其成長而得嫁也, 靈其佑耶. ‖

—≪續東文選≫

113 金宗直 ‖ 光廟朝登第, 操履端慤, 學問精深, 文章高古, 爲一世儒宗, 誨人不倦, 前後名士多出其門. 成廟重之. ‖

—≪海東雜錄≫ 金宗直條

참으로 稀世의 人材요 廟堂의 大器였다.[114] —≪海東雜錄≫

이제 成宗代의 이야기는 이쯤에서 마쳐야겠다. 다음은 宣祖前後代, 그러나 그 전에 반드시 살피고 지나가야 할 곳이 하나 있다. 世祖, 昭惠王后, 그런 선각들이 확립해 놓은 한글 散文은 그 뒤 어찌 되었을까?

4. 한글수필의 展開

한글 散文은 鮮初에 이미 등장, 확립되었지만 아직 문학적인 산문이라 할 만한 것은 생산하지 못했다. 그러더니 宣祖 무렵을 지나면서 한글수필이 나타나기 시작했다.[115] 基本形, 祭文, 紀行, 日記, 行狀과 回顧錄 등, 그 形式이 다양한 것은 漢文隨筆과 다름이 없다.

---

114 金馹孫 ‖ 成廟丙午, 中司馬壯元, 同年甲科, 以文章氣節名世. ‖ 季雲疏箚, 汪汪大海, 論議國事 是非人物, 如青天白日, 眞希世之材, 廟堂之器. ‖

—≪海東雜錄≫ 金馹孫條

115 여기서는 散文隨筆만 보기로 한다. 韻文隨筆을 인정한다면 歌辭(물론 전부는 아니지만)를 말해야 할 것이다. 알다시피 歌辭는, 形式은 韻文이면서 內容은 散文이다. 다음은 작자 미상(許蘭雪軒이라고도 한다)의 〈鳳仙花歌〉의 한 부분이다. 손톱에 봉숭아물을 들이고 거울 앞에 앉은 女人의 모습이 눈앞에 보이는 듯하다. 잘 쓴 수필의 한 문단 같다. 그러나 수필로 보기에는 거리감을 숨길 수 없다. 歌辭를 隨筆로 보는 견해에 관해서는 李能雨 ≪國文學概論≫ p.116 참조.

纖纖한 十指上에 수실로 감아 내니/종이 위에 붉은 물이 미미히 스미는 양/佳人의 얕은 뺨에 紅露를 끼쳤는 듯 ‖ 玉鏡帶를 대하여서 八字眉를 그리려니/난데없는 붉은 꽃이 가지에 붙었는 듯/손으로 우희려니 분분히 흩어지고/입으로 불려 하니 섞인 안개 가리었다.

—金聖培外 ≪歌辭文學全集≫

이하의 예문들은 저자가 원문을 현대철자법에 따라 옮기고, 이해의 편의를 위하여 적당히 漢字를 혼용한 것.

基本形

基本形의 隨筆이란 우리가 흔히 보는 일반적인 수필을 말한다. 그러니까 앞에서 읽은 金守溫의 〈贈敏大選序〉나 姜希孟의 〈盜子說〉 같은 수필이다. 한글수필에서는 이런 기본형이 흔치 않다.

A. 柳夢寅[116]/**壽夭長短**[117]

梁松川 應鼎이 고을을 하여 고을집(郡廳舍)을 지을 새, 木匠이 上梁하며 톱질하더니, 松川이 손(客)으로 더불어 對하여 그 아래 앉아 한 가지로 마실 새, 소반 가운데 海松子씨(잣씨) 심히 신신하거늘 아이를 불러 동산에 심으라 하여 가로되

"다른 날에 이 솔이 자라거든 마땅히 베어 棺板을 하리라."

객이 양 송천더러 일러 가로되

"그 松子 長大하여 結實하거든 나는 마땅히 그 열매를 따다 심어 그 장대하거든 내 棺材를 하리라."

목장이 톱을 놓고 뜰에 내려ㅣ가로되

"다른 날에 두 閣下 萬歲 후에 小人은 마땅히 두 합하의 棺을 짜리이다."

두 사람이 抵掌大笑(저장대소)하고 곡식 닷 섬을 갖다 그 말을 賞주니, 슬프다, 사람의 壽夭長短(수요장단)이 어찌 사람의 입에 있으리오.

—≪於于野談≫

---

116 柳夢寅(1556~1623) ; 朝鮮宣祖 때의 文臣, 文人. 號는 於于堂. 說話와 隨筆의 大家. 詩文과 글씨에 뛰어났다. 저서로 ≪於于集≫, ≪於于野談≫.

117 이 제목은 저자가 붙인 것, 원문에는 제목이 없다. 이 글은 한글본 ≪於于野談≫에서 가려 뽑은 것이다. 한글본은 순 한글로만 되어 있다. 漢字를 삽입한 것은 앞에 말한 바와 같이 저자의 便宜에 따른 것이다. 이하의 한글수필에 있어서도 漢字의 사용은 저자가 임의로 처리했다.

B. 未詳/閨中七友爭功論[118]

閨中夫人에게 평생을 서로 떠나지 아니하는 벗 일곱이 있으니, 그 이름은 가론 尺부인(자)과 交頭각시(가위)와 細腰각시(바늘)와 靑紅각시(실)와 감투할미(골무)와 引火낭자(인두)와 熨낭자(다리미)라. ‖

옛적에 朱부인이라는 부인이 있어, 매일 이 七友로 더불어 힘을 한가지로 하여, 한 벗이라도 없으면 무슨 일을 이루지 못하더니, 하루는 부인이 칠우로 더불어 있다가 홀연 몸이 곤하여 졸더니, 尺부인이 가늘고 긴 허리를 빨리 재면서 하는 말이

"列位는 내 말 들어 보소. 내란 몸은 길며 짧으며 좁으며 넓으며 이런 것들 눈치 있게 자세히 살피어서 朱부인으로 무슨 일에 그릇됨이 없게 하니 내 功이 으뜸이 되리로다."

交頭각시 聽罷에 성을 내어 일긋거리며 이르되

"尺부인은 너무 공치사 마소. 내 입이 한번 가야 모양과 격식이 나나니, 그대의 일하여 炎凉(念量의 잘못일 듯)한 공이 나로 말미암아 나타나나니, 내 공이 진실로 으뜸 되리로다." ‖ —李熙昇 ≪歷代國文學精華≫

우선 글A부터. 그렇다, 사람의 壽夭長短이 어찌 사람의 입에 달렸겠는가? 그러나 이런 골치 아픈 생각 잠시 접고 다시 읽어보면 木匠의 재치가 그렇게 빛날 수가 없다. 그 재치 있는 말에 곡식 닷 섬으로 상을 주는 원님은 또 얼마나 멋있는가?

여기서 잠깐 柳夢寅의 ≪於于野談≫에 관하여 한마디 덧붙여야겠다. 이 책은 漢文本과 한글본의 두 가지가 있다. 한문본은 그 내용이

---

118 이 글은 李熙昇의 ≪歷代國文學精華≫에 전하는 것을 몇 군데 알기 쉽게 고친 것이다. 異本도 있다. 흔히 〈閨中七友爭論記〉라고도 한다. 너무 說話的이어서 어떨까 하는 생각도 있지만 그 동안 모두가 隨筆로 분류해 왔기 때문에 그냥 따르기로 한다.

잘 분류되어 체재가 반듯한데 한글본은 그냥 이어 쓴 글로 체재라 할 것이 없다. 내용은 둘 다 成俔의 ≪慵齋叢話≫처럼 實話와 說話, 笑話, 批評, 詩話 등 퍽 다양하다. 우리가 이 책을 소중하게 생각하는 것 역시 그 속에 隨筆로 읽을 글이 많기 때문이다. 유몽인은 비단 한글수필만이 아니고 한문수필에도 뛰어난 문인이었다.

글B는 바느질에 동원되는 일곱 벗 이야기다. 그들은 하나같이 제 공이 으뜸이라고 내세운다. 이 글의 후반에서는 또 각각 그 겪는 고초를 말하는데 역시 제가 당하는 고초가 제일이라고 한다. 이 글이 보여주는 바느질 社會는 한시도 바람 잘 날이 없다. 꼭 오늘의 우리 사회를 보는 것 같다. 자, 그럼 다음으로―.

祭 文

祭文은 죽은 사람을 제사지내는 글이다. 앞에서 본 金宗直의 〈祭亡妻淑人文〉이나 金馹孫의 〈仲雲小祥祭文〉 같은 글이다. 그런데 아주 희귀한 예지만 사람 아닌 것을 제사지내는 글도 있다. 다음 B 같은 글이다.

A. 肅宗[119]/祭大行王妃閔氏文[120]

某年某月某日에 國王은 菲薄之奠(비박지전)으로 大行王妃 閔氏之前

---

119 肅宗(1661~1720) ; 朝鮮 제19대 임금. 이름은 焞(돈). 많은 업적을 쌓았다. 쟁쟁한 學者도 많이 배출되었다. 그러나 張禧嬪을 총애한 나머지 그녀의 誣告에 빠져 仁顯王后를 폐위시키고 그녀를 王妃에 올렸다. 후에 이를 후회하여 장희빈을 誣告罪로 賜死하고 인현왕후를 복위시켰다.

120 大行은 后妃가 돌아간 뒤 諡號를 올리기 전까지의 尊稱. 閔氏는 일찍 죽은 仁敬王后(1661~1680)의 뒤를 이은 肅宗의 繼妃 仁顯王后(1667~1701). 이 글은 ≪仁顯王后傳≫에서 옮긴 것, 현대국어의 맞춤법에 따르고 漢字를 혼용한 것은 저자의 자의. 이 글의 제목은 저자가 붙인 것이다.

에 고하나니, 嗚呼라, 賢后 돌아가심이 참말이냐 거짓말이냐? 달이 가고 날이 바뀌되 寡人이 慌亂하여 능히 깨닫지 못하니, 속절없이 天數가 막막하고 音容이 頓絶하니 그 돌아감이 반듯한지라, 故人이 失偶之歎(실우지탄)과 叩盆之痛(고분지통)을 일렀으나 과인의 極痛과 遺恨은 古今에 彷佛할 자가 없도다. ‖

后는 돌아가니 生前 꽃다운 德이 빛나고 死後 슬퍼함이 萬民이 如失父母하니 비록 없어도 있는 이 같거니와, 과인은 길고 긴 세상에 遺恨이 자심하니 어찌 참고 견디리오? 此生에 山海 같은 恩誼를 느끼어 永訣하매, 陵 右便을 비워 他日 同窆(동폄)하기를 바라나니, 千秋萬歲에 體魄이 한가지로 놀리로다. —≪仁顯王后傳≫

B. 俞氏[121]/祭針文[122]

維歲次 某年某月某日에 未亡人 某氏는 두어 자 글로써 針子에게 고하노니, 人間婦女의 손 가운데 종요로운 것이 바늘이로되 세상 사람이 귀히 아니 여기는 것은 到處에 흔한 바이로다. 이 바늘은 한낱 작은 물건이나 이렇듯이 설워함은 나의 情懷가 남과 다름이라. 嗚呼慟哉라, 불쌍하고 불쌍하다. 너를 얻어 손 가운데 지닌 지 于今 二十七年이라, 어이 人情이 그렇지 않으리오? ‖

아깝다 바늘이여, 어여쁘다 바늘이여, 네 미묘한 稟質과 특별한 才致를 가졌으니 物中의 靈物이요 鐵中의 錚錚이라. 민첩하고 날래기는 百代의 俠客이요, 굳세고 곧기는 萬古의 忠節이라. ‖그 민첩하고 신기함

121 朝鮮純祖 때의 여인이라고 한다. 그녀의 文章力, 글에 드러난 그녀의 知的敎養이나 집안 등으로 볼 때 단순한 針母는 아닌 듯하다.

122 이 글은 흔히 〈弔針文〉이라고도 한다. 李熙昇의 ≪歷代國文學精華≫에 전하는 것을 현대국어의 맞춤법에 따라 옮긴 것.

은 귀신이 돕는 듯하니 어찌 人力의 미칠 바리요?∥

人生百年 同居하려더니, 嗚呼慟哉, 바늘이여. 今年十月初十日 戌時에 熹微(희미)한 燈盞 아래서 冠帶 깃을 달다가 無心中間에 자끈동 부러지니 깜짝 놀라와라. 아야 아야 바늘이여, 두 동강이 났구나. 精神이 아뜩하고 頭骨이 깨쳐지는 듯하매 이윽도록 氣塞昏絶(기색혼절)하였다가 겨우 精神을 차려 만져 보고 이어 본들 속절없고 할 일 없다.∥

비록 物件이나 無心치 아니하여 後世에 다시 만나 平生同居之情을 다시 이어 百年苦樂과 生死를 한가지로 하기 바라노라. 오호통재라, 바늘이여.

—李熙昇 ≪歷代國文學精華≫

글A는 肅宗이 親臨하여 仁顯王后의 제사를 지낼 때 손수 지어서 禮官에게 읽힌 祭文이다. 失偶之歎은 짝 잃은 슬픔, 叩盆之痛은 喪妻의 아픔, 他日 同窆을 바란다는 것은 내가 죽는 날에 함께 묻히겠다는 뜻, 그때 숙종이 하늘을 우러러 통곡을 하니 눈물이 비 오듯 했다고 한다(≪仁顯王后傳≫). 착한 王后가 폐위 6년이었다. 그 죽음 앞에 임금의 마음은 사뭇 찢어지는 듯했을 것이다.

글B는 바늘을 부러뜨리고 그 바늘을 제사하는 글, 지은이는 27년이나 그 바늘을 지녀 온 한 여인이다. 그런데 좀 이상하다. 바늘 하나 부러뜨리고 무슨 氣塞昏絶인가? 平生同居니 百年苦樂이니 生死를 한가지로 하느니 하는 것도 실은 夫婦 사이에나 쓰는 말이다. 이 글은 죽은 남편을 그리는 情, 27년 함께 산 그 남편 그리는 정을 부러진 바늘에 의탁해서 쓴 제문이다. 아니, 제문형식을 빌려 쓴 思夫辭다. 이렇게 보면 그 심한 과장이 오히려 리얼하게 다가온다. 자, 다음은—.

紀行文

紀行文은 旅行의 기록이다. 그 기록은 旅程(가는 길), 體驗(보고 듣고 겪은 것들), 感想(여행 중에 생각한 것이나 느낀 것들) 같은 것들로 이루어진다. 우리가 앞에서 본 慧超의 〈故里燈無主(≪往五天竺國傳≫)〉 같은 글이다. 다음은 그 예들－.

A. 柳義養[123]/**紅蛤**

河東 있는 同宗 數人이 와 보고, 紅蛤과 고사리를 가져와 받기를 간청하기 마지못하여 고사리는 받고 홍합은 도로 주어 보내니, 다른 사람이 묻거늘 내 이르되

"그 사람들의 집이 물가가 아니라 智異山 밑이니, 홍합은 사 온 것이니 받지 못하고 고사리는 동산에서 꺾은 것이니 받았으되 安心치 아니타."

하니, 대답하되

"고사리는 伯夷叔齊도 먹었나니라."[124]

하고 大笑하더라. －≪南海見聞錄≫

---

123 柳義養(1718~?) ; 朝鮮英祖 때의 文臣. 號는 後松. 저서로 南海(경상남도 소재의 한 섬)에서 귀양살이하며 기록한 ≪南海見聞錄≫. 다음에 보이는 〈紅蛤〉은 그 귀양살이를 하며 겪은 한 體驗으로 이 제목은 저자가 붙인 것. 이 책 전문은 紀行文이지만 여기 보인 글은 어느 한 날의 체험을 기록한 것이므로 旅程 같은 것은 나타나 있지 않다.

124 伯夷와 叔齊는 중국 孤竹國의 王子(兄弟), 義人으로 추앙받는 인물이다. 그들은 不義한 周나라의 곡식은 먹을 수 없다 하여 首陽山에 들어가 고사리로 연명하다가 굶어 죽었다. －司馬遷 ≪史記≫ 列傳 伯夷條

B. 金意幽堂[125]/**東溟日出**

날이 샐 가망이 없으니 연하여 영재를 불러 "동이 트느냐?" ‖ 마이 이윽한 후 동편에 星宿이 드물며 月色이 차차 여려지며 紅色이 분명하니, ‖ 이윽고 날이 밝으며 붉은 기운이 동편 길게 비쳤으니 眞紅大緞 여러 疋을 물 위에 펼친 듯, 萬頃蒼波가 일시에 붉어 하늘에 자옥하고 노하는 물결 소리 더욱 장하며 紅氈 같은 물빛이 황홀하여 水色이 照耀하니 차마 끔찍하더라.

붉은 빛이 더욱 붉으니 마주선 사람의 낯과 옷이 다 붉더라. 물이 굽이져 치치니 밤에 물 치는 굽이는 옥같이 희더니 즉금 물굽이는 붉기 홍옥 같아야 하늘에 닿았으니 壯觀을 이를 것이 없더라.

—≪東溟日記≫

그럼 글A부터. 지은이는 지금 귀양을 와 살고 있다. 그런데 거기서 가까운 河東에 同姓同本의 一家들이 사는 모양이다. 그 몇이 홍합과 고사리를 들고 찾아왔다. 지은이는 고사리는 받고 홍합은 도로 주어 보낸다. 귀양 사는 일가를 위로하려 찾아오는 그들이 퍽 따뜻해 보인다. 홍합을 도로 주어 보내는 지은이도 퍽 사려 깊어 보이고. 고사리는 伯夷叔齊도 먹었다는 한 마디는 또 얼마나 유머러스한가?

글B는 지은이가 東海의 해 돋는 광경을 그린 것이다. 시각적으로든 청각적으로든 그 묘사가 탁월하다. 새벽에 해 뜨느라 붉게 물든 황홀한

---

125 金意幽堂 ; 朝鮮純祖 때의 여인. 意幽堂은 그녀의 號. 文章이 뛰어났다. 저서로 ≪意幽堂關北遊覽日記≫. 이는 지은이가 남편 李義贊이 咸興判官으로 부임할 때 따라가(순조 29년, 1829년 가을) 그 부근의 명승고적을 찾아다니며 쓴 글(李秉岐 ≪國文學槪論, p.260). 〈東溟日記〉도 이 안에 들어 있다. 〈東溟日出〉은 저자가 붙인 제목으로 東海의 日出이라는 뜻. 이 글의 지은이를 意幽堂 아닌 宜寧南氏(1727~1823)라고도 한다. —柳鐸一 〈意幽堂日記의 作者에 對하여〉, 국어국문학회편 ≪隨筆文學硏究≫

바다, 붉기 홍옥 같은 물굽이, 그리고 요란히 물결치는 그 소리, 다 눈에 보이고 귀에 들리는 듯하다. 참으로 壯觀 아닌 것이 없다.

日 記

日記는 자기 個人, 또는 자기가 속한 社會(국가, 단체)의 삶을 日日 단위로 기록하는 글이다. 다음에 보이는 〈黑山島〉는 전자의 예, 〈南漢山城〉은 후자의 예다.

A. 朴昌壽[126]/黑山島

십이월 초일일.

날이 심히 깨끗하더라. 식후에 배를 다시 타니 순풍을 만나 빨리 갈새 나는 새와 빠른 살이 미치지 못할 듯싶더라. 배 위에 앉아 사공들과 海門[127]을 가리켜 黑島[128]의 遠近을 물으니 그 중 都沙工[129]이 손으로 멀리 물 가운데 한 조각 검은 鼓石[130]만 한 것을 가리키더라.

배 하 빨리 가 風 일고 또 물결이 배에 부딪혀 소리 자못 요란하니, 禁府所屬[131]과 一行下人이 하나도 배 밖에 머리 내어 구경할 자 없고

126 朴昌壽 ; 朝鮮英祖 때의 文臣인 朴盛源(1711~1779)의 손자. 박성원이 黑山島에 유배되었을 때 거기 따라가 모시면서 보고 듣고 겪고 생각하고 느낀 것들을 기록했는데 그것이 ≪南征日記≫이다. ≪南征錄≫이라고도 한다. 이 글은 일기형식으로 쓴 기행문이다. 다음에 보이는 〈黑山島〉는 흑산도 가는 날의 일기로 이 제목은 저자가 붙인 것, 원문에는 이런 제목이 없다.

127 두 육지 사이에 난 바다의 통로.

128 黑山島.

129 사공의 우두머리.

130 무덤 앞 장방형의 돌.

131 義禁府 소속의 官員.

洪島司[132] 또한 겁내어 거짓 노래 불러 강작하나[133] 매우 거북하여 하는 빛이 있더라.

瞬息 사이에 그리 멀던 黑島가 어느덧 眼前에 완연하여 장차 닿게 되었으니, 천리 큰 바다에 一葉 외로운 배로 순풍을 만나 무사히 닿음이 어찌 청청한 하늘의 도우심이 아니리오. —≪南征日記≫

B. 未詳[134]/**南漢山城**

이십삼일에.

大雨 내리니 城堞(성첩) 지키는 軍士 다 적시고 얼어 죽은 이 많으니 上이 世子[135]로 더불어 뜰 가운데 서서 하늘께 빌어 가라사대

"금일 이에 이르기는 우리 父子 得罪함이니,[136] 一城軍民이 무삼 罪리이꼬? 天道이 우리 父子에게 禍를 내리시고 원컨대 萬民을 살리소서."

群臣이 들으시기를 청하되 許치 아니하시더니, 未久에 비 그치고 日氣 차지 아니하니 城中人이 感泣지 아니 할 이 없더라.

—≪山城日記≫

우선 글A. 지금 한 老文臣이 귀양을 간다. 먼 黑山島다. 禁府胥吏들

---

132 島司는 섬 담당 地方官.

133 억지로 힘쓰나, 두렵지 않은 체하나.

134 未詳 ; 그러나 朝廷(南漢山城)에서 丙子胡亂을 겪은 사람일 것이다. 登場人物과 事件이 퍽 구체적이다. 이 글의 출전인 ≪山城日記≫를 朝鮮仁祖 때의 文臣인 羅萬甲(1592~1642)의 漢文 ≪丙子錄≫의 國譯이라고도 한다.—崔康賢 ≪韓國古典隨筆講讀≫ 참조. 〈南漢山城〉은 저자가 붙인 제목.

135 世子 ; 仁祖의 長男인 昭顯世子(1612~1645). 丙子胡亂 후 동생인 鳳林大君(뒤의 孝宗)과 함께 淸나라에 볼모로 잡혀 갔다 왔는데, 일찍 죽어 왕위에는 오르지 못했다.

136 오늘 우리나라가 淸나라의 침략을 받아 이 처참한 지경에 이른 것은 우리 父子가 罪를 얻은 까닭이니, 우리 부자의 잘못 때문이니.

이 따른다. 그 귀양길을 손자가 따라간다. ≪南征日記≫는 그 귀양살이의 장면 장면들을 그 손자가 日日 단위로 기록한 글이다. 전문을 읽어보면 문장도 잘 흐르거니와 묘사도 탁월하다. 흑산도의 생생한 모습을 배경으로 손자의 착한 마음도 잘 드러난다. 위에서 말한 대로 이 일기는 개인의 일을 기록한 것이다.

다음은 글B. 찬비가 내린다. 지금 임금(仁祖)이 세자(昭顯世子)와 더불어 하늘에 빌고 있다. 우리 父子를 벌하시고 萬民을 살리소서. 하늘이 감동하셨는가, 미구에 비 그치고 추위가 가셨다. ≪山城日記≫는 丙子胡亂을 겪는 南漢山城, 그러니까 개인이 아니라 국가의 하루하루를 기록한 글이다. 淸나라를 맞아 싸우는 우리 임금과 臣民들의 처절한 모습이 생생하게 드러나 있다. 자, 그럼—.

行狀과 回顧錄

行狀은 죽은 사람의 평생의 행적을 적는 글이다. 그러니까 일종의 評傳 같은 것이다. 回顧錄은 말 그대로 지난날의 자신의 삶을 회고하는 글이다. 行狀이 評傳이라면 回顧錄은 自敍傳이라고 할 수 있을 것이다.

A. 金萬重[137]/*慈母頌*

‖불초 형제 아이 적에 바깥 스승이 없으니, 小學, 史略, 唐詩 같은

---

137 金萬重(1637~1692) ; 朝鮮肅宗 때의 文臣, 小說家. 號는 西浦. 우리 小說文學의 선구자. 遺腹子로서 어머니에 대한 효성이 지극했다고 한다. 저서로 문집인 ≪西浦漫筆≫, 소설로 ≪九雲夢≫, ≪謝氏南征記≫. 다음에 보이는 〈慈母頌〉은 張德順 ≪韓國隨筆文學史≫ p.198에서 再引. 다만 漢字의 혼용은 저자에 자의에 따랐다. 이 제목은 저자가 붙인 것.

類는 대부인이 손수 가르치시니, 비록 사랑하기를 過히 하나 글 傳하시기는 심히 嚴히 하셔, 常에 이르되

"너희 무리 다른 사람에게 비길 바 아니라 반드시 재주 남에서 한 층이 지나야 겨우 남에게 참여하느니, 사람이 행실 없는 자를 꾸짖음에 반드시 寡婦의 자식이로다 하는지라, 이 말을 너희 마땅히 뼈에 새기라." ‖

때에 난리 지난 지 오래지 않은지라 書籍을 얻기 어려우니, 孟子, 中庸 같은 類를 대부인이 다 곡식 주고 사고, 左氏傳 팔 이 있으되 卷數 많은지라 권수 많음을 보고 감히 값을 묻지 못하니, 대부인이 베틀 가운데 명주를 끊어 값을 주니, 이 밖은 옷 할 남은 것이 없더라.

-≪尹氏行狀≫

B. 惠慶宮洪氏[138]/送世孫

●●● 앞 이야기 ; 思悼世子 장례 전에 시어머니(사도세자의 어머니)께서 그 거처하시는 慶熙宮으로부터 나를 보러 오셨다. 처참하게 아들 잃은 참을 수 없는 슬픔, 내가 오히려 슬픔을 참고 그분을 위로했다.

"世孫(훗날의 正祖)을 위하오셔 몸을 버리지 말으소서."

하옵더니, 장례 후 올라가시니, 내 孑孑(혈혈)한 자취 더욱 의지할 데 없더니, 팔월에야 先大王(시아버지인 英祖)께 뵈오니, 내 설운 회포 어떠하리오마는 감히 베풀지 못하옵고

"母子 保全함이 다 聖恩이로소이다."

하고 涕泣하며 아뢰니, 선대왕이 執手하오셔 울으시고

"네 저러할 줄 생각지 못하고 내 너 볼 마음이 없더니, 네 내 마음을

138 惠慶宮洪氏(1735~1815) ; 思悼世子의 妃, 正祖의 어머니. 惠慶宮은 아들인 正祖가 즉위하여 올린 지은이의 宮號. 高宗 때 사도세자가 莊祖로 추존됨에 따라 지은이도 敬懿王后로 추존되었다. 사도세자는 英祖의 후궁인 宣禧宮의 소생, 이름은 揎, 號는 毅齋, 諡號가 思悼다. 〈送世孫(세손을 보내며)〉은 저자가 붙인 제목.

편케 하니 아름답다."

하오시니, 이 下敎를 듣자오니 내 心臟이 더욱 막히고 命頑함이 가지록 심한지라, 또 아뢰되

"세손을 慶熙宮으로 데려가오셔 가르치심을 바라노이다."

하니

"네 떠나 견딜까 싶으냐?"

하시기 눈물을 드리워 아뢰되

"떠나 섭섭하기는 작은 일이요, 위를 뫼와 배우옵는 일은 큰 일이오니이다."

하고 인하여 세손을 올려 보내려 하니, 모자 떠나는 情理 오죽하리오. 세손이 나를 차마 떠나지 못하셔 울고 가시니 내 마음이 베이는 듯하나-. ‖

-≪한듕록/閑中漫錄≫

글A는 金萬重이 지은바 그 어머니 尹氏의 行狀이다. 일찍이 혼자 된 몸으로 萬基(뒷날 肅宗의 丈人), 萬重 두 아들을 출중하게 길렀다. 훌륭한 어머니, 小學, 史略, 唐詩 같은 책을 손수 가르친다, 뼈아픈 말로 자식들의 분발을 촉구한다, 자식들의 공부를 위해서라면 아끼는 게 없다, 참으로 훌륭한 어머니像이다.

글B는 정말이지 참을 수 없는 슬픔의 기록이다. 아버지의 震怒를 산 思悼世子, 마침내 뒤주에 갇혀 8일 만에 죽었다. 참혹한 죽음이었다. 그렇게 남편을 잃은 惠慶宮의 恨은 어떠했으며, 그렇게 아들을 여읜 宣禧宮의 恨은 또 어떠했을까? 아니, 그 아버지 英祖도 울었다고 했다. 어쩌다 이런 비극이 일어났던가?

우리는 지금까지 柳夢寅의 ≪於于野談≫에서 金意幽堂의 ≪東溟日

記≫에 이르는, 2백여 년의 우리 한글수필을 살펴보았다. 祭文, 紀行文, 日記, 行狀과 回顧錄 등 그 다양한 형식에 비하여 基本形이라 할 그런 본격적인 수필이 적었던 것은 적잖이 섭섭한 일이 아닐 수 없다.

5. 宣祖[139]前後代의 隨筆文學

宣祖는 재위 41년이 퍽도 고달팠던 임금이다. 그는 즉위하면서 곧 인재를 등용하여 善政을 베풀었다. ≪近思錄≫, ≪三綱行實≫ 같은 책을 간행하여 儒學을 장려했다. 억울하게 죽은 이들을 伸冤하고 못된 자들의 官爵을 追奪했다. 그러나 黨爭이 일어 끊이질 않았다. 野人이 침입하기도 했다. 마침내 壬辰倭亂을 겪어야 했다. 그럼에도 時代의 文運은 시들지 않았다. 그럼 우선—.

權應仁,[140] 沈守慶,[141] 李墍[142]

이 셋은 순서대로 각각 ≪松溪漫錄≫, ≪遣閑雜錄≫, ≪松窩雜說≫

---

139 宣祖(1552~1608) ; 朝鮮 제14대 임금. 이름은 昖(연). 본문에서 인재를 등용했다는 그 인재는 李滉, 李珥 등을, 억울하게 죽은 이는 中宗 때의 趙光祖 등을, 못된 자는 그들을 죽게 한 南袞 등을 가리킨다. 書畵에 뛰어났다.

140 權應仁 ; 朝鮮明宗 무렵의 文人. 號는 松溪. 詩文과 詩評에 뛰어났다. 저서로 ≪松溪漫錄≫. 다음에 보이는 글의 제목 〈去思碑(백성들이 善政을 치송하여 세우는 碑)〉는 저자가 붙인 것.

141 沈守慶(1516~1599) ; 朝鮮宣祖 때의 文臣. 號는 聽天堂. 文章과 글씨에 뛰어났다. 저서로 ≪遣閑雜錄≫. 다음에 보이는 글의 제목 〈酌無多〉는 저자가 붙인 것, 원문엔 제목이 없다.

142 李墍(1522~1600) ; 朝鮮宣祖 때의 文臣. 號는 松窩, 艮翁. 牧民官으로 善政을 베풀고 삶이 淸白했다. 저서로 ≪松窩雜說≫. 〈晝賊〉은 저자가 붙인 제목, 원문엔 역시 제목이 없다.

의 저자들이다. 이 저서들의 雜錄, 漫錄, 雜說은 서로 다른 낱말이기는 하지만 그 가리키는 바는 같다. 즉, 엄격한 격식에서 자유로운 글이라는 뜻이다. 이들은 宣祖前後代에 있어서 비교적 앞선 세대에 속한다.

A. 權應仁/去思碑

무릇 고을 員이 治績이 있으면 백성들이 돌을 세워 그 德을 기록하고, 그가 떠난 뒤에도 오래 그 덕을 생각한다. 근래 고을마다 그런 碑 없는 데가 없다. 아니, 한 고을에 네댓 개씩 있는 곳도 있다. 가히 세상에 善政이 많은 것을 알겠다.

駱村(朴忠元, 明宗 때의 文臣) 相公이 중국 사신을 맞으러 遠接使로 가는 길에 보니, 길가에 돌 세운 것이 坡州에서 義州까지 늘어서 끊이질 않았다. 이에 명하여 다 없어 버리라 하고 이르기를

"중국 사신이 이 碑 많이 세운 까닭을 물으면 무어라 답하겠는가?"

했다. 그 무렵 한 郵卒이 말을 몰고 가다가 길가의 작은 돌을 보고 말하기를

"너는 어이 홀로 불행하여 碑가 되지 못하고 길에서 이처럼 남의 발에 밟히느냐?"

하니, 그 嘲弄이 이와 같았다.[143] —≪松溪漫錄≫

B. 沈守慶/酌無多

내 堂姪 沈日昇이 司饔院 參奉으로 沙器所 監造官이 되었는데, 어느 날 내게 말하기를, 詩 한 수 지어 보내주면 그 시를 써넣고 구워서 盞

---

143 凡邑宰之有政績者, 民立石其德, 以著去後之思. 近來列邑無碑者鮮矣. 或一邑有四五者. 可知其世多善政矣. 駱村相公遠接使時, 見道周入石, 自坡至義相望不絶. 命仆于地曰 "天使若問厥由, 將何辭而答地?" 有一郵卒控馬而行 趯小石曰 "汝獨不幸, 不作碑而見踐於路中耶?" 其嘲弄如此. —≪松溪漫錄≫ 下

臺를 만들겠다고 했다. 해서 五言絶句를 지어 보냈으니 시는 이러하다.

술이란 좋은 것, 즐길 만하다./한두 잔 얼큰하면 마음도 편코.
그러나 이 盞臺에 새겨두노니/원컨대 너희들 過하지 말라.
酒德眞堪頌, 醺醺養太和. 扈觴我寓戒, 唯願酌無多.

심일승이 곧 잔대를 구워 보냈다.

이 시는 내 子姪들을 경계하기 위해서 지은 것이다. 감히 다른 사람들이 보고 따르기를 바랄 수는 없지만, 그러나 술의 禍가 참혹한 것을 알고 그 몸을 보호하려는 사람이라면 또한 어찌 이를 생각지 않겠는가?[144]

—≪遣閑雜錄≫

C. 李墍/晝賊(낮도둑)

咸慶道는 野人과 이웃한데다가 藩胡까지 있어서[145] 예부터 朝廷에서는 그 防戍에 힘써왔다. 해서 南北兵使와 더불어 그 크고 작은 고을의 守令 자리도 다 武官을 뽑아 채우는 것이 상례였다.

그런데 함경도는 朝廷에서 먼 곳이라 수령 된 자는 두려울 것도 꺼릴 것도 없이 오로지 가혹한 徵稅와 혹독한 刑罰을 일삼으며 백성들 보기를 草芥같이 했다. 그러므로 백성들 또한 그 수령을 '낮도둑'이라 부르며 원수로 알았다. 간혹 文官을 뽑아 보내기도 했지만 백성의 信望을 얻는 예가 별로 없었다.

처음으로 서울에 온 촌백성이 한 사람 있었다. 그가 東小門으로 들어와 成均館 앞을 지날 때 그 으리으리한 모습을 가리키며 같이 온 사람

---

144 堂姪沈日昇, 以司饔院參奉, 爲沙器所監造官, 謂我曰 願作一詩以送, 則欲寫於杯臺而燔造焉, 作五言絶句曰.(詩前出)/日昇燔造送之./蓋此詩欲戒吾子姪而作. 敢望他人覽而遵之, 酒之爲禍慘矣, 欲保其身者可不念哉. —≪遣閑雜錄≫

145 野人은 옛날 鴨綠江과 豆滿江 북쪽에 살던 滿洲族, 藩胡는 間島에 살던 女眞族.

에게 물었다.

"저게 어느 고을 廳舍길래 저리 높고 넓은가?"

같이 온 사람이 대답했다.

"자네 아직 모르는가? 저건 고을 청사가 아니라 조정에서 낮도둑 모아 기르는 곳이라네."

비록 憤激(분격)이 지나친 말이기는 하지만 可矜(가긍)한 데도 없지 않거니와 또한 怪異하기도 하다.[146] —≪松窩雜說≫

우선 글A부터. 이 글의 駱村 상공 이야기는 아마 事實일 것이다. 그러나 郵卒 이야기는 어쩐지 虛構일 것 같다. 아니, 그런 것 따져서 무얼 하는가? 우리는 세월(地方官들의 타락상)에 대한 지은이의 날카로운 비판 한마디 읽어내는 것으로 족하다. 지은이의 ≪松溪漫錄≫은 詩話로 가득 찬 책이다. 그는 詩評에 뛰어났다. 그러나 불행했던 사람, 沈守慶은 그를 두고 다음과 같이 말했다.

庶孽(서얼)로 文章에 능한 이들이 있었으니, 先朝에는 魚無迹과 曹伸이 그러했고 近世에는 權應仁이 또한 그러한데, 그 문장이 세상에 쓰이지 못한 채 고인이 되었으니 참으로 애석하다.[147] —≪遣閑雜錄≫

---

146 咸慶一道緣於野人, 且有藩胡, 朝廷自前以防戍爲重. 南北兵使與北道大小首領, 皆例以武夫差遣./加以朝廷絶遠, 無所畏忌, 爲守令者 專以箕斂酷刑爲事, 而視民如土芥, 民亦以晝賊目其守令 而視之如仇讐. 間或擇遣文官 稱望者絶少./有一北道村氓, 初赴京城者. 入自東小門 至成均館前路, 謂其伴曰 "此何郡府邑居 官舍之高爽如是乎?" 其伴曰 "汝不知乎? 此非邑居, 乃朝廷聚會晝賊而長秩之處."/此言雖過於憤激, 其情可矜, 而聞之亦可怪矣. —≪松窩雜說≫

147 庶孽能文者, 祖宗朝 魚無迹 曹伸 名於世, 近世 權應仁亦有名, 而其文未售於用已爲作古, 良可惜也. —≪遣閑雜錄≫

다음은 글B. 이 글은 詩話다. 이 짧은 한 편의 詩 속에서는 술 많이 먹지 말라는 목소리가 나직하게 들린다. 그것은 어두운 소리가 아니고 밝은 소리, 다그치는 소리가 아니고 타이르는 소리다. 아주 끊으라는 소리였다면 얼마나 멋없을까? 지은이는 文章이 뛰어났다. 이 밖에도 그의 ≪遣閑雜錄≫엔 많은 詩話가 전한다.

다음은 글C. 백성이 守令을 가리켜 낮도둑이라고 한다. 成均館은 낮도둑 모아 기르는 곳이고. 퍽 시니컬하다. 당시 변방 牧民官들의 횡포가 어떠했으면 이런 말이 나왔을까? 이 글의 끝 문장, '可矜하다'는 것은 그렇게 당하는 백성이 불쌍하다는 뜻이요, '怪異하다'는 것은 목민관이 어떻게 그럴 수 있느냐는 뜻일 것이다. 지은이는 善政을 베푼 목민관이었다. 그래서 이런 글을 썼던 걸까? ≪松窩雜說≫에도 많은 詩話가 전한다. 그럼 다음으로.

宋翼弼,[148] 李山海,[149] 崔岦[150]

宣祖代에 詩文으로 이름난 사람 여덟이 있었다. 이들은 同人이 되어 詩酒로 교유했는데 사람들은 이들을 八文章[151]이라고 일컬었다. 여기 보이는 세 사람은 모두 그 八文章의 멤버들이다.

---

148 宋翼弼(1534~1599) ; 朝鮮宣祖 때의 學者, 文人. 號는 龜峰. 性理學에 통달하고 文章이 뛰어났다. 저서로 ≪龜峰集≫.

149 李山海(1538~1609) ; 朝鮮宣祖 때의 文臣, 文人. 號는 鵝溪. 書畵에 능하고 文章이 뛰어났다. 저서로 ≪鵝溪集≫.

150 崔岦(1539~1612) ; 朝鮮宣祖 때의 文臣, 文人. 號는 簡易. 그의 文章과 車天輅의 詩와 韓濩의 글씨를 일컬어 松都三絶이라고 했다 한다. 저서로 ≪簡易集≫ 등.

151 朝鮮宣祖 때의 詩文으로 이름이 있던 여덟 文章家. 즉, 白光勳, 崔慶昌, 宋翼弼, 李山海, 崔岦, 李純仁, 尹卓然, 河應臨 등.

A. 宋翼弼/飮食

똑같은 飮食인데 사람을 利롭게도 하고 害롭게도 하니 이는 무슨 까닭인가? 음식 속에 氣가 있어서 그런 것이다. 그러므로 비록 같은 음식일지라도 그 氣를 얻는 데 따라 판연히 다른 음식이 되는 것이다. ∥

帝王의 음식은 다 百姓의 손에서 나온다. 그러므로 그 음식에 백성의 기뻐하는 氣와 원망하는 氣가 서린다. 어찌 그에 따라 음식이 달라지지 않겠는가? ∥ 帝王 된 자가 능히 한 번 밥 먹을 때 열 번 일어나며[152] 생각하기를

"이 상 위의 음식은 백성의 기뻐하는 氣가 모여 된 것인가 원망하는 氣가 모여 된 것인가? 내가 과연 이 백성과 오래 살 수 있겠는가? 내가 백성으로 하여금 饑寒으로 떨게 하지는 않았는가?"

하면, 한 사람도 제자리를 못 얻는 자가 없고, 모두 배를 두드리는 和氣가 상 위에 감돌아 비록 해로운 음식이라도 이로운 음식으로 변할 것이다. ∥[153]

—≪龜峰集≫

B. 李山海/月夜訪雲住寺記

∥이윽고 雲住寺 절문에 이르니 梵鐘 소리 은은히 사라지고 어느새

---

152 옛날 周公은 머리를 감다가도 선비가 찾아왔다 하면 그 감던 머리를 움켜쥐고 나가 맞았는데 한 번 머리 감을 때 이러기를 세 번씩이나 하고, 밥을 먹다가도 그 씹던 것을 토해냈는데 한 번 밥 먹을 때 이러기를 세 번씩이나 했다 한다(一沐三握髮, 一飯三吐哺.).—曾先之 ≪十八史略≫. 지은이는 지금, 帝王은 열 번이라도 그래야 한다는 것이다.

153 飮食之適於口則一也, 而有能補人者有能害人者何也? 氣使之然也. 故雖一種飮食 隨其得氣而絶異焉. ∥ 帝王之飮食皆出於民生之手, 民生熙皞之氣與愁怨之氣, 其感觸飮食也, 不其異乎? ∥ 爲帝王者若能 一饋十起而思之曰 "滿案飮食 聚得熙皞之氣耶, 聚得愁怨之氣耶? 可以與斯民登壽域耶? 不免令斯民歎寒饑耶?" 必使無一人不得其所, 而鼓腹之和氣若藹然, 浮動於飯盂之上, 則雖不益人之飮食 亦必轉爲補養之爲矣. ∥ —≪龜峰集≫

달도 떠 산 위 한 길은 되었다. ‖

이날 저녁, 가는 구름 걷히매 푸른 하늘이 얼음처럼 맑았다. 높아지는 달에 은하수는 보얗게 흐르고, 天地가 온통 밝고 맑은지라 만 리 먼 눈앞이 환히 트였다. 굽어보았다. 이 골짜기 저 골짜기, 수많은 바위들이 달빛 속에 다 드러났다. ‖ 이윽고 푸른 구름 한 덩이 산 밖에서 일더니 어느새 하늘에 자욱했다. 바람이 동남쪽에서 불어왔다. 그 바람에 소나무들이 서로 부딪혀 울었다. 구름이 달을 가렸다. 천지가 밝았다 어두웠다 했다. ‖

밤이 이미 늦었다. 서리와 이슬이 차가웠다. 鄭 사또가 아이를 시켜 찬 막걸리를 따르게 했다. 일행이 각각 한잔씩 마시니 곧 귓불이 후끈했다. ‖[154]

—≪鵝溪集≫

C. 崔岦/豹說(표설)

●●● 앞 이야기 ; 丹陽 고을 衙前이 公文을 가지고 새벽에 忠州를 가다가 길가에서 호랑이 새끼 세 마리를 보았다. 그는 그 세 마리를 지팡이로 다 때려죽였다. 이윽고 그 어미가 으르렁거리며 달려왔다. 아전은 급히 나무 위로 올라갔다. 어미호랑이는 할 수 없이 돌아갔다. 그리고는 몸집 작고 나무 잘 타는 표범 한 마리를 데리고 왔다. 표범이 나무 위로 올라오자 아전은 잠방이를 벗어 표범을 덮어씌우고는 힘껏 밀어 아래로 떨어뜨렸다.

어미호랑이가, 잠방이를 덮어쓰고 떨어진 게 그 사람 놈인가 싶어 마구 물어뜯어 죽였다. 그런데 나중에 보니 그 사람 놈은 나무 위에 그대

154 ‖ 及至寺門, 則梵聲初殘, 而月離峰頂, 已丈餘矣. ‖ 是夕也, 纖雲捲盡, 碧空如氷, 月輪漸高, 星河洸彩, 天地六合 四方上下, 空明瑩澈, 萬里無礙. 俯視千巖萬壑, 無不呈露. ‖ 俄而 碧雲一帶 自山外而起, 掩靄於天心, 有風自東南來, 松檜相戛有聲, 桂魄爲雲所蔽乍明乍晦. ‖ 時夜已闌, 霜露凄甚, 鄭候令侍童酌寒醪, 座中各一椀, 便覺醺醺耳熱. ‖

—≪鵝溪集≫

로 있고 죽은 놈은 오히려 표범이라, 나무 주위를 빙빙 돌다가 다시 크게 포효하고는 산골짜기로 들어가 버렸다. 그때 이미 날도 밝았으므로 아전은 내려와 虎皮 넉 장을 얻고 忠州에 이르렀다.‖

옛말에 이르기를 "호랑이 굴에 들어가지 않고 어찌 호랑이새끼를 얻겠는가?" 했다. 그러나 단양 아전은 호랑이굴에 들어가지 않고서도 호랑이새끼를 얻었다. 이는 幸運이다. 표범은 나무 타는 재주로 어미호랑이에게 부림을 받아 마침내 죽임을 당했다. 이는 自取다.[155] —≪簡易集≫

우선 글A부터. 이 글의 飮食은 그냥 음식이 아니고 帝王의 음식이다. 제왕의 음식은 어떤 것이어야 하는가? 그것은 모름지기 百姓의 기뻐하는 氣가 모여서 된 것이어야 한다, 이것이 이 글의 답이다. 답은 또 있다. 그것은 편히 앉아 느긋하게 먹는 게 아니라는 것, 한 번 먹을 때 열 번이라도 일어나 정사를 보아야 하는 그런 음식이라는 것이다. 그러니까 이 글은 신기한 飮食論이 아니고 엄격한 帝王論이다.

다음은 글B. 구름(雲)이 머문다(住)는 雲住寺에 梵鐘 소리가 멀리 여운을 끈다. 구름 걷히매 푸른 하늘, 높은 달, 보얀 은하수, 탁 트인 시야에 온갖 바위들—. 어느새 구름 일고 바람이 분다. 소나무 서로 부딪혀 우는 소리, 구름에 가려 은은한 달—. 아름다운 운주사의 밤이다. 술은 이런 때를 위하여 있는 것, 鄭 사또가 멋을 안다. 찬 막걸리 한잔에 마음도 몸도 얼마나 훈훈했을까?(이 글의 원문은 많은 이야기를 담고 있지만 저자는 여기 인용한 부분만으로 만족한다.)

155 ‖虎遽認蒙墜地是人, 恣齚殺之. 旣而諦視 人故毋動, 代之斃者豹耳. 虎繞樹躑躅, 復大哮入山谷去./天亦明, 吏下樹 剝四死皮, 乃達于州.‖古語曰 "不探虎穴, 安得虎子?" 今不然而得虎子則幸也. 若豹負其技而使於虎, 竟爲所殺, 斯其自取之也夫. —≪簡易集≫

끝으로 글C. 세상에 運이라는 것도 있는 건가? 우선 公文 들고 새벽길이나 달리는 衙前, 죽을 자리에 처했다가 오히려 虎皮 넉 장을 얻었다. 官衙에 편히 있었으면 어림도 없는 일—. 다음은 날쌔고 나무 잘 타는 표범, 어미호랑이에게 선심을 쓰다가 오히려 그 호랑이에게 죽임을 당했다. 나무 타는 재주가 없거나 있더라도 나서지 않았으면 멀쩡할 일—. 세상만사 참 알 수가 없다. 호피 얻으려고 그런 것도 아니고 죽으려고 그런 것도 아닌데. 자, 그럼 다음으로.

李濟臣,[156] 尹根壽,[157] 李廷馨[158]

우리는 위에서 宣祖前後代 전반을 살펴보았다. 여기 보이는 셋은 그 중반이라고 할 수 있다. 이들 셋의 저서, 순서대로 ≪淸江瑣語≫, ≪月汀漫筆≫, 그리고 ≪東閣雜記≫도 다 엄격한 격식에서 자유로운 글이다.

A. 李濟臣/**五子三女**

世宗 때 宰樞(재추)를 지낸 文繼宗, 孝宗 형제는 사냥으로 이름이 있었는데 이들은 곧 孝靖公夫人의 생질이다.

어느 날 이 두 형제가 孝靖公을 모시고 사냥을 갔다. 그런데 노루 한

156 李濟臣(1536~1584) ; 朝鮮宣祖 때의 文臣. 號는 淸江. 詩文이 뛰어나고 글씨도 능했다. 저서로 ≪淸江集≫, ≪淸江瑣語(淸江先生鯸鯖瑣語)≫ 등. 다음에 보이는 글의 제목은 저자가 붙인 것.

157 尹根壽(1537~1616) ; 朝鮮宣祖 때의 文臣, 學者. 號는 月汀. 李滉의 門人. 文章과 글씨에 뛰어났다. 저서로 ≪月汀集≫, ≪月汀漫筆≫. 〈頂門一針〉은 저자가 붙인 제목.

158 李廷馨(1549~1607) ; 朝鮮宣祖 때의 文臣, 學者. 號는 知退堂. 性理學을 비롯해서 많은 분야에 통달했다. 저서로 ≪知退堂集≫, ≪東閣雜記≫. 〈鹿肉牛肉〉은 저자가 붙인 제목.

마리가 公에게로 급히 달려와 한참이나 물끄러미 바라봤다. 公이 가엾어서 쏘지 못했다. 곧 노루가 새끼를 낳았다. 公은 그 자리를 피하여 노루의 자취를 감춰 주었다.

하루는 또 이 두 형제가 公을 모시고 물고기를 잡으러 갔다. 냇물에 이르자 형제는 그물을 잡고 公에게는 잡은 고기 담을 광주리를 들렸는데, 公은 광주리 안의 물고기가 죽으려고 입을 벌름거리는 게 너무 가여워 또 다 놓아 주었다. ‖

公은 자손이 번성했으니 다섯 아들에 딸이 셋이었다. ‖[159]

—≪淸江瑣語≫

B. 尹根壽/頂門一針

내가 젊어서 黃華紙로 책을 엮어 退溪[160] 선생께 法書를 청했더니, 선생은 邵康節의 詩만 잔뜩 써 주셨다. ‖그 詩 속에는 富鄭公에게 答한 것이 많았는데,[161] 이는 부정공이 벼슬을 권한 데 대하여 자신은 원치 않는다는 것이었다. 그 밖의 詩도 다 이런 뜻이어서 책 하나가 온통 閑暇를 사랑하고 名利를 좇지 않는다는 내용으로 찼다. 이 어찌, 내가 벼슬에서 물러날 뜻이 없을 줄을 미리 아시고 頂門에 一針을 가하신 것이 아니겠는가?

나는 또 자주 牛溪[162] 선생을 뵈었는데 뵐 때마다 선생은 내게 벼슬

---

159 英廟朝有宰樞 文繼宗孝宗兄弟, 皆以射獵名, 孝靖夫人甥也./嘗邀孝靖共獵, 孝靖見一獐奔觸前來, 仰視孝靖良久, 孝靖憐而不射, 俄而産子, 孝靖遂自避以泯其跡./友請與捕魚, 兩文相執網俾孝靖持筐, 孝靖見筐魚惜死噞喁者盡放之. ‖ 孝靖子孫甚蕃, 有五子三女.

—≪淸江瑣語≫

160 退溪 ; 朝鮮明宗 때의 學者, 文臣인 李滉(1501~1570)의 號. 儒學의 大家. 詩文과 글씨에 뛰어났다. 저서로 ≪退溪集≫.

161 邵康節은 北宋의 學者, 富鄭公은 北宋의 名相.

162 牛溪 ; 朝鮮宣祖 때의 文臣, 學者인 成渾(1535~1598)의 號. 글씨에 뛰어났다. 저서

을 그만두고 물러가 살라 하셨다. 언젠가 내가 말하기를

"돌아갈 논밭이 없습니다."

했더니 선생이 대답하시되

"설령 그렇다 할지라도 決行을 하면 가난하게나마 먹고 지낼 수는 있네. 속담에 산 입에 거미줄 치랴 했네. 참으로 格言 아닌가?"

했다. 나는 부끄러워 물러났다. 이 어찌, 내가 예순을 넘으면서도 오히려 벼슬에 연연하여 떠나지 못할 줄을 헤아리신 것이 아니겠는가?

퇴계와 우계는 앞날을 내다봄이 한가지로 이러하셨다. 늘 이 일을 생각하면 생각할 적마다 얼굴이 붉어진다.[163] —≪月汀漫筆≫

C. 李廷馨/鹿肉牛肉

文良公 姜希孟[164]이 刑曹判書로 있을 때 是非善惡을 가리는 것이 퍽 명민했다. 그런데 하루는 罪囚가 없어 감옥이 빈 일이 있다. 그때, 감옥이 비면 이를 위(임금)에 아뢰고, 아뢰면 위에서는 賞을 내리는 것이 한 관례였다. 해서 아랫사람들이 이를 위에 아뢰자고 했다. 그러나 강희맹은 듣지 않았다.

그 뒤 沈貞[165]이 형조판서를 할 때 역시 하루 또 감옥이 빈 일이 있

로 ≪牛溪集≫.

163 余少時 以黃華紙作册, 請法書于退溪先生, 先生惟寫邵康節詩, ‖ 其詩多答寄富鄭公之作, 盖富公勸康節從宦, 而康節不願仕之作也. 他詩率多此意, 滿册皆愛閑不趨名利之詩, 豈退溪預知我愛官職 不肯退之意, 而於頂門加一針耶?/又每見牛溪, 嘗勸我休官退居, 余答以無田可歸, 牛溪曰 "雖無可歸處, 若勇往決歸, 則亦可食貧度日. 諺曰 生人無蛛網脣口之理, 眞格言也." 余愧謝而已. 豈意年過耆而尙且貪戀不肯退乎?/退溪牛溪俱是有先見而然也. 每一思之爲之赧然. —≪月汀漫筆≫

164 姜希孟 ; p.88

165 沈貞(1471~1531) ; 朝鮮中宗 때의 文臣. 號는 逍遙亭. 新進士類의 탄핵을 받아 파직, 靖國功臣의 영예마저 삭탈을 당하자, 南袞 등과 함께 己卯士禍를 일으켜 士類들을 모조리 숙청했다. 그러나 결국 그도 賜死되었다.

다. 그래 막 위에 아뢰려 하는데, 쇠고기 禁令[166]을 어겨 잡혀온 자가 있었다. 沈貞이 나이 지긋한 衙前에게 말했다.

"사슴고기가 꼭 쇠고기 같으니라."

아전이 곧 말뜻을 알아차리고, 쇠고기 먹은 죄인을 사슴고기 먹은 것이라며 석방했다. 드디어 감옥이 비었다. 위에 아뢰고 상을 받았다.

己卯士類[167] 중에 죽거나 귀양 간 사람이 허다했는데 실은 심정이 그 下手人[168]이었다. 그럼에도 오히려 刑措의 이름[169]을 얻고자 그 속이고 꾸밈이 이처럼 심했으니, 강희맹의 謙虛는 가히 君子의 도량이라 할 것이다.[170]

—≪東閣雜記≫

글A는 孝靖公이라는 한 인물의 착한 心性을 말한 것이다. 그는 물끄러미(애원의 눈으로) 바라보는 노루를 쏘지 못한다. 죽으려고 벌름거리는 물고기를 다 놓아 준다. 아니, 이 글은 積善을 하면 반드시 餘慶이 있다는 것을 말한 것이다. 그는 아들 다섯에 딸이 셋이었다. 지은이는 詩文이 뛰어났다. 그의 ≪淸江瑣語≫에도 역시 詩話는 빠지지 않는다.

다음은 글B. 벼슬길에 오래 있으면 禍難을 겪기 쉽다. 지은이도 예외는 아니어서 파직도 당하고 귀양도 살았다. 그런데도 지은이는, 자신

---

166 農牛를 보호하기 위하여 쇠고기를 못 먹게 했던 모양.

167 己卯士禍 때의 新進士類. 趙光祖, 金淨 등.

168 사람을 살해하려고 직접 손을 댄 사람.

169 天下가 잘 다스려져서 罪人이 없다, 즉 善政을 이름.

170 姜文良公希孟 爲刑曹判書, 剖決明敏, 獄無囚人. 舊例以圄空啓之 則有賞. 下僚欲啓之, 希孟不聽./後沈貞爲判書, 亦一日獄空, 方欲啓之, 適有捕告犯牛肉者, 貞語老吏曰 "鹿肉甚似牛肉." 吏揣其意, 卽論以鹿肉釋之, 遂啓獄空蒙賞./時己卯士類 或死或竄配者甚多, 貞實下手人, 而反欲得刑措之名, 其矯誣無忌甚矣. 若希孟之撝謙, 可謂君子之度矣.

—≪東閣雜記≫ 上

은 나이가 들었어도 벼슬에 연연하여 떠나지 못한다고 한다. 그러니까 退溪와 牛溪가 떠나기를 권한 것은 자신의 이런 점을 미리 알았기 때문이라는 것이다. 참 솔직하다. 벼슬에 연연해하는 것은, 당시의 선비들로서는 있을 수 없는 일(속으로야 어떻든)이었는데—. 지은이는 文章이 뛰어났다. 그의 ≪月汀漫筆≫ 역시 많은 詩話를 담고 있다.

글C는 두 인물, 즉 姜希孟과 沈貞의 인품을 대조한 글이다. 강희맹이 위에 아뢰지 않은 것은 무슨 겸허보다도 제 입으로 제 功을 말하는 것이 낯 뜨거운 일이어서 그랬을 것이다. 심정이 아뢴 것은 물론 刑措의 이름을 얻고자 그리한 것이고. 참으로 天壤의 차이다. 지은이도 文章이 뛰어났고, 그의 ≪東閣雜記≫ 역시 詩話를 담고 있다. 그럼 시화는 당시 선비들에게 보편적인 문장이었던가? 자, 다음으로.

柳成龍,[171] 尹國馨,[172] 李舜臣[173]

壬辰倭亂—, 柳成龍은 조정의 중신으로 軍事를 총지휘했고, 尹國馨

---

171 柳成龍(1542~1607) ; 朝鮮宣祖 때의 文臣, 學者. 號는 西厓. 朝廷의 重臣으로 壬辰倭亂을 겪었다. 道學과 德行, 文章과 글씨로 이름을 떨쳤다. 저서로 ≪西涯集≫, ≪懲毖錄≫. 다음에 보이는 〈天愁地慘(하늘도 땅도 슬퍼함)〉은 저자가 붙인 제목, 원문엔 제목이 없다.

172 尹國馨(1543~1611) ; 朝鮮宣祖 때의 文臣. 國馨은 小字, 이름은 先覺, 號는 達川. 忠清道觀察使로 壬辰倭亂에 참전했다. 저서로 ≪聞韶漫錄≫. 다음에 보이는 글의 제목은 본문에 표시된 날짜.

173 李舜臣(1545~1598) ; 朝鮮宣祖 때의 武臣. 字는 汝諧. 壬辰倭亂을 맞아 나라를 보위하는 데 대공을 세웠다. 그 가운데 특히 閑山大捷이 유명하다. 저서로 ≪李忠武公全書≫, 時調로 〈閑山섬 깊은 밤에〉가 전한다. 다음에 보이는 글의 제목 〈棄我何歸(나를 버리고 어디를 갔느냐)〉는 저자가 붙인 것, 이글은 日記이므로 날짜만 있고 제목은 없다.

은 地方官으로 왜적과 싸웠다. 李舜臣이 탁월한 지략으로 敵을 섬멸하고 나라를 보위한 사실은 우리가 이미 아는 바와 같다. 이 두 文臣과 한 武臣을 한자리에 놓는 것은, 그들이 이처럼 전란의 소용돌이 그 현장에 있었다는 점을 고려한 결과다.

A. 柳成龍/**天愁地慘**

왜적이 서울을 점거한 지 이미 두 해라, 兵火를 입어 천리가 적막한데, 백성들은 농사를 짓지 못하여 굶어죽는 자가 수없이 많았다. 성 안에 남아 있던 백성들이 내가 東坡에 있다는 소문을 듣고 서로 부축하며 이고 지고 찾아왔는데 그 수를 셀 수가 없었다.

查總兵이 馬山 가는 길에 한 어린아이가 기어가 죽은 어미의 젖을 빠는 것을 보고 너무 슬퍼 거두어다가 軍中에서 길렀다. 그가 나에게 말하기를

"왜적은 아직 물러가지 않았는데 백성들의 삶은 이 지경이니 이를 장차 어찌해야 합니까?"

하고, 또 이어 탄식하기를

"하늘이 슬퍼하고 땅이 슬퍼할 일입니다(天愁地慘矣)."

하였다. 나는 이 말을 듣고 눈물이 흐르는 것을 깨닫지 못하였다.[174]

―≪懲毖錄≫

B. 尹國馨/**壬辰四月晦日**(宣祖 25년, 1562)

임금의 수레가 都城을 나섰다. 종일 비를 무릅쓰고 臨津江에 이르러

---

174 時賊據京城已二年, 鋒焰所被 千里蕭然, 百姓不得耕種, 餓死殆盡. 城中餘民 聞余在東坡, 扶攜擔負而至者 不計其數./查總兵於馬山路中 見小兒匍匐飮死母乳, 哀而收之育於軍中, 謂余曰 "倭賊未退而人民如此, 將奈何?" 乃歎息曰 "天愁地慘矣." 余聞之不覺流涕.

―≪懲毖錄≫ 卷之二

겨우 배에 올랐다. 上(宣祖)이 수행하는 여러 宰相들을 입시케 하고 柳相(柳成龍)에게 이르시기를

"卿이 늘 나라의 방비가 어수선하다고 경계하더니 마침내 이 지경에 이르렀소그려."

하고 눈물을 지으시니 群臣이 다 흐느꼈다.

上이 侍者에게 술이 있느냐고 물으셨다. 소주 한 단지가 있다 아뢰니 여러 신하들에게 먹이라 하셨다. 사공에게서 사기종지를 얻어 한 순배씩 돌렸다.

저녁에 東坡驛에 이르렀다. 밤비 어지러운데 일행이 모두 굶고 잤다. ‖[175]

—≪聞韶漫錄≫

C. 李舜臣/**棄我何歸**

十月十四日(宣祖 30년, 1597) 辛未, 맑음.

새벽에, 꿈속에 말을 타고 언덕을 오르다가 말이 발을 헛디뎌 냇물에 떨어졌는데 도무지 일어날 수가 없었다. 막내아이 葂(면)이 나를 안는 것을 보고 꿈을 깼는데 무슨 징조인가 싶었다. ‖

저녁에 天安서 사람이 와 집의 편지를 전하였다. 채 뜯기도 전에 뼈와 살이 떨리고 정신이 아뜩하였다. 겨우 뜯고 보니 莚(예, 둘째아들)가 쓴바 慟哭 두 글자가 눈에 확 들어왔다. 아, 葂이 전사했구나, 膽 떨어지는 것을 알지 못하고 목놓아 통곡을 했다.

하늘의 不仁함이 어찌 이와 같은가? 간담이 타고 찢기었다. 내가 죽고 네가 살아야 이치에 맞거늘 네가 죽고 내가 사니 이런 어긋난 일도

175 壬辰四月晦日. 駕出都門, 終日冒雨, 至臨津船上. 上命扈行諸宰入侍, 謂柳相曰"卿常以備禦搔擾爲戒, 而終至於此." 乃泣下, 群臣皆泣. 上問侍者 有酒否, 答曰"有燒酒一瓶, 命饋群臣, 覓舟人所持沙宗子, 行一巡./昏抵東坡驛, 夜雨紛擾, 人皆飢宿. ‖

—≪聞韶漫錄≫

있는가? 천지가 아득하고 해도 빛이 없구나. 아, 내 아들아, 나를 버리고 네 어디를 갔느냐(棄我何歸)? ‖[176]

—≪亂中日記≫

글A는 壬辰倭亂의 기록인 ≪懲毖錄≫의 한 장면이다. 懲毖란 지난 날의 잘못을 뉘우쳐(懲) 앞날을 경계한다(毖)는 뜻이라고 한다. 그러니까 농사를 못 지어 굶어죽는 백성들, 죽은 어미에게 기어가 젖을 빠는 어린아이, 이런 참혹한 현실을 기록하는 것은 다시는 이런 일이 없도록 하자는 뜻일 것이다. 문장이 참 생생하다. 다음은 지은이의 문장에 관한 申欽[177]의 언급.

바야흐로 壬辰 癸巳年, 倭寇는 도처에 들끓고 明나라 군사들이 성안을 메우던 날, 軍事上 급한 문서가 어지러이 날아와 산처럼 쌓였다. 그때 西涯(柳成龍)가 도착하면, 내가 붓놀림이 빠르다 해서 내게 붓을 잡히고 입으로 불러 그 많고 복잡한 글(회답하거나 지시하는 글)을 다 이루었다. 그 빠르기는 마치 비바람 몰아치듯 했는데, 나는 붓 한 번 쉴 새 없이 받아썼지만 點 하나 고치지 않아도 문장이 빛났다.[178]

—≪象村雜錄≫

---

176 十四日, 辛卯, 清. 四更夢余騎馬行丘上, 馬失足落川中, 而不蹶, 末豚葂似有扶抱之形而覺, 不知是何兆耶. ‖ 夕有人自天安來傳家書, 未開封 骨肉先動 心氣慌亂, 粗展初封見葂書 則外面書慟哭二字, 心知葂戰死. 不覺墮膽失聲痛哭痛哭. 天何不仁如是耶? 肝膽焚裂焚裂. 我死汝生理之常也, 汝死我生何理之乖也? 天地昏黑白日變色, 哀我小子, 棄我何歸?

—≪亂中日記≫ 丁酉年十月

177 申欽(1566~1628) ; 朝鮮宣祖 때의 文人, 文臣. 號는 象村. 詩文이 뛰어났다. 저서로 ≪象村集≫, ≪象村雜錄≫.

178 ‖ 方壬辰癸巳, 倭寇充斥 天兵滿城之日, 羽書旁午 文移動如山積. 西厓到省則, 以余疾書必命余執筆, 口呼成文聯篇累牘如風雨, 而筆不停寫, 文不加點, 煥然成章. ‖

—≪象村雜錄≫

글B 역시 壬辰倭亂 때의 한 기록이다. 임금의 수레가 서울을 떠난다. 종일 비를 무릅쓰고 겨우 배에 오른다. 기막힌 피란길이다. 임금이 悔恨의 눈물을 짓는다. 신하들이 함께 흐느낀다. 처참한 광경이다. 술잔도 하나 없는가, 사공의 사기종지로 소주 한잔씩을 든다. 어느덧 동파역이다. 밤비는 어지러운데 굶고 자는 사람들이 안타깝다. 有備無患이라 했는데—.

글C는 ≪亂中日記≫에 전하는 두어 줄이다. 그날, 지은이는 새벽꿈에 막내아들 葂(면)을 본다. 그리고 저녁에 葂이 전사했다는 편지를 받는다. 천지가 아득했다. 해가 빛을 잃었다. "내가 죽고 네가 살아야 이치에 맞거늘 네가 죽고 내가 사니 이런 어긋난 일도 있는가?", "나를 버리고 네 어디를 갔느냐?", 이 울부짖는 목쉰 소리가 들려올 것만 같다. 지은이는 武官이면서도 詩文이 뛰어났다. 그럼 다음—.

李廷龜[179]와 申欽,[180] 張維[181]와 李植[182]

이들 넷은 다 탁월한 文章이다. 차례대로 그 號가 月沙, 象村, 谿谷, 澤堂이기 때문에 흔히 月象谿澤이라고 일컫는다. 일찍이 이 시대를 대표하는 四大家로도 불리었다. 우선 이정구와 신흠부터—.

---

179 李廷龜(1564~1635) ; 朝鮮宣祖 때의 文臣, 學者. 號는 月沙. 詩文이 뛰어났다. 저서로 ≪月沙集≫.

180 申欽 ; p.122

181 張維(1587~1638) ; 朝鮮仁祖 때의 文臣. 號는 谿谷. 天文, 地理, 兵書, 醫術, 그림과 글씨에 두루 능하고 특히 文章이 뛰어났다. 저서로 ≪谿谷集≫, ≪谿谷漫筆≫. 〈胡文定〉은 저자가 붙인 제목.

182 李植(1584~1647) ; 朝鮮仁祖 때의 文臣, 學者. 號는 澤堂. 學問이 깊고 文章이 뛰어났다. 저서로 ≪澤堂集≫.

A. 李廷龜/**遊三角山記**

金剛山을 다녀온 뒤로 마음이 허전하여 즐거운 게 없었다. 唐人의 이른바 "멀리 峴山을 바라보았네./정든 고향 사람 헤어지는 듯." 그런 심정이랄까? 1년여 禮部에서 文墨으로 接應하노라니 갈수록 그 일이 뜻에 맞질 않아, 연이어 세 번 글을 올려 解官을 청하고 외로이 書室에 앉아 있었다.

그러던 어느 날 홀연히 문 두드리는 소리가 있어 나가 물었더니, 中興寺 性敏 스님의 沙彌 天敏이라 했다. 性敏 스님은 나의 佛門의 벗이다. 우리는 평소 함께 三角山을 오르기로 약속한 바 있다. 天敏이 가져온 그의 편지에 가로되

"산중 늦서리에 단풍이 불탑니다. 며칠 지나면 다 시들 겁니다. 뜻 있으면 곧 오십시오. 이 좋은 때 놓치지 마시고."

나는 그때 멀리 금강산을 생각하며 표연히 바람을 타고 어디로든 떠돌고 싶던 차라, 이 편지를 받으매 참을 길이 없어 곧 행장을 꾸리고 떠날 채비를 차렸다. ‖[183]

―≪月沙集≫

B. 申欽/**野言**

입으로 세상일 시비하지 않으면, 번뇌로 이맛살 찌푸리지 않으면, 비록 火食은 할지라도 神仙이라 이를 것이다. 뜻한 대로 꽃나무 대나무 가꾸고, 성질 따라 새하고 물고기 기르니, 이것이 山林에서 경영하는 내 생활이다. ‖

---

183 還自金剛, 余懷悄然不樂, 眞唐人所謂 "峴山回首望, 如別故鄕人." 者也. 經年禮部接應文墨, 益不適意, 連上三章乞解官./孤坐書室中, 門外忽有剝啄聲, 問之, 乃中興老釋性敏沙彌天敏也. 性敏余空門友也. 約有三角素矣. 有書曰 "山中霜晩, 楓葉政酣, 過數日則衰矣. 若有矣來訪, 毋失此時."/余方遐想蓬萊, 飄然有御風浮游之意, 得此書 意不自制, 卽理屐戒行. ‖

―≪月沙集≫

숨어 사는 이는 言行이 고상하다. 숨어 사는 이는 氣韻이 아름답다. 뜻 맞는 이런 벗과 이야기를 나누노라면 내 정신도 기운이 넘친다. 豁達한 벗을 만나면 내 凡俗함을 고칠 수 있고, 通達한 벗을 만나면 내 拘束됨을 깨뜨릴 수 있고, 博學한 벗을 만나면 내 孤陋함을 열 수 있고, 高雅한 벗을 만나면 내 頹落함을 떨칠 수 있고, 鎭靜된 벗을 만나면 내 躁急함을 누를 수 있고, 無慾한 벗을 만나면 내 奢侈스러움을 지울 수 있다. ‖

구름 희고 산 푸른 곳, 내 흐르고 돌 선 곳, 새들의 노래는 꽃 홀로 듣는가? 골에선 나무꾼들 흥얼거리는 소리, 사방은 고요도 하고 내 마음은 스스로 한가롭다. ‖

벗들 문 앞에 흩어지고 서늘한 바람에 해 질 때, 다시 술항아리 기울이면 문득 詩 한 구 이루어지노니, 이것이 산에 사는 사람의 뜻 맞는 일 아닌가? ‖ [184]

—≪象村集≫

우선 글A부터. 금강산이 얼마나 좋았으면, 얼마나 금강산하고 함께 있고 싶었으면, 금강산을 떠나며 돌아보는 마음이 정든 고향 사람 헤어지는 듯했을까? 그러나 이 글은 삼각산 이야기이니 금강산 이야기는 여기서 멈추자. 산중 늦서리에 단풍 불탄다는 스님의 편지, 그 편지 받고 서둘러 행장 꾸리고 떠날 채비 차리는 지은이, 꼭 散文으로 쓴 한 편 가을의 詩 같다.

---

184 ‖ 口中不設雌黃, 眉端不掛煩惱, 可稱煙火神仙./隨意而栽花竹, 適性而養禽魚, 此是山林經濟. ‖ 逸客高蹤, 幽人妙韻, 與會心友談之, 亦自神王. 友之疏狂者 足啓庸俗, 通達者 足破拘攣, 博學者 足開孤陋, 高曠者 足振頹墮, 鎭靜者 足制躁妄, 恬淡者 足消濃艶. ‖ 雲白山靑, 川行石立, 花迎鳥歌, 谷答樵謳, 萬頃俱寂, 人心自閑. ‖ 客散門扃, 風微日落, 酒甕乍開, 詩句初成, 便是山人得意處. ‖ —≪象村集≫ 卷之四十八

글B는 숨어 사는 선비의 삶을 말한다. 이 글에는 흰 구름, 푸른 산, 흐르는 내, 우뚝 선 돌이 보인다. 꽃 홀로 듣는 새들의 노래에 나무꾼들 흥얼거리는 소리가 들린다. 선비는 그런 속에서 나무도 가꾸고 새와 물고기도 기른다. 벗들도 만나고 술항아리 기울이며 詩도 짓는다. 세상일 시비할 것도 없고 번뇌로 이맛살 찌푸릴 것도 없다. 그러니까 神仙이다.

C. 張維/**胡文定**

胡文定이 湖南使가 되어 순행하는 중에 일행과 衡山을 지나게 되었다. 그는 그 웅장 수려함을 사랑하여 한번 올라 구경하리라 하고 곧 행장을 꾸리게 했다. 그러나 잠시 뒤에 다시 생각하고 말하기를

"그곳은 내 職務와 관계있는 곳이 아니다."

하고 즉시 그만두었다. 호문정은 만년에 형산 아래 5년이나 살았으나 그 산에 오르지 않았다.

世人은 山水를 유람하며 그것을 고상한 韻致로 안다. 벼슬에 있는 자로서도 돌아가기를 잊고 자리를 비워 폐단을 끼치는 경우가 없지 않다. 그들이 胡公의 이 일을 들으면 스스로 경계할 줄 알게 될 것이다.

호문정이 名山 아래 5년을 한가로이 살면서도 유람에 나서지 않은 것은 마치 옛사람이 마음속에 修養한 바 있어 한 칸 방 안에서도 능히 스스로 즐겼음과 같은 것이다. 어찌 바깥 세상의 한낱 구경거리로써 나의 참 즐거움을 바꾸겠는가?[185]

—≪谿谷漫筆≫

---

185 胡文定爲湖南使行部過衡嶽, 愛其雄秀, 欲一登覽已戒行矣. 俄而思曰 "非職事所在也." 卽止. 晩居山下五年, 竟亦不出也./世人以游賞山水爲高致, 當官者或淹留忘返, 以至曠職貽弊者有之. 聞胡公之風亦可以知戒矣. 若乃閒居名山之下五年, 一不出遊, 古之人中有所養, 則一室之內 有以自娛, 彼外境之玩 何足以易吾眞樂哉?

—≪谿谷漫筆≫ 卷之一

D. 李植/**澤風堂誌**

∥己未年에 작은 집 한 채를 짓고 澤風堂이라 했다.∥

집의 됨됨이는 소박 간략하여 지붕은 나무껍질을 벗겨 덮고 도끼로 대강 다듬었을 뿐이다. 골(白鴉谷)은 산중에 있고 집은 골 안에 있으니, 사방으로 둘러싸인 것이 마치 항아리 안 같다. 주위는 소나무 삼나무 무성하고 저 아래 땅 진 곳엔 능수버들이 늘어진다. 그러나 아름다운 꽃이나 기이한 돌 같은 것은 없다. 골 안은 여기저기 샘이 솟는다. 그 물소리 돌돌 듣기에 좋다.∥

책 약간을 놓아두었다. 마을 아이 몇을 모아 함께 글을 읽는다. 그러다 권태로우면 냇물 따라 나가서 목욕하고 돌아온다.∥[186]

—金澤榮 ≪麗韓十家文鈔≫

글C는 中國 이야기다. 胡文定은 중국의 관리, 衡山은 중국의 명산, 그러나 이야기가 참 산뜻하다. 이 글의 주인공은, 오르고 싶은 명산이지만 公務 중이므로 단념을 한다. 그런 것 관계없이 오른 사람도 많았을 텐데. 그는 또 유람에 나섬 없이 한 칸 방 안에서 스스로 즐긴다. 凡人으로서는 바라기 어려운 일이다. 지은이 張維도 혹 그런 경지를 바랐던 것일까?

글D는 스스로 지은 작은 집 澤風堂 이야기다. 나무껍질로 지붕을 이은 그저 소박 간략한 집이다. 집은 골 안에 있고 골은 산중에 있어 아늑하다. 소나무 삼나무 무성하고 능수버들은 늘어지지만 아름다운 꽃

---

186 ∥越己未, 小堂成, 仍以爲扁.∥堂制朴略, 上覆以木皮斤斲而已. 谷在萬山中, 堂又在谷內, 四隅周匝, 如盆盎. 松杉茂密, 沮洳中多檉柳, 無佳卉異石, 谷多沸泉, 泉聲可耳.∥置書若干秩, 聚旁谷村學童數人, 諷誦章句, 倦則出谷沿澗, 游泳而歸.∥

—金澤榮 ≪麗韓十家文鈔≫

이나 기이한 돌은 없다. 야단스럽지 않다. 책 몇 권 놓아두고, 마을 아이들 글 가르치고, 권태로우면 목욕하고, 숨어 사는 선비의 한가로운 삶이 보이는 듯하다.

다음은 이 넷에 대한 한 비평—. 읽고 넘어가자.

> 道學派가 新興勢力으로서 詞章의 無用을 論하자 詞章派는 그와 分立하여 一派를 이루고 이에 대항하였다. 그러나 원래 理論의 토대가 빈약했던 이들 詞章派는 자연 道學派의 思想的 影響을 받지 않을 수 없었다. 해서 그들은 消遣破寂, 吟風弄月의 文學이 아니고 좀더 깊은 어떤 內容을 담으려 애쓰고 거기에 哲學的 思想을 부합시키려 노력했다. 그들이 唐宋八大家를 존중하여 거기 접종코자 한 것이 그런 까닭이다.
>
> 이리하여 內容 있고 思想을 가진 文學이 새로이 왕성하게 발전하였으니, 그 중에서도 특히 빼어나 이 시대를 대표한 이들이 바로 月沙, 象村, 谿谷, 澤堂, 즉 四大家다.
>
> —趙潤濟 ≪韓國文學史≫ pp.279~280 著者要約

李德泂[187]과 許筠[188]과 金時讓[189]

우리는 어느덧 宣祖前後代 종반에 이르렀다. 여기 제시한 李德泂, 許筠, 金時讓은 곧 이 시기를 장식한 文人들이다. 우리가 위에서 본바

---

187 李德泂(1566~1645) ; 朝鮮宣祖 때의 文臣. 號는 竹泉. 文章이 뛰어났다. 저서로 ≪竹窓閑話≫.

188 許筠(1569~1618) ; 朝鮮宣祖 때의 文臣, 文人. 號는 蛟山. 詩文이 뛰어났다. 저서로 ≪許筠全書≫, 최초의 한글소설로 알려진 ≪洪吉童傳≫.

189 金時讓(1581~1643) ; 朝鮮仁祖 때의 文臣. 號는 荷潭. 典籍과 經史에 밝았다. 저서로 ≪荷潭集≫, ≪紫海筆談≫, ≪涪溪奇聞≫ 등.

月象谿澤, 즉 四大家도 이들과 함께 같은 시기의 문인으로 이해해서 좋을 것이다.

A. 李德泂/**軺軒(초헌)**

政丞 洪彦弼의 아들 暹(섬)이 判書였을 때의 일.[190]

정승은 家法이 엄정하여 판서가 아버지를 뵐 때도 두루마기를 입었다. 賓客이 찾아와 정승이 맞기 어려우면 판서로 하여금 접대케 했는데, 판서는 늘 검소한 베옷차림에 말씨와 몸가짐이 겸손하였으므로 처음 보는 사람은 그가 판서인 줄 알지 못하다가 나중에야 듣고는 모두 감탄해 마지않았다.

판서가 일찍이 軺軒을 탄 일이 있다. 그 어머니가 보고 심히 기뻐 정승에게 말하니, 정승이 놀라 판서를 부르고 크게 꾸짖기를

> "내가 정승인 지금 네가 또 판서가 되었다. 나는 우리 집안의 이 盛滿이 두려운데 너는 어찌 태연스레 초헌을 탄단 말이냐? 이것은 집안의 福이 아니다."

하고, 곧 판서로 하여금 초헌을 타고 뜰 가운데를 돌게 하니 판서가 두려워 다시는 초헌을 타지 아니했다. 그 삼가고 조심함이 이와 같았다. ‖[191]

—≪竹窓閑話≫

---

190 洪彦弼(1476~1549)은 朝鮮中宗 때의 文臣으로 號는 黙齋, 그 아들 暹(1504~1585)의 號는 仁齋. 그는 宣祖 때의 문신으로 領議政을 세 번이나 역임했다. 이 글의 제목 〈軺軒〉은 저자가 붙인 것, 원문에는 제목이 없다.

191 洪政丞彦弼之子暹 時爲判書./洪公家法嚴正, 判書非着表衣, 則不敢入謁. 賓客之來, 政丞若不預, 則使判書接待, 布衣儉素 言貌謙遜, 初見之人不知爲判書, 後乃聞之不覺驚歎./判書嘗乘軺軒, 大夫人喜深, 言於政丞, 政丞懼然, 卽招判書嚴責曰 "吾方居相位, 汝今又判書, 恒懼盛滿, 汝何敢晏然乘軺? 非一家之福也." 因使判書乘軺周匝於庭中, 判書惶恐更不敢乘軺, 其謹愼如此. ‖

—≪竹窓閑話≫

B. 許筠/**與李汝仁**

처마 끝에 비 쓸쓸히 듣고 香爐엔 연기 가늘게 피어오르는데, 바야흐로 두어 벗이 더불어 윗옷 벗고 발 벗고 아무 것에나 기댈 것에 편히 기대 앉아 혹은 蓮根도 씻고 혹은 참외도 쪼개며 세상의 온갖 煩慮(번려)를 씻어내고 있네.

그러니 지금 이 자리에 어찌 우리 汝仁이 없을 수 있겠는가? 자네 집의 마나님은 늙은 사자처럼 포효하여 자네를 猫面郎으로 만들겠지만, 그렇다고 해서 老瓌(노괴) 될 것도 없고 縮狀 두려워할 것도 없네.

우리 집의 심부름하는 아이에게 우산 하나 들려 보내네. 그것으로 가랑비쯤이야 가리지 않겠는가? 서둘러 서둘러서 오게나. 모이고 흩어짐이 본래 無常한 것이니 이런 모임이 어찌 자주 있겠는가? 우리 서로 나뉘어 떠난 후면 후회한들 무엇에 쓰겠는가?[192] —≪惺所覆瓿藁≫

C. 金時讓/**讓寧**[193]

讓寧은 어려서부터 文章에 능했다. 그러나 아우인 世宗에게 聖人의 德이 있는 줄을 안 뒤로는 글을 모르는 것처럼, 미친 것처럼 함부로 행동을 하니, 太宗은 비록 아버지이나 讓寧이 글 잘 하는 줄을 알지 못했다.

그가 晩年에 〈題僧軸〉이라는 제목으로

아침은 노을이나 마시고/저녁은 달이나 보고./
외로운 암자에/홀로 자는 밤,/

---

192 簷雨蕭蕭, 爐香細細, 方與二三子袒跣隱囊, 雪藕剖瓜, 以滌煩慮. 此時不可無吾汝仁也. 君家老獅必吼, 令君作猫面郎, 毋爲老瓌畏縮狀./門者持傘, 足以避霂霢, 亟來亟來. 聚散不常, 此會安可數數? 分離後 雖悔可追? —≪惺所覆瓿藁≫

193 讓寧(1394~1462) ; 朝鮮太宗의 장남. 讓寧은 君號, 이름은 禔. 詩와 글씨에 능했다. 世宗과의 友愛가 극진했다고 한다. 이 제목은 저자가 붙인 것.

말없이 다가서는/塔 한 층.

山霞朝作飯, 蘿月夜爲燈. 獨宿孤庵下, 惟存塔一層.

이라 읊었는데, 설령 文人이라 일컫는 자일지라도 반드시 이에서 멀리 나아가지는 못할 것이다.[194] -≪紫海筆談≫

먼저 글A. 軺軒은 종2품 이상의 官員이 타는 것이니 정2품인 判書가 타는 것은 조금도 잘못이 아니다. 그럼에도 政丞이 질책을 한 것은 집안의 盛滿이 두려웠기 때문이다. 성만하면 자만에 빠지기 쉽고 자만에 빠지면 일을 그르치게 되고, 그러면 결국 家運이 기우는 것이다. 검소한 차림새, 겸손한 언행, 다시는 초헌을 타지 않은 판서의 모습도 눈앞에 보이는 듯하다. 집안이 절로 성만한 게 아니다.

글B는 심부름하는 아이에게 쥐어 보낸 쪽지다. 汝仁의 마나님은 늙은 사자, 汝仁은 猫面郎(고양이 얼굴을 한 낭군. 얼굴이 怒氣에 차 사납게는 보이겠지만 늙은 사자 앞에 무슨 힘을 쓰겠는가?), 재미있는 비유다. 老瓌 될 것도 없고 縮狀 두려워할 것도 없다는 말은 기죽지 말라는 뜻인 듯. 그러나 모이고 흩어짐은 본래 無常한 것, 우리 서로 나뉘어 떠난 후면-, 이런 말들에 이르면 삶의 덧없음을 생각하게 된다. 汝仁이여, 어서 가 한자리 차지하고 그 받는 스트레스(煩慮) 다 씻어내시라.

끝으로 글C. 詩가 참 깨끗하다. 쌀 한 톨 초 한 자루가 없다. 함께 자는 사람도 없다. 다 버렸는데, 임금 자리까지 버렸는데 무에 남아 있을까? 아니, 하나 있다. 塔 한 층, 무얼 祈願하는 塔일까? 알 수는 없지

194 讓寧自少能文章, 而見世宗有聖德, 陽若不知書者, 猖狂自恣, 雖太宗亦不知其有文也./ 晩歲題僧軸曰.(詩前出) 雖號爲文人者, 未必遠過之. -≪紫海筆談≫

만, 쌀 달라, 불 달라, 집 달라, 그런 게 아닌 그지없이 清淨한 그런 기원일 것이다. 世宗의 聖德을 보고 일부러 글 모르는 체, 미친 체한 讓寧, 이는 또 얼마나 멋진 왕자인가?

宣祖前後代의 이야기는 여기서 마치기로 하자.

6. 英正[195]代와 그 以後

여기서 그 以後란 高宗代까지를 가리키기로 한다.

우선 英正代, 英祖는 재위기간이 1724~1776, 正祖는 1777~1800, 그러니까 英正代는 70여 년에 걸친다. 지금까지 朝鮮의 精神世界를 지배해 온 것은 道學(性理學)이었다. 그런데 그것은 어느 사이 空理空論으로 흘러 현실과 멀어졌다. 그리하여 대두된 것이 實學이다. 실학은 空論 아닌 實際로써 문제를 해결하자는 것이다. 朴趾源[196]의 다음 몇 줄은 그런 뜻을 잘 말해 준다.

> 學問하는 道는 다른 게 아니다. 모르는 것이 있으면 길 가는 사람이라도 잡고 묻는 것이다. 종놈이 나보다 한 글자를 더 알면 우선 그에게 내가 배워야 한다. 내가 남만 못한 것을 부끄러이 여겨 나보다 나은 이

---

195 英祖(1694~1776) ; 朝鮮 제21대 임금. 이름은 昑(금). 號는 養性軒. 스스로 學問을 즐겨하고 유능한 학자를 발굴하여 實學을 발흥시켰다. 政治, 社會, 産業, 文化 등 다방면에 큰 업적을 남겼다.
正祖(1752~1800) ; 朝鮮 제22대 임금. 이름은 祘(산). 號는 弘齋. 蕩平策으로 일관하고 奎章閣을 설치하며 活字를 새로 만드는 등 朝鮮後期 文化의 르네상스를 이룩했다. 이 시대에 實學이 큰 발전을 가져왔다. 저서로 ≪弘齋全書≫.

196 朴趾源(1737~1805) ; 朝鮮正祖 때의 文人, 實學者. 號는 燕巖. 詩文이 뛰어났다. 文體가 독특하고 혁신적이었다고 한다. 저서로 ≪燕巖集≫.

에게 묻지 않는다면 종신토록 固陋, 無術한 데 갇히고 말 것이다.[197]

—朴齊家 ≪北學議≫ 序

英正代는 실로 이 實學, 곧 實事求是의 學이 지배했던 시대라고 할 수 있다. 거기다 西學이 밀려들어왔다. 경이로웠다. 드디어 文化의 황금시대, 탁월한 文士들이 이어 나 한 시대의 우리 수필문학을 빛냈다. 그럼 우선—.

李用休[198]와 李家煥,[199] 그리고 朴趾源

李用休와 李家煥은 父子 사이이고 朴趾源은 바로 實學의 領袖다. 또 이들 셋은 英正代의 선두그룹에 속하므로 이 시대의 이야기는 이들 셋으로부터 시작하는 것이 자연스러울 것 같다.

A. 李用休/贈趙君雲擧

부채를 부쳐 바람을 일으킨다. 물을 뿜어 무지개를 띄운다. 재(灰)로 달무리를 지우고 끓는 물로 여름 얼음을 만든다. 木牛를 걷게 하고 銅鐘이 절로 울게 한다. 목소리로 귀신을 부르고 기운을 써 뱀과 범을 막는다. ∥百世 이전의 일을 거슬러 기억하고 千歲 뒤의 일을 미루어 짐

---

197 學問之道無他, 有不識 執塗之人 而問之可也, 僮僕多識我一字姑學汝矣. 恥己之不若人, 而不問勝己則是終身自錮於固陋無術之地也. —≪北學議≫ 序

198 李用休(1708~1782) ; 朝鮮英祖 때의 文人. 號는 惠寰齋. 文名이 높았다. 저서로 ≪惠寰雜著≫ 등.

199 李家煥(1742~1801) ; 朝鮮正祖 때의 文臣, 學者. 號는 錦帶. 李用休의 아들. 天主教를 박해하다가 그 신자가 되어 순교했다(辛酉迫害, 1801). 文章과 筆法이 뛰어났다. 저서로 ≪錦帶遺稿≫.

작한다. ‖

이런 신령스러운 知慧와 커다란 才能을 가지고 있으면서 겨우 일곱 자 몸뚱어리의 부림을 받아 酒色과 財物과 氣質에 얽매인다면 어찌 이 애석한 일이 아닌가?[200] —≪惠寰雜著≫

B. 李家煥/**讀書處記**

천하에 글 읽는 사람은 있지만 글 읽는 곳은 없다. 글 읽을 뜻이 있으면 초가집 부엌 안, 부서진 책상 위, 해진 돗자리가 다 書室이다. 글 읽을 뜻이 없으면 시원한 樓閣, 따뜻한 廣室, 둥근 연못, 네모진 우물가, 내왕이 뜸한 작은 집, 서늘한 대자리, 무늬 고운 방석이 다 바둑 두고 술 먹는 자리다.

趙待求 군이 이런 사실을 잘 알면서도 이 글 읽는 곳을 연 것은 그 아들 吉曾을 위한 것이다. ‖ 길증은 이 뜻을 알아, 무릎이 시고 눈이 침침하고 입이 마르더라도 글 읽기를 그쳐서는 안 될 것이다. 만일 책 한 권 다 마치기 전에 하품하고 기지개켜고 책 덮고, 그리하여 창 열고 강물 바라보며 돛단배나 물새 보기를 즐긴다면, 나는 길증을 위하여 아무것도 도모할 게 없을 것이다.[201] —≪錦帶詩文鈔≫

---

200 搖扇生風, 噴水成虹, 灰缺月暈, 湯造夏氷. 使木牛能行, 令銅鐘自鳴. 聲召鬼神, 氣禁蛇虎. ‖ 百世以前遡而記之, 千歲以後推以測之. ‖ 有此大靈慧大才能, 而爲七尺血肉之軀所役, 淹沒於酒色財氣中, 豈不大可惜哉! —≪惠寰雜著≫

201 天下有讀書人, 無讀書處. 苟欲讀書, 蓬屋土銼, 壞床敗薦, 悉書林也. 苟不欲讀書, 快閣突厦, 圓淵方井, 交疎屈戌, 氷簟文茵, 往往爲博奕酒肉之場. 趙君待求 非不知之, 猶闢此室, 爲其子吉曾也. ‖ 吉曾知此矣, 雖膝生酸, 眼生花, 咿唔而口吻爲燥, 必不能已. 若一編而未了, 欠伸掩卷, 拓明窓, 對高江, 賞玩其雲帆沙鳥, 則余不能爲吉曾謀矣. —≪錦帶詩文鈔≫

C. 朴趾源/贈白永叔入麒麟峽序[202]

永叔은 武官의 자손이다. 그 先代에 충성으로써 나라를 위하여 죽은 분이 있어 오늘에 이르기까지 士大夫들이 이를 슬퍼한다. 그는 글씨에 능하고 옛일에 밝다. 젊어서는 말타기와 활쏘기에 뛰어나 武科에도 올랐었다. 비록 벼슬길은 세월이 막았으나 임금께 충성하고 나라 위하여 죽으리라는 뜻은 족히 그 선대의 忠烈을 이을 만했으니 사대부들에게 부끄러울 것이 없다.

아, 그런 영숙이 어찌하여 그 가족을 이끌고 濊貊(江原)의 고을을 가는가? ‖ 송아지 한 마리 지고 들어가 그게 크면 밭 갈겠다고 한다. 소금도 된장도 없으리니 아가위와 돌배로 장 담가 먹겠다고 한다. 그 험하고 막히고 외지기는 燕巖 골짜기에서 훨씬 더하니 어찌 비교하여 같다 하겠는가? ‖ [203]

—≪燕巖集≫

글A부터. 이 글은 인간의 무한한 潛在力을 말한다. 신령스러운 知慧와 커다란 才能, 그러나 이것은 끊임없는 노력에 의하여 계발되는 것이지 절로 주어지는 것이 아니다. 더구나 酒色에 빠지고 財物에 눈 어둡고 氣質도 통제하지 못하면서 바랄 수는 없는 것이다. 趙雲擧가 어떤 사람인데 지은이는 이런 글을 주었을까? 하면 잘 할 사람인데 딴 데 빠

---

202 永叔은 白東修(1743~1816)의 字. 그는 庶孼이어서 그 才能에도 불구하고 벼슬길에 나가지 못했다. 세월이 막았다는 본문의 한 마디가 바로 그 뜻이다. 麒麟峽은 春川에 있는 한 골짜기. 序는 文體의 하나. 永叔은 주위의 많은 아낌을 받았던 듯하다. 朴齊家도 〈送白永叔麒麟峽序〉를 썼다.

203 永叔將家子. 其先有以忠死國者, 至今士大夫悲之. 永叔工篆隷嫺掌故. 年少善騎射 中武科. 雖爵祿拘於時命, 其忠君寺國之志 有足以繼其祖烈, 而媿其士大夫也./嗟乎, 永叔胡爲乎盡室濊貊之鄉? ‖ 負犢而入, 長而耕之. 食無鹽豉, 沈樝梨而爲醬. 其險阻僻遠於燕巖, 豈可比而同之哉?

—≪燕巖集≫

져 세월을 허송하는 사람이었는가?

글B는 崔待求라는 사람이 마련한 바 글 읽는 곳(讀書處)을 두고 쓴 記文이다. 맞다. 읽을 마음만 있으면 어디서든지 읽을 수 있다. 그러나 그래도 읽을 곳이 있으면 더 좋지 않겠는가? 이 글의 후반부가 참 여실하다. 온 종일 한 군데 앉았노라면 무릎이 시큰시큰할 것이다. 쉼 없이 들여다보노라면 눈에 불똥이 생겨 침침도 할 것이다. 소리 내어 읽자니 입인들 왜 안 마르겠는가? 그래도 책 덮지 말고 글 읽으라는 것이다. 吉曾이여, 이 말씀 잊지 마시게.

다음은 惠寰 李用休와 錦帶 李家煥, 이 부자에 대한 安大會의 비평이다. 글A는 이용휴, 글B는 이가환―. 읽고 지나가자.

> A. 惠寰의 글은 몹시 짧다. 그것이 외형적 특징이다. 그는 일반적인 산문가에 비하여 3분의 1 정도의 분량밖에 쓰지 않는다. 그럼에도 불구하고 글에는 寸鐵殺人, 一針見血할 선명한 주제의식을 담아낸다. ‖ 그의 산문을 읽는 것은, 우리 산문의 역사에서 매우 새로운 경험이다.
>
> ―≪나를 돌려다오≫ p.24

> B. 그의 글을 읽으면 奇의 느낌을 단번에 받을 수 있다. ‖ 그의 산문은 志士的 비애와 潔癖的 정서를 자아낸다. 修辭 면에서는 奇僻한 글자와 典故를 종종 구사하여 난삽하다. 문체는 길이가 짧고 건조하다. 그러면서도 기발한 착상과 주제의 선명한 부각을 장기로 한다.
>
> ―위와 같은 책 p.29

글C는, 험하고 막히고 외진 산골짜기로 벗을 보내는 글이다. 한때 武科에도 올랐던, 그 재능 있는 사람이 왜 세상을 피해 가는가? 세월이 길을 막았기 때문이다. 그는 庶孼이었던 것이다. 아무리 탁월해도 서얼이면 길을 막고, 아무리 바른 소리여도 實勢의 귀에 거슬리면 流配에다 賜藥이었던 朝鮮, 이 좁은 땅에 人材가 얼마나 된다고 그리하였을까? 일찍이 許筠도 그의 〈遺才論〉에서 이를 개탄한 바 있다.

여기 참고로 朴趾源에 관한 몇 줄 덧붙이기로 한다. 글A는 그의 文體와 관련된 것이고 글B는 그의 文學을 말한 것이다.

> A. ≪熱河日記≫ 수십 권은 稗官小說과 같은 섬세한 글로서 혹은 諧謔을 섞어 그 感憤을 쏟아 놓았다. 正祖께서 이 글을 보시고 또 奎章閣直閣 南公轍의 글을 보게 되자,[204] 그 體가 奇戱하니 罰金을 받겠다 하시고, 인하여 南더러 이르되 "근일 文風이 이럼은 다 朴趾源의 ≪熱河日記≫ 때문이다. 네 趾源에게 편지하여 내 뜻을 일러라. 만약 一部 醇正한 글을 지어 日記의 罪를 贖한다면 南行文任을 내 어찌 아끼리오.[205] 그렇잖으면 重罪를 당하리라." 하셨다. 南이 燕巖(朴趾源)에게 편지하여 이 사연을 알렸다. 연암은 이에 답례하였으니, ≪燕巖集≫ 卷之二에 실린 〈答南直閣公轍書〉가 곧 그것이다. 말이 극히 姸工하여 스스로 속죄하는 뜻이었다. 正祖께서 보시고 그 재주를 찬탄하고 다시는 묻지 않으셨다.
>
> —李秉岐 · 白鐵 ≪國文學全史≫ p.513

204 醇正한 古文을 숭상하는 正祖가 ≪熱河日記≫의 그 '혹은 諧謔을 섞어 感憤을 쏟아 놓는' 朴趾源의 文體를 좋아할 리 없다. 그런데 古文을 표방하던 南公轍이 박지원의 문체를 닮고 있는 것이다. 영조는 이를 ≪熱河日記≫의 영향이라 생각하고 이른바 稗史小品이라는 그 문체를 醇正古文으로 돌려놓으려 했다. 이를 文體反正이라고 한다.

205 日記는 ≪熱河日記≫, 南行은 蔭職, 文任은 弘文館이나 藝文館의 提學. 朴趾源이 奇戱한 문체를 버리고 醇正한 글을 쓴다면 提學 한 자리 주겠다는 뜻.

B. 燕巖의 文學은 一言으로 말해 嶄新하였다. 性理學者와 같이 古文을 剽竊掇拾하여 고의로 文을 수식하는 일이 없었다. 모든 것을 獨創에 맡겨 한갓 자유로이 自己를 표현하여 갔으니 마치 天馬가 行空하고 行雲流水하듯이 ‖ 아무 拘束됨도 없이 自由自在로 天然스러이 흘러나왔다.

—趙潤濟 ≪韓國文學史≫ p.387

李德懋,[206] 柳得恭,[207] 朴齊家,[208] 李書九[209]

이 넷은 모두 朴趾源을 師友로 삼았던바, 흔히 近世의 四家, 朝鮮後期四家, 前四家 등으로 불린다. 이 중 李書九는 右議政까지 이르렀지만 나머지 셋은 庶孼이어서 크게 쓰이지 못했다. 그러나 正祖의 인정을 받아 奎章閣 檢書官으로 발탁된 바 있다. 우선 李德懋와 柳得恭—.

A. 李德懋/**自言**

사람은 변할 수 있는가? 가로되 변할 수 있는 사람이 있고 변할 수 없는 사람이 있다. 여기 한 사람이 있다고 하자. 그는 아이 적부터 밖에 나가 놀 줄을 몰랐다. 거짓말 한번 하지 않았다. 하는 말은 거친 데가 없고 행동은 늘 성실 단아했다. 그가 장성하자 누가 그에게 말했다.

"자네가 세상과 어울리지 않으니 세상이 자네를 용납지 않을 걸세."

---

206 李德懋(1741~1793) ; 朝鮮正祖 때의 實學者. 號는 雅亭, 靑莊館, 嬰處 등. 文章과 글씨, 그림에 두루 뛰어났다. 저서로 ≪靑莊館全書≫.

207 柳得恭(1748~1807) ; 朝鮮正祖 때의 實學者. 號는 泠齋, 泠庵, 古芸堂 등. 詩文이 뛰어났다. 저서로 ≪泠齋集≫, ≪古芸堂筆記≫ 등.

208 朴齊家(1750~1805) ; 朝鮮正祖 때의 實學者. 號는 楚亭, 貞蕤(정유) 등. 詩文이 뛰어났다. 저서로 ≪北學議≫, ≪蕤亭集≫.

209 李書九(1754~1825) ; 朝鮮正祖 때의 文臣, 學者. 號는 惕齋, 薑山 등. 詩文이 뛰어났다. 저서로 ≪薑山集≫, ≪惕齋集≫.

그는 그렇겠다 싶어, 입으로는 상스러운 말을 마구 지껄이고 몸으로는 경박한 짓을 함부로 자행했다. 그런데 그가 그러한 지 사흘 만에 낯을 찡그리고 언짢게 말했다.

"내 마음은 변할 수 없네. 사흘 전의 내 마음은 무엇인지 가득 찼었는데 지금의 내 마음은 텅 빈 것 같네."

그리고 곧 사흘 전 본 모습으로 돌아갔다. ‖ 210 —≪靑莊館全書≫

B. 柳得恭/**只知有餳**

내 말 모는 녀석의 어머니는 南陽 섬사람이다. 한데 八十이 넘은 나이로 멀리 아들을 찾아왔다. 그가 안채로 인사를 하러 들어오자 딸아이들이 그 늙고 머리 센 것을 생각해서 벌꿀을 대접했다. 그러자 크게 놀라 중문을 차고 나가며 그 아들을 불러 외쳐 가로되

"내가 꿀을 먹었다! 내 일찍이 꿀이 달다는 말은 들었지만 설마 엿보다 달랴 했는데, 이제 꿀을 맛보니 엿은 댈 것도 아니다. 아, 이제 죽어도 한이 없다."

내가 퇴근을 했더니 딸아이들이 웃으며 이 이야기를 했다. 나도 웃으며 들었다. 그러나 천하에 엿 있는 것만 알고 꿀 있는 줄 모르는 자가 수를 모르니, 어찌 홀로 南陽 한 섬의 이 노인만이 그렇다 하겠는가? ‖ 211

—≪古芸堂筆記≫

---

210 人可變乎? 日 "有可變者, 有不可變者." 若有人於此. 自孩提 不戲遊, 不妄誕, 誠信端懿. 及其壯, 人勸之曰 "爾不偕俗, 俗將不容爾." 遂然之, 口談鄙俚之言, 身行輕浮之事. 如是者三日, 蹙然不怡曰 "吾心不可變也. 三日之前 吾心充然, 三日之後 吾心枵然." 遂復其初. —≪靑莊館全書≫

211 余牽馬奴之母 南陽海島女也. 季踰八十, 來訪其子, 入謁內堂, 兒女輩 貴其老白首, 餽以蜂蜜, 則大驚出重門, 呼語其子曰 "我食密矣! 我曾聞有蜜甘云甘云, 意以謂無過餳也, 今嘗之, 其甘無比. 我今死無恨矣." 余公退, 兒女輩 笑而言之, 余亦笑. 然天下只知有餳, 不知有蠠者 亦衆矣, 奚獨南陽海島女也哉? —≪古芸堂筆記≫

글A의 自言은 自己를 말한다는 뜻이다. 그것은, 세상과 어울리려고, 세상에 용납되기를 바라서 마구 말하고 함부로 행하지 못하는 자기, 그러면 마음이 텅 빈 것처럼 허전하게 되는 그런 자기다. 權政媛은 다음과 같이 말한 바 있는데, 이 글을 읽노라니 문득 그의 말이 생각나 여기 옮긴다. 함께 읽고 다음으로 가자.

> 李德懋는 博學으로 이름을 떨쳤는데, 그가 평생 읽은 책은 2만 권이 넘고, 그가 직접 베낀 책만도 수백 권이 넘는다고 한다. 그렇다고 이덕무가 학문적 성취에만 몰두했던 인물은 아니다. 그는 전형적인 선비로서, 자기 수양을 동반하며 도덕적 덕목을 끊임없이 실천하고자 노력하였다.
>
> —權政媛 ≪책에 미친 바보≫ p.338

글B의 只知有餳는 다만 엿 있는 줄만 안다는 뜻이다. 그러니까 꿀 있는 줄은 모른다는 말이다. 꿀 한 숟가락 얻어먹고 죽어도 한이 없다는 것은 심한 과장이지만, 말만 듣다가 처음으로 그 실체를 확인하는 순간의 감격은 그렇게 말할 법도 하다. 비로소 꿀을 알았을 때, 엿만 알던 지난날은 누구에게나 우스울 것이다.

李德懋가 李書九에게 보낸 편지(〈與李洛瑞書九書〉) 중에 柳得恭이 등장하는 글이 한 편 있기로 여기 몇 줄 옮긴다. 가난은 하지만 궁색하지가 않다. 오히려 멋이 있다. 이런 허물없는 편지를 주고받는 사람들은 또 얼마나 편한 사이인가?

> 우리 집에 귀한 게 있다면 ≪孟子≫ 七篇뿐인데, 오랜 주림을 못 견뎌 二百錢에 그걸 팔아 밥 지어 실컷 퍼먹고는 희희낙락 泠齋(柳得恭)

에게 달려가 자랑을 했더니, 그도 이미 여러 번 굶었던지라 내 말을 듣고는 곧 ≪左氏傳≫을 팔아, 쌀 사고 남은 돈으로 술을 사 나를 먹입니다. ‖[212]

—≪青莊館全書≫

C. 朴齊家/**百花譜序**

사람에게 癖이 없으면 그 사람 쓸모없는 사람이다. 대저 癖이라는 글자는 疒(原文엔 疾, 녁)을 뜻으로 하고 辟(原文엔 癖, 벽)을 소리로(偏僻이라는 그 뜻도 함께) 해서 이루어진 것이니 病 중에서도 심한 偏僻症을 말한다. 그러나 비록 그렇다 하더라도 獨往의 精神을 갖추고 專門의 才藝를 익히는 것은 흔히 이 癖 있는 사람만이 능히 할 수 있다.

바야흐로 金군이 지름길을 서둘러 花園에 이르면, 눈을 꽃에 주고 종일 깜빡도 않는다. 꽃 아래 누워서도 꼼짝 않고 꽃만 살핀다. 客이 와도 말 한 마디 없다. 사람들은 이를 보고 미친놈 아니면 바보려니 비웃어 말지 않는다. 그러나 그 비웃음소리가 미처 끝나기도 전에 金군을 비웃으려던 그들의 마음은 이미 사라지고 없다.

金군은 事物의 本性을 效則하고 萬物에서 배운다. 그의 才藝는 千古에 不朽하리니 그가 그린 ≪百花譜≫는 족히 花甁史에 勳臣으로 세워지고 花香國에 配享될 것이다. 癖의 功이여, 진실로 거짓이 아니다.

아, 저 두려워 떨고 주춤거리다 天下의 大事를 그르치며, 그러면서도 오히려 偏僻된 病이 없다고 하는 자, 이 ≪百花譜≫를 보고 스스로 警戒할지어다. ‖[213]

≪楚亭全書≫

---

212 家中長物, 只 ≪孟子≫ 七篇, 不堪長飢, 賣得二百錢, 爲飯健噉, 嬉嬉然赴泠齋大夸之, 泠齋之飢亦已多時, 聞余言, 立賣 ≪左氏傳≫, 以餘錢沽酒以飮我. ‖

—≪青莊館全書≫

213 人無癖焉, 棄人也已. 夫'癖'之爲字, 從疾從癖, 病之偏也. 具獨往之神, 習專門之藝者, 往往有癖者能之./方金君之徑造花園也, 目注於花, 終日不瞬, 兀兀乎寢臥其下, 客主不

D. 李書九/**夏夜訪燕巖丈人記**

유월 초승에, 東鄰에서 걸어 燕巖 선생을 뵈러 갔다. 때에 하늘에는 엷은 구름 가벼이 날고 숲에는 잎새들 사이로 초승달이 파랬다. 어디서 종소리가 들려왔다. 처음엔 요란도 하더니 나중에는 데면데면 물거품 흩어지듯 멀어졌다. ‖

선생은 내가 온 것을 보자 衣坐를 고치시고, 古今의 治亂과 當世 文章名論의 流派別 同異에 이르기까지 참으로 명쾌하게 설명하셨다. 나는 그 말씀이 여간 기이하지 않았다.

어느덧 밤이 三更에 이르렀다. ‖ 잠깐 사이에 촛불이 다했다. 드디어 선생과 나는 깜깜한 방 안에 마주앉아 웃고 이야기하고 했으나 오히려 아무렇지도 않았다. 내가 말했다.

"옛날 선생님께서 저와 한 마을에 사실 때, 일찍이 어느 눈 오는 날 밤에 제가 찾아뵌 일이 있습니다. 그때 선생님께선 저에게 술을 데워 주셨지요. 저는 떡을 잡고 질화로에 녹이다가 그만 불기운에 손이 뜨거워 두어 번씩이나 잿불 속에 떡을 떨어뜨렸고요. 선생님과 저는 이걸 바라보며 껄껄 웃었지요. 그런데 이제 몇 년 사이에 선생님께선 머리가 하얗게 세시고 저 또한 수염발이 희끗거리게 되었습니다."

이로 하여 서로 슬퍼하기를 오래 했다.

그날 밤 열사흘 뒤에 이 글을 쓰다.214 ─≪薑山全書≫

交一語. 觀之者 必以爲非狂則痴, 嗤點笑罵之不休矣. 然而笑之者 笑聲未絶, 而生意已盡./金君則心師萬物, 技足千古, 所畵 ≪百花譜≫ 足以册勳甁史, 配食香國, 癖之功 信不誣矣./嗚呼, 彼伈伈泄泄誤天下大事, 自以爲無病之偏者, 觀此帖, 可以警戒. ‖

─≪楚亭全書≫

214 季夏之弦, 步自東鄰 訪燕巖丈人. 時微雲在天, 林月蒼翳. 鍾聲初起, 其始也殷殷, 其終也泛泛, 若水漚之方散. ‖ 見余至, 遂整衣坐, 劇談古今治亂, 及當世文章名論之派別同異, 余聞而甚奇之也./時夜已下三更. ‖ 須臾燭盡, 遂兩坐黑室中, 諧笑猶自若. 余曰 "昔丈人與余同里, 嘗雪夜訪丈人. 丈人爲余親煖酒. 余亦手執餠爇之土爐中, 火氣烘騰

글C의 ≪百花譜(百花帖)≫는 꽃그림帖이다. 꽃을 그려 이 화첩을 만든 사람은 金德亨(본문의 金군)이라는 이다. 그는 書畵와 詩賦에 능했다고 한다. 이 글은 朴齊家가 그 그림帖에 쓴 序로 金의 癖스러움(꽃에 대한)을 예찬한 것이다. 보는 사람들이 金을 비웃다가 금방 그 비웃으려던 마음이 사라진 것은 金의 癖이 너무도 진지해서 그랬을 것이다.

다음은 지은이 朴齊家에 대한 安大會의 몇 줄, 그를 이해하는 데 도움이 되겠기로 여기 옮겨 둔다.

> 그는 일반에게 ≪북학의≫의 저자로 널리 알려져 있다. 조선의 학자로서는 드물게 상업과 유통을 중시하였고, 이용후생利用厚生의 학문을 체계화하였으며, 현실의 개혁을 위해 중국을 배우자는 주장을 펼친 사실은 상식이 되어 있다. 이러한 사실만 해도 조선 사상사에서는 그 유례를 찾아볼 수 없는 독특한 사상체계를 구축한 사상가로 평가할 수 있다.
>
> 하지만 그는 그에 머물지 않는다. 18세기 후반을 대표하는 참신한 시를 쓴 뛰어난 시인이었고, 조선 후기 소품문小品文의 향방을 가늠하는 중요한 산문가였으며, 고고한 문기文氣가 넘치는 그림을 그린 화가에다 속기俗氣 한 점 보이지 않는 절묘한 글씨를 쓴 서예가이기도 하다.
>
> 사회를 근본적으로 개혁하자고 부르짖었던 개혁사상가인 그였지만, 그는 사상을 현실정치에 반영할 수 없었던 서얼신분의 하급관료에 지나지 않았으므로 이상을 실현하지 못하고 불우하게 꿈을 접은 비운의 학자로 남게 되었다. —≪궁핍한 날의 벗≫ p.10

余手甚熱 數墮餠于灰. 相視甚歡. 今幾年之間, 丈人頭已白, 余亦髭鬚蒼然矣."/因相與悲歎者久之. 是夜後十三日而記成. —≪薑山全書≫

* 이 全書에는 이 글의 제목이 〈夏夜訪友記〉로 되어 있다. 그러나 널리 알려진 〈夏夜訪燕巖丈人記〉를 취하기로 한다.

글D는 情이 아름다운 글이다. 저자는 일찍이 이 글을 읽고 다음과 같이 쓴 일이 있다. 길지 않으므로 여기 옮긴다.

이 글에는 찾아온 후배(제자)에게 술을 데워주는 선배(스승)의 따뜻한 손길이 있다. 떡을 잿불에 떨어뜨리고 껄껄 웃는 후배의 천진한 모습도 있다. 그러나 그보다 더 정을 느끼게 하는 것은 선배의 흰 머리를 보고 한숨짓는 후배의 탄식이다. 아름답지 않은가?

—≪고전산문을 읽는 즐거움≫ p.311

아름답다. 선배와 후배라는 인간관계는 적당히 가로막고 적당히 끌어내려도 좋은 그런 관계가 아니다. 사랑과 존경으로 이어가야 할 소중한 관계다. 다음은 이들 四家에 대한 총평—.

이들은 모두 燕巖에 從遊하여 그 學風을 배우고 實利의 文學을 지었으며, 中國에 많은 知友를 가져 東方 朝鮮에 文學 있음을 알렸다.

—趙潤濟 ≪韓國文學史≫ p.389

李鈺,[215] 沈魯崇,[216] 金鑢,[217] 丁若鏞[218]

이들 넷은 위에 말한 四家와 동시대이면서 조금 뒤에 선 사람들이

215 李鈺(1760~1812) ; 朝鮮正祖 때의 文人. 號는 文無子, 梅史, 絅錦子 등. 詩文이 뛰어났다. 저서로 ≪文無子鈔≫, ≪絅錦小賦≫ 등.

216 沈魯崇(1762~1837) ; 朝鮮正祖 때의 文臣. 號는 孝田, 夢山居士. 文章이 뛰어났다. 저서로 ≪孝田散稿≫.

217 金鑢(1766~1821) ; 朝鮮正祖 때의 文人. 號는 藫庭, 歸玄子 등. 文體가 독특하여 金鑢體라고 불렀다 한다. 저서로 ≪藫庭遺藁≫ 등.

218 丁若鏞(1762~1836) ; 朝鮮正祖 때의 文臣, 學者. 號는 茶山, 與猶堂 등, 洗禮名은 요안. 朝鮮後期 實學을 집대성했다. 詩文이 뛰어났다. 저서로 ≪與猶堂全書≫.

다. 이 가운데 李鈺, 沈魯崇, 金鑢는 小品文에 전념했다는 데서 공통점을, 丁若鏞은 文體醇正論을 펼쳤다는 데서 이들과의 차이점을 드러낸다.[219] 또 이옥은 그 文體가 正祖의 뜻(文體反正)에 어긋나 벼슬길이 막히고 나머지 셋은 별 죄 없이 귀양살이를 한, 모두 힘든 삶을 산 사람이기도 하다. 우선 이옥과 심노숭—.

A. 李鈺/**魚賦**

물은 나라요 용은 그 임금이다. 물고기의 큰 것으로 고래, 곤어, 바닷장어 같은 것이 있으니 이는 임금의 안팎 臣下요, 다음으로 메기, 잉어, 다랑어, 날치 같은 것이 있으니 이는 胥吏의 무리요, 이 밖에 크기가 한 자에도 못 미치는 것이 있으니 이는 곧 물나라의 百姓이다. ‖

그러나 이 작은 물고기(백성)에게 자애로운 것은 용 하나뿐이요, 포악한 것은 수많은 큰 물고기들이다. ‖ 강한 놈은 약한 놈을 삼키고 높은 놈은 낮은 놈의 것을 빼앗으니, 진실로 그들이 말지 않으면 작은 물고기는 씨도 남지 않을 것이다.

아, 작은 물고기가 없다면 용은 무엇으로써 임금이 되며, 저 큰 물고기는 또 어찌 스스로 큰 것일 수 있겠는가? 그런즉 용이 그 道를 행함에 있어서는, 작은 물고기들에게 구구한 은혜를 베푸는 것이 어찌 그에 앞서 그들을 해치는 자들을 없애는 것만 하겠는가? ‖ [220] —≪絅錦小賦≫

---

219 丁若鏞은 稗官小品文을 가리켜 "음탕하고 추잡한 言語가 사람의 心靈을 방탕하게 한다."고 했다.—金智勇 ≪丁茶山詩文選≫ p.429 文體策. 그러나 丁若鏞이, 小品文을 반대하면서도 소품문의 취향을 발산하는 산문을 적잖게 썼다는 견해도 있다. —安大會 ≪고전산문산책≫ p.495 참조.

220 水者一國也, 龍者其國之君也. 魚之大而若鯨若鯤若海鰍者 其君之內外諸臣也, 其次而爲鰋鯉鮪鱨之類者 又其胥史吏隸之倫也, 外此而大不能盈尺者 卽水國之萬民也. ‖ 然而慈魚者 一龍也, 虐魚者 衆大魚也. ‖ 强者弱呑, 高者下漁, 苟其不厭, 魚必無餘./噫, 無

B. 沈魯崇/**山海筆戱**(壬戌錄 第二十九話)[221]

새벽에 일어나 빗소리를 들었다.

點檢받으러 가는 길, 불어난 냇물에 길이 막힐까 저어 주인집 소를 빌려 탔다. 산 아래 마을에 이르니 냇물이 쇠 배에 차 물 건너기가 두려웠다. 다만 엷은 안개에 싸인 사방의 산들과 외길로 치닫는 냇물만 눈에 들어왔다. 이윽고 보리 늦게 패는 쓸쓸한 마을을 지나 나무들 오래 된 외로운 성안으로 들어갔다.

崔七七이[222] 지금 있어 한 폭의 그림으로 이 정경을 담는다면 족히 풍치가 있을 것이다. 그러나 이 그림을 보는 사람이 누가 알랴, 소를 타고 가는 저 사람이 義理를 저버리고 善類를 해친 죄로 나라 한가운데 함께 살 수 없다 하여 그 끝으로 내쫓긴 小人이라는 것을.[223]

—≪孝田散稿≫

글A부터. 물나라 임금이 하는 일은 무엇인가? 작은 물고기들이 잘 살게 하는 것이다. 그럼 어찌해야 하는가? 자질구레한 은혜를 베풀기보다는 그들을 해치는 못된 큰 물고기들을 먼저 없애야 한다는 것이 이

小魚 龍誰與爲君, 彼大魚者 亦安得自大也? 然則爲龍之道, 與其施區區之恩 曷若先祛其爲害者乎?

—≪絅錦小賦≫

221 沈魯崇은 귀양살이 6년을 매일같이 日記를 썼는데, 그 가운데 文藝趣가 있는 것들을 가려 ≪山海筆戱≫로 엮었다고 한다. 본문의 '點檢받으러'는 귀양 사는 사람이 그곳 官衙에 점검받으러 가는 것을 말하는데 한 달에 두 차례였다.

—김영진 ≪눈물이란 무엇인가≫

222 七七은 朝鮮英祖 때의 奇人 화가인 崔北의 字. 山水畵에 뛰어났다.

223 曉起聞雨./赴點, 恐阻川, 借騎主家牛. 至山下里前, 川水至牛腹, 經涉可怕, 但見四山淡霧, 一道奔水. 歷過晩麥荒村, 投入老樹孤城./崔七七而在者, 爲短幅 足可備趣觀. 觀者誰知, 牛背上人 時背馳義理, 戕害善類, 不與同中國, 屛諸四裔之小人也?

—≪孝田散稿≫

글의 주제다. 이 글은 물론 물나라 이야기가 아니고 사람 사는 세상 이야기다. 신랄한 데가 있다.

다음은 지은이에 대한 沈慶昊의 비평—.

여기, 한 산문작가가 있다. 산문문체의 모든 형식들을 이지러뜨리고 자신의 감정과 신념을 보다 자연스럽게 드러내는 방법을 실험한 사람이다. 과거에 대비해서 연습하던 賦도 산문의 문체로 훌륭하게 부활시켰으며, 일반 민중들이 관청에 억울함을 호소하는 소지(狀牒)도 인간관계의 실상을 반영하는 허구적 요소를 지닌 산문으로 멋지게 사용하였다. 불경의 어조를 패러디하여 자신의 인생관을 토로하기도 하였다. 그가 곧 李鈺이다. —≪선생, 세상의 그물을 조심하시오≫ p.12

다음은 글B. 지은이가 소를 타고 성 안에 이르는 과정이 정말 崔七七이가 그린 그림처럼 한 폭의 그림 같다. 그러나 귀양 사는 지은이의 마음처럼 마을은 쓸쓸하고 성 안은 외롭다. 荒凉—. 그런데 지은이는 이 그림에다 자기의 죄명(背馳義理, 戕害善類)을 아주 대수롭지 않게 써 넣는다. 터무니없다는 뜻의 야유일 것이다.

金榮鎭은 沈魯崇을 두고 다음과 같이 말했다.

만명晩明 소품가들의 글을 두고 후배 문인들은 "기쁨과 웃음, 노함과 꾸짖음이 다 훌륭한 문장이 되었다(嘻笑怒罵 皆成文章.)."고 평하곤 하였다. 심노숭의 작품들에는 바로 이 기쁨과 웃음, 노함과 꾸짖음이 다 들어 있다. 그리고 그 저변에는 발랄함과 강개함, 유연함∥이 깔려 그만의 개성적인 문체를 빚어냈다. —≪눈물이란 무엇인가≫ p.15

C. 金鑢/二十日乙酉[224]

이날 눈 그치고 바람 불다. 安邊 관원들과 함께 길을 떠났다. 사람과 말이 다 빈 속, 다만 火酒 한 잔 사 먹었을 뿐이다. 몹시 추웠다. 말에서 내려 걸었다. 손발이 다 얼어터진다. 韋 서방(하인)과 서로 끌어안고 통곡을 했다.

얼음을 타고 南江을 건넜다. ‖ 강을 다 건너고 언덕을 따라 걷는데 웅크리고 앉아 얼어 죽은 시체가 하나 보였다. 또 십여 보 가노라니 나이 퍽 어린 아이가 자루를 지고 두 나무 사이에 기대 얼어 죽어 있다. ‖

이윽고 南川橋 돌비석 앞거리 南履坤의 집에 들어갔다. 그는 北方의 大戶다. 그가 紅酒를 데우고 쇠 염통을 굽고 국수를 삶아 먹으라며 내놓았다. 그리고 내가 떠나지 못하도록 만류했다. 도중에 얼어 죽을까 봐 그랬을 것이다. 그러나 관원들이 투덜거리며 재촉하는 바람에 집에 보낼 편지 한 장 써서 南에게 맡기고 곧 떠났다.[225]

—≪藫庭遺藁≫

D. 丁若鏞/遊瑞石山記

‖ 瑞石은, 산은 險峻하고 땅은 磅礴하여 일곱 郡縣에 걸쳐 있으니, 그 정상에 오르면 北으로 赤裳山이, 南으로 漢拏山이 바라보인다. 그 밖에 저 아래 月出山이나 松廣山 같은 산은 그저 어린 아이들만 같다.

山上에는 봉우리가 열셋인데 늘 흰 구름에 싸여 있다. 거기 祠堂이

---

224 이 글은 지은이의 ≪坎窞日記(감담일기)≫ 중 하루치로, 귀양 가는 길에 安邊을 떠나 霾山(원산)에서 겪은 일을 기록한 것이다.

225 是日雪止風起, 與安邊公人發程. 人馬皆空腹, 只沽飮火酒一盃. 天劇寒, 下馬徒步, 手足皆皸裂, 與韋奴抱持痛哭./乘氷渡南江. ‖ 江盡由崖岸而行, 路見一僵屍蹲坐, 又過十餘步, 見一人年甚少, 背負小布袋. 凭立兩樹間而死. ‖ 入南川橋石碑前衕衕 南生仲厚履坤家, 迺北方大戶. 煖紅酒一壺, 炙牛心一部及熱麵一碗, 以饋之. 挽余使不得行, 盖慮其道中凍死也. 公人喃喃相促, 遂裁家書付南生, 發行. —≪藫庭遺藁≫

하나 있는데 한 巫女가 管掌을 한다. 그녀가 말하기를

> "우레와 벼락, 구름과 비의 변화가 늘 산허리에서 일어나 비안개 자옥하게 아래로 옮겨 갑니다. 산 위는 여전히 푸른 하늘이구요."

했다. 그렇다면 얼마나 높은 산인가? 가운데 봉우리의 정상에 서면, 표연히 世上事 다 털어 버리고 스스로 자신의 길을 가리라는 생각이 든다. 삶의 苦樂에 개의할 것 없다는 것도 깨닫게 되고. 왜 그런지 그 까닭은 나도 알 수 없다. ‖ [226] —≪與猶堂全書≫

글C는 귀양 가는 길, 어느 몹시 추운 날의 기록이다. 굶주린 말을 차마 더는 못 타 내려서 걷는다. 손발이 얼어터진다. 하인을 끌어안고 함께 통곡을 한다. 기가 막혔을 것이다. 가다보니 얼어붙은 시체가 보인다. 역시 굶주려서 얼어 죽었을 것이다. 비참한 현실이다. 그래도 그런 속에 술 데우고 고기 굽고 국수 삶는 인정, 더 머무르라고 만류하는 그런 인정이 있다. 아름답지 않은가?

다음은 金鑢에 대한 단평들—.

> 김려는 그가 머무는 곳이 어디가 되든, 자신의 처지가 어떻게 달라지든 간에, 세상 사람들이 살아가는 모습에, 그들의 이야기에 끊임없이 관심을 가졌다. 그리고 그가 본 대로 들은 대로, 그가 만난 대로, 아는 대로 자신의 글로 옮겨 담았다. 그는 진정 시대의 이야기꾼, 시대의 글쟁이였던 것이다. —姜慧仙 ≪유배객, 세상을 알다≫ p.23

---

226 ‖ 瑞石之山 峭崒磅礴, 根之據郡縣者七. 登其頂, 北可以望赤裳, 南可以眺漢拏, 而月出松廣之屬 皆兒孫也./上有十三峰 常有白雲護之. 有祠焉巫典之, 其言曰 "雷霆雲雨之變 常自山腰起, 濛濛然推轉向下, 而山上且青天矣."/其爲山不已峻乎? 立中峰之頂, 飄然 有輕世獨往之想, 覺人生苦樂無足爲意. 余莫知其所以然也. ‖ —≪與猶堂全書≫

그의 문학은 조선왕조의 정통적 유가 이데올로기나 문학적 주제로부터 탈피하여 현실사회의 체험을 담고자 하였다. 그의 시와 산문에 일관하는 주제는, 버려지고 상처받은 인생에 대한 따뜻한 시선이다. 그는 불우하게 살아간 마이너리티 인간의 소중한 가치를 드러내려고 노력하였다.

－安大會 ≪고전산문산책≫ p.427

글D는 瑞石山(光州無等山)을 유람한 기록이다. 산이 얼마나 높으면 赤裳山이 보이고 漢拏山이 보일까? 저자는 일찍이 이 글을 읽고 다음과 같이 쓴 일이 있다.

저 瑞石의 정상은 예부터 우레와 벼락, 구름과 비를 모른다. 그것들은 늘 산허리에서 일어나 비안개 자옥하게 아래로 옮겨 가고 산 위는 여전히 푸른 하늘이다. 그것은 비안개에 지조를 더럽히지 않는 고결한 선비의 모습이다. ‖

자, 이번에는 지은이가 되어 瑞石의 가운데 봉우리 정상에 서 보자. 눈 아래가 아득하다. 갑자기 세상이 하찮게 보인다. 내가 무엇 때문에 저 하찮은 世上事에 구속되어야 하는가? 이제 스스로의 나의 길을 가자. 삶의 즐거움과 괴로움에 개의치 말자. 나를 얽어매는 일상의 번잡을 훌훌 털어버리고 뚜벅뚜벅 제 길을 가는 한 사내가 보인다.

－≪한국고전수필선≫ p.227

우리는 지금까지 英正代, 그 빛나는 이름들 중 몇 사람을 들어 보았다. 이제 그 以後를 살펴볼 차례다.

金三宜堂[227]과 姜靜一堂[228]

우선 女流로서 이 둘이 눈에 띈다. 이들은 다 英祖에서 純祖에 걸쳐 글을 썼고 사후에 그 문집이 발간되었다. 둘 다 남편에게 정성스러웠는데 그 정성스러움이 그들의 여러 詩文에 드러나 있다.

A. 金三宜堂/送夫子讀書山堂序

무릇 공부하는 사람은 모름지기 고요함을 要하나니, 고요한 뒤이어야 마음을 가라앉히고, 마음이 가라앉은 뒤이어야 공부에 전념할 수 있는 까닭입니다. 그러나 이 시골 촌마을의 글방은 마음을 가라앉힐 곳이 못 됩니다. 야외의 성남도 공부에 전념할 곳이 못 됩니다. 이런 까닭으로 옛 사람 중에도 자리를 가려 글을 읽은 이가 있으니 白傅가 香社를 가려 읽고 靑蓮이 匡廬를 찾아 읽은 것이 바로 그 예입니다.[229]

이제 이 德密庵은 蛟山[230] 두 봉우리 사이에 깊이 있어, 境界가 淸閑하고 蓮榻이 淨寥하며 遊人이 오르지 않는 곳입니다. 그러므로 마음을 가라앉힐 곳으로 이보다 더 고요한 곳이 없으며, 공부에 전념할 곳으로 이보다 더 편안한 데가 없을 것입니다. 바라옵건대 君子께서는 책상자를 지고 가셔서 白傅와 靑蓮이 지녔던 뜻을 본받으소서. 그러면 君子께서는 그 才智로써 오래지 않아 반드시 大成하실 것입니다.

君子께서는 힘쓰소서.[231]

—≪三宜堂稿≫

---

227 金三宜堂(1769~?) ; 朝鮮純祖 때의 詩人. 三宜堂은 그녀의 號. 詩文이 뛰어났다. 저서로 ≪三宜堂稿≫.

228 姜靜一堂(1772~1832) ; 朝鮮純祖 때의 詩人. 靜一堂은 그녀의 號. 詩文이 뛰어났다. 저서로 ≪靜一堂遺稿≫.

229 白傅는 唐나라 詩人 白居易를 높여 부르는 말, 靑蓮은 역시 당나라 시인인 李白의 號, 香社와 匡廬는 각각 地名.

230 全北南原 蛟龍山을 가리키는 듯.

231 夫學者須要靜, 靜而後心潛, 心潛而後工專故. 鄕塾村黌非潛心之地也, 野外城南非專

B. 姜靜一堂/**硯說**

벼루에는 세 가지 德이 있으니 그 하나는 곧음(貞)이요, 그 둘은 고요함(靜)이요, 그 셋은 무거움(重)이다. 곧으면 悠久할 것이요, 고요하면 專心할 것이요, 무거우면 不撓할 것이다. 그러므로 君子가 이를 귀히 여기는 것이다. ‖

네가 夫子에게 배운 지 이미 여러 해다.[232] 헌데 夫子는 최근에 懷川과 關西를 여행하게 되어 너에 대한 가르침을 내게 맡기셨다. ‖

네 모름지기 一念으로 兢惕(긍척)하고 昕夕(흔석)으로 孜孜하여[233] 이 세 가지 德으로써 도끼자루를 삼으면 介然하여 有常함이[234] 벼루의 곧음과 같고, 密然하여 收斂함이[235] 벼루의 고요함과 같으며, 凝然하여 自持함이[236] 벼루의 무거움과 같으리니, 이를 좇아 나아감을 말지 않으면 이 硯田 중에[237] 날마다 수확이 있을 것이다.[238] —≪靜一堂遺稿≫

工之處也. 是故故人有擇所而讀書者, 白傅之於香寺, 靑蓮之於匡廬, 是也./今德密庵在蛟山兩峰之間, 境界淸閑, 蓮榻淨寥, 遊人之所不上也. 然則 潛心之處莫靜乎此, 專工之地莫安於斯. 伏願 君子負笈而往, 效白傅靑蓮之志, 則以君子之才不多年期必大成./惟君子勉之哉. —≪三宜堂稿≫

232 夫子는 남편, 즉 지은이의 남편인 尹光演.

233 한결같은 마음으로 근신하고, 아침저녁으로 (공부에) 부지런을 다하라는 뜻. 兢惕은 경계하고 두렵게 여기다, 昕夕은 朝夕, 孜孜는 부지런하다.

234 굳게 지키고 변함이 없어 늘 떳떳함—벼루의 곧음을 배우면.

235 차근차근하여 거두어 모음(학문이나 인격의 성숙)—벼루의 고요함을 배우면.

236 행동이 단정하고 기개가 있어 절개를 지킴—벼루의 무거움을 배우면.

237 硯田은 선비들이 生計를 위하여 글을 쓸 때 벼루를 밭으로 비유한 말. 어기서는 먹을 갈며 공부한다는 뜻으로 이해할 일.

238 硯有三德, 一曰貞 二曰靜 三曰重, 貞則久 靜則專 重則不撓. 是以君子貴之. ‖ 汝從學于夫子 有幾年矣. 夫子近作懷川行, 又遊關西, 托余敎汝. ‖ 汝須一念兢惕 昕夕孜孜, 必以三德爲柯則, 介然有常如硯之貞, 密然收斂如硯之靜, 凝然自持如硯之重, 從斯於是進而不已, 則庶幾硏田之中日有穫焉. —≪靜一堂遺稿≫

글A의 지은이는 같은 해, 같은 달, 같은 날에 태어난 한 마을 총각에게 시집을 갔다. 전라도 南原 땅, 둘의 사랑은 극진도 했다. 지은이에게는 평생소원이 하나 있었다. 남편이 科擧에 오르는 것이다. 그리하여 남편이 좋이 독서할 수 있도록 산에도 보내고 견문을 넓히게 서울에도 보냈다. 거기 드는 돈은 지은이가 머리를 자르거나 비녀를 팔아 댔다(≪三宜堂稿≫). 이 글은 남편을 산으로 보내는 글이다. 글 끝의 大成이라는 말은 곧 登第를 의미한다. 문체는 고아하고 뜻은 간절하다.

글B의 原題目은 〈硯說示李童子弗億敬鉉兒名(벼루를 說하여 童子 李弗億－敬鉉의 兒名－에게 보임)〉이다. 너무 길어서 저자가 硯說로 줄였다. 이 글은 지은이가, 그 동안 자기 남편이 가르쳐 온 한 소년을 맡아 그에게 벼루의 세 가지 德을 본받으라고 권유하는 내용이다. 말에 조리가 있다. 다음은－.

洪吉周[239]와 金正喜,[240] 金允植[241]과 李建昌[242]

이 넷 중 洪吉周와 金正喜는 다 正祖 때 태어나(둘 다 정조 10년, 1786)

---

239 洪吉周(1786~1841) ; 朝鮮憲宗 때의 學者, 文人. 號는 沆瀣. 文章이 뛰어났다. 어머니(徐令壽閣)와 누이동생(原周)은 詩人, 형(奭周)과 아우(顯周)는 文章家, 드물게 보는 詩文의 집안이었다. 저서로 ≪峴首甲藁≫, ≪縹礱乙幟(표롱을첨)≫ 등.

240 金正喜(1786~1856) ; 朝鮮憲宗 때의 文臣, 學者, 文人, 書畵家. 號는 阮堂, 秋史 등. 탁월한 학자요 예술가였다. 저서로 ≪阮堂集≫, 그림으로 〈歲寒圖〉 등.

241 金允植(1835~1922) ; 朝鮮高宗 때(舊韓末)의 文臣, 文人. 號는 雲養. 詩文이 뛰어났다. 韓日合邦 후 日本政府가 주는 爵位를 받았으나 獨立을 청원했다 해서 삭탈당했다고(또는 반환했다고) 한다. 저서로 ≪雲養集≫, ≪天津談筆≫ 등.

242 李建昌(1852~1898) ; 朝鮮高宗 때의 文臣, 學者. 號는 寧齋. 글씨와 文章이 뛰어났다. 斥洋斥倭에 철저했다. 저서로 ≪明美堂集≫.

純憲代에 활약한 사람들, 金允植과 李建昌은 이들의 뒤를 이어 高宗代에 활약한 사람들이다. 그러니까 이들 넷은 朝鮮後期, 그 중에서도 그 뒤끝을 장식한 사람들이라고 할 수 있다. 먼저 홍길주와 김정희–.

A. 洪吉周/**人解**

사람은 天地의 神靈한 존재로 짐승이 미치지 못한다. 그러나 무거운 것을 싣기는 소만 못하고, 멀리 가는 데는 말만 못하며, 물에 들어가면 물고기만 못하고, 바람을 타고 나는 데는 새만 못하다. 사람과 짐승 중 어느 쪽이 더 나은지 나는 모르겠다. 오직 사람은 짐승을 다스리는데 짐승은 사람을 다스리지 못하므로 사람이 더 신령하다는 것인가? 그러나 천하에 사람이 없어도 짐승은 해로울 게 없지만, 짐승이 없으면 사람은 위태로워진다. 그렇다면 이런 까닭으로 사람이 짐승만 못하다고 할 수 있는가?

君子가 벼슬자리에 앉아, 쟁기질도 길쌈도 못 한다 해서 군자는 농사짓는 농부와 그 베짜는 아낙네에게 미치지 못한다고 할 수 있는가? 군자만 있고 그들이 없으면 군자는 饑寒을 면치 못한다. 그렇다고 군자가 그들에게 미치지 못한다고 할 수 있는가?∥[243] –≪縹礱乙幟≫

B. 金正喜/**夫人禮安李氏哀逝文**

壬寅年 十一月 十三日에 아내가 禮山 집에서 죽음을 맞았으나 이듬

---

243 人者天地之靈, 固禽獸所不及也. 然載重則不如牛, 致遠則不如馬, 入水則不如魚, 因風而翔則不如鳥, 人之與禽獸, 吾又不知其孰賢也. 惟其人之可以治禽獸, 而禽獸不可以治人, 斯人所以爲靈於禽獸歟? 雖然, 使天下無人 禽獸不害其爲生, 使天下無禽獸 則人之類殆矣. 以是而謂 人不如禽獸, 不可乎?/君子在位, 手不能勝耒耜杼柚, 謂君子不及農夫績婦, 可乎? 有君子而無農夫績婦, 君子不免乎饑寒, 謂君子不及農夫績婦, 可乎?∥ –≪縹礱乙幟≫

해 一月 十五日 저녁에야 비로소 부고가 바다에 이르렀다. 이에 남편 金正喜는 자리를 갖추고 아내의 죽음을 곡하였다. ‖

아, 桁楊(항양)이 앞에 있고 嶺海가 뒤를 따라도[244] 내 일찍이 흔들림이 없더니, 이제 한 여인의 죽음에 이토록 놀라고 가슴이 찢어져 마음을 걷잡을 수 없으니 이는 무슨 까닭이뇨?

슬퍼라, 사람은 다 죽는다고 하지만 당신은 홀로 죽어서는 안 될 사람이었습니다.[245] 죽어서는 안 될 사람이 죽었기에 당신의 슬픔은 더할 수 없고 그 한은 끝없을 것입니다. 그 슬픔과 한을 뿜어내면 폭포가 되어 쏟아지고 그 한과 슬픔이 맺히면 우박이 되어 퍼부을 것입니다. ‖

아, 먼저 돌아가서 무엇이 나으랴? 나로 하여금 두 눈으로 홀아비 홀로 사는 것은 보게 하니, 푸른 바다 먼 하늘에 恨만 끝없는 것을.[246]

—≪阮堂先生全集≫

글A의 人解는 사람이란 어떤 존재인가를 풀이한다는 뜻일 것이다. 이 글에는 질문이 둘 들어 있다. 그 하나는 "이런 까닭으로 사람이 짐승만 못하다고 할 수 있는가?", 다른 하나는 "그렇다고 군자가 그들에게 미치지 못한다고 할 수 있는가?"가 그것인데 이 글 전문을 읽어 보아도

---

244 桁楊은 刑具이니 이것이 앞에 있다는 것은 罪人이 되었다는 뜻, 嶺海는 산과 바다이니 이것이 뒤를 따른다는 것은 濟州島에 와 있다는 뜻. 지은이는 지금 제주도에서 귀양살이를 하고 있다.

245 남편인 내가 귀양살이에서 풀려날 때까지는, 아내인 당신은 결코 죽어서는 안 될 사람이라는 뜻. 그런데 죽어서는 안 될 그 아내가 죽었다.

246 壬寅十一月乙巳朔十三日丁巳, 夫人示終於禮山之楸舍, 粤一月乙亥朔十五日乙丑夕, 始傳訃到海上. 夫金正喜具位哭之. ‖ 嗟嗟乎, 吾桁楊在前, 嶺海隨後, 而未嘗動吾心也, 今於一婦之喪也, 驚越遁剝, 無以把捉其心, 此曷故焉./嗟嗟乎, 凡人之皆有死, 而獨夫人之不可有死. 以不可有死而死焉, 故死而含至悲茹奇寃, 將噴以爲虹, 結而爲雹. ‖ 先死之有何快足? 使吾兩目 鰥鰥獨生, 碧海長天, 恨無窮已. —≪阮堂先生全集≫

이 물음에 대한 대답은 명쾌하지 않다. 그러나 그런 것과 관계없이, 사람과 짐승, 君子와 農夫·績婦와의 對照法은 그 발상이 참 기발한 데가 있다.

다음은 洪吉周에 대한 李弘湜의 언급—.

200년이 지난 지금 이 순간 역자(이홍식)가 만난 홍길주는, 과거 그 자신이 연암 박지원에 대해 그랬던 것처럼 닮고 싶은 스승이요 되고 싶은 벗이다. 진한秦漢과 당송唐宋을 아우르는 고문의 필력과 소품과 유희문을 넘나드는 글쓰기의 유연함, 자유로운 사유와 기발한 미의식, 세계에 대한 날카로운 비판과 실천의지, 우뚝한 기상과 드넓은 마음은 오늘의 나이고 내일의 나이기를 꿈꾼다. —≪상상의 정원≫ p.27

글B는 지은이가 제주도 귀양살이 중에 그 부인의 부고를 받고 쓴 글이다. 자유로운 몸으로 곁에서 지켜보아도 그 슬픔은 끝없겠거늘 하물며 먼먼 땅에 부자유한 몸으로이랴. 산 이도 죽은 이도 한이 끝없었을 것이다. "아, 먼저 돌아가서 무엇이 나으랴? 나로 하여금 두 눈으로 홀아비 홀로 사는 것을 보게" 한다는 이 한 마디가 읽는 이의 마음을 아프게 한다. 다음은 김윤식과 이건창—.

C. 金允植/**潤筆庵遠望記**

‖ 楊根邑에서 飛狐嶺을 넘어 똑바로 二十里를 올라가면 절이 있다. 이 절이 上元庵이다. 여기서 또 五里를 더 올라가면 雪庵, 다시 또 五里를 더 올라가면 潤筆庵이다. 윤필암은 바로 彌智山 정상이다.

이번 山行엔 두건도 쓰지 않고 도포도 안 입었다. 풀 덩굴 더위잡고 바위 타며 오르는 길, 앞에서 끌고 뒤에서 밀었다. 어느새 힘이 다하여

심신이 노곤했다. 그제야 저만치 潤筆庵이 보였다. ‖

옛날 高麗末의 牧隱 李先生은 일찍이 여기다 집을 짓고 讀書에 專一하여 文章으로 顯達했다. 後人이 牧隱의 이런 자취가 사라질까 하여 그 글 읽던 집으로 암자를 삼고 潤筆이라 이름하니, 이는 실로 牧隱이 붓 적시던 곳을 일컬음이다. ‖[247]

—≪金允植全集≫

D. 李建昌/鷹說

‖마을 사람이 매 한 마리를 잡아 나를 주었다. 나는 그 매를 놓아 사냥을 시키고 언덕에 올라 바라보았다. 매는 바야흐로 머리를 세우고 날개를 펼치며 재빨리 좌우를 살피는 게 매우 사나워 보였다.

그때 꿩 한 마리가 날아올랐다. 순간 매가 떨치고 날아 금방 낚아채려 했다. 그러더니 갑자기 꿩을 흘겨보다가는 한참을 주춤거렸다. 그 사이 꿩은 급히 날아 숨어 버렸다. 그 얼마 후 이번에는 가까이서 토끼가 튀었다. 그러나 매는 다시 떨치고 날지 않았다. 오히려 예사롭게 바라보고 더 뒤로 물러났다. 마치 토끼를 두려워하는 것 같았다. 토끼는 아무렇지도 않은 듯 느긋하게 지나갔다. 이리하여 종일 잡은 게 없었다.

내가 말했다. "이 매를 어디다 쓰겠는가?"

누가 말했다. "이 매는 매우 어질고 지혜롭다. 잡을 수 있는 것을 잡지 않았으니 이는 어짊 아닌가? 잡을 수 있는 것을 잡지 않으면 쓸모없는 것, 그러면 사람들이 놓아 주리라는 것을 알았으니 이는 지혜로움이

247 ‖自楊根邑治, 踰飛狐嶺直上二十里, 而有僧舍曰上元庵, 自上元又上五里而爲雪庵, 又五里而爲潤筆庵, 庵正在彌智之頂./是行也, 棄巾幘 脫袍帶, 攀蘿緣壁, 前者引後者追, 力盡而神疲, 然後庵見. ‖昔在麗季 牧隱李先生嘗築室于玆, 研精讀書, 遂以文章顯. 後之人不欲泯其蹟, 以其室爲佛庵, 名之曰潤筆, 實謂先生潤筆之所也.

—≪金允植全集≫

다. 매가 쓸모있는 것이었으면 아직도 여기 매여 있을 것이다."[248]

—≪明美堂集≫

글C는 한 山行記다. 潤筆庵 가는 길이 눈에 선하다. 飛狐嶺이 있고 上元庵이 있고 雪庵이 있고 마침내 彌智山 정상의 潤筆庵이다. 그 길 오르는 지은이의 모습도 눈에 선하다. 맨머리에 중의적삼쯤 될까, 밀거니 끌거니 풀 덩굴 더위잡고 바위도 탄다. 드디어 牧隱이 붓(筆) 적시던(潤) 潤筆庵, 讀書에 專一하여 文章으로 顯達하는 한 선비의 모습이 붓끝에 어린다.[249]

D는 매에 관한 이야기다. 이 매는 아주 이상하다. 쉬 잡을 수 있는, 그리고 당연히 잡아야 할 꿩을 보아도 잡지를 않는다. 토끼가 곁에 있어도 잡지를 않는다. 사냥하는 주인으로 보면 참 쓸모없는 매다. 그럼 누가 그 쓸모없는 매를 붙잡아 두겠는가? 그래서 놓아 버린다. 그리하여 이 매는 자유를 얻는다. 쓸모없음으로써 자유를 얻는 지혜, 꼭 ≪莊子≫를 읽는 것 같다.

다음은 지은이에 대한 申海鎭의 언급—.

---

248 里之人有獲鷹者, 獻于李子. 李子使之獵, 登阜而望, 鷹方昂首擧翼, 振迅而顧左右, 狀若甚厲者. 俄而 雉興於前, 鷹奮而趨, 將禽矣, 忽睨而視, 踆而却, 爲之遷延, 則已疾飛而遁矣. 旣而 兎起於側, 鷹不復奮而趨, 視愈平而却愈後, 若反位有畏然, 兎則綏綏然過矣. 如是者 終日卒無獲./李子曰 "惡用是鷹爲哉?" 或曰 "是鷹也仁且智矣. 可以擊而不擊 非仁乎? 知人之見其不擊 則必且縱之 非智乎? 不者且繫於此矣.

—≪明美堂集≫ 卷十

249 牧隱 李穡이 이 산에 올라 집을 짓고 독서를 했다는 것은 사실이 아니라고 하는 견해도 있다. —李鍾默 ≪누워서 노니는 산수≫ p.94

한말의 대문장가요 대시인인 김택영이 우리나라 역대의 문장가를 추숭할 때에 여한구대가(麗韓九大家)라 하여 아홉 사람을 선정하면서 그 최후의 사람으로 이건창을 뽑은 것을 보면, 그는 당대의 문장가라기보다 우리나라에 몇 안 되는 대문장가의 한 사람임에 손색이 없을 듯하다.

—≪韓國古隨筆文學≫ p.208

우리는 우리 隨筆文學의 近世(朝鮮)를 不貳와 參與란 말로 시작했다. 이제 돌이켜보면, 이때로부터 成宗代까지를 朝鮮前期, 宣祖前後代를 朝鮮中期, 英正代로부터 高宗代까지를 朝鮮後期, 편의상 이렇게 구분해 볼 수도 있을 것 같다.

자, 어느덧 近世(朝鮮)를 떠날 때가 된 듯하다. 늘 그렇지만 떠날 때는 무언지 좀 섭섭한 게 남는다. 해서 우리가 충분히 못 읽은 英正代의 글 한 편 더 읽고 떠나기로 한다. 이 글 뒤에 붙인 것은 저자의 독후감이다.

南公轍[250]/**雜說**

거미가 거미줄을 친다. 나비가 날아와 걸려 죽는다. 아이놈이 마당에 물고기 잡는 그물을 친다. 치고는 그 안에 곡식 몇 알 뿌려 놓고 까마귀와 까치가 날아들기를 기다린다. 그러나 종일 한 마리도 잡지 못한다. 내가 내다보고 탄식하며 말했다.

"이는 각각 自取한 것이다. 대저 나비라는 놈은 벌레인지라 그 모이고 흩어짐의 經營이 모두 냄새와 맛을 탐하는 데서 이루어진다. 그

---

250 南公轍(1760~1840) ; 朝鮮正祖 때의 文臣, 文章家. 號는 金陵, 思穎, 宜陽子. 文章과 詩書에 뛰어났다. 저서로 ≪金陵集≫, ≪歸恩堂集≫ 등.

보고 듣는 것의 미혹함은 저 새와 짐승을 가리지 않고 다 똑같다. 나비는 이러하므로 거미에게 잡을 뜻이 없어도 스스로 날아와 거미줄에 걸리는 것이다.

그러나 저 까마귀와 까치는 그 性品이 두려워할 줄을 알아, 곡식 한 알 취할 때도 서두르지 않고 그 한 알 쪼고 나면 곧 물러선다. 사람의 헛기침 소리만 나도 돌아보고 그 자취가 보이면 곧 일어선다. 새 잡는 그물을 보면 가 버리고 새 잡는 틀이 보이면 거기 들어가지 않는다. 이는 곧 利 앞에 두려움을 아는 자이다."

내가 이미 말한 바 있다.

"세상의 貪慾스러운 자는 늘 뜻밖의 災殃을 만나지만, 利 앞에 두려움을 아는 자는 이를 免할 수 있다. 이로써 警戒를 삼을 것이다.[251]

—≪金陵集≫

나비는 利 앞에 두려움을 모른다. 그러므로 좋은 냄새 좋은 맛이 있으면 물불을 가리지 않는다. 그러다가 거미줄에 걸려 어이없는 죽음을 맞는다. 어리석은 자이다. 까마귀와 까치는 利 앞에 두려움을 안다. 그러므로 곡식 한 알 함부로 먹지 않고 먹으면 곧 물러선다. 그리하여 災殃을 면하고 삶을 유지한다. 지혜로운 자이다.

문제는 貪慾이다. 냄새든 맛이든, 돈이든 벼슬이든, 탐욕이 앞서면 거미줄이 안 보인다. 다 잘 알면서도 버리지 못하는 이것—.

---

251 蜘蛛結網, 蛺蝶投死. 僮僕張罟于庭, 播粒其中, 以待烏鵲之至, 而終日不獲焉. 宜陽子開戶而視, 喟然而歎曰 "是各自取之也. 夫蛺蝶之爲蟲也, 經營聚散, 貪戀臭味, 視聽常眩, 而飛走不擇. 蜘蛛非有意於蛺蝶而蛺蝶自投於網. 彼烏鵲則常有畏性, 取一粒而遲徊, 啄一粟而却步, 聞謦欬則顧, 見人跡則起, 環羅而行, 見機不入, 是見利而知懼者也." 既而曰 "世之冒慾者, 常罹於無妄之災, 而見利而知懼者免焉. 此可以喩戒也."

—≪金陵集≫ 卷十三

Ⅲ. 近代隨筆—開化期~日帝時代~解放前後

우리는 위에서 近世(朝鮮) 5백 년의 우리 隨筆文學, 그 작가와 작품들의 여러 모습들을 살펴보았다. 그 主題와 素材, 技法 등, 우리가 中世(高麗)를 떠나면서 맛본 수필문학의 문학적 풍요가 거기서도 넘치고 있었다. 특히 한글 수필의 등장은 참으로 오래 기다린 바의 것이었다. 결국 이 길로 가는 것을—.

이제는 近代다. 근대는 甲午更張(高宗 31, 1894)으로부터 解放前後(1940년대~1950년대)까지를 가리키기로 한다. 근대를 어떻게 특징지을까 하는 것은 한 마디로 말하기 어렵지만 그 핵심에 놓인 하나는 自覺, 요컨대 지금의 나(또는 우리)는 누구인가, 나는 어찌해야 하는가 하는 자각이 아닐까 한다. 身分制度의 철폐, 外來文物의 수용, 日帝에 대한 항거, 紙誌의 발행, 이 모든 것이 다 자각의 소산 아닌 게 없다. 解放 후의 그 극심한 혼란과 전쟁의 화난을 극복할 수 있었던 것도 自由民主主義의 수호에 대한 國民的 自覺이 있음으로써 가능했던 게 아닌가 한다.

이러한 近代는 편의상 開化期, 日帝時代, 解放前後로 나누어서 이야기할 수 있을 것 같다. 물론 이 세 시기는 서로 겹치며 이어지는 것이어서 칼로 무 자르듯 확연히 구분할 수 있는 것은 아니다. 우선 開化期만 하더라도 그 배경에는 日帝의 그림자가 짙게 드리워져 있다.

1. 開化期

開化期는 甲午更張(1894)으로부터 大韓帝國의 마지막(韓日合邦, 1910)까

지를 가리키기로 한다. 이 시기는 漢文과 國漢混用文의 交替期이며 동시에 새로운 世界에 대한 開眼期라고 할 수 있다. 역시 自覺을 바탕으로 하는 것이다. 여기 이르면 우선 黃玹[252]의 ≪梅泉野錄≫과 兪吉濬[253]의 ≪西遊見聞≫이 눈앞에 다가선다. 이 둘은 각각 이 시기의 漢文과 國漢混用文을 대표하는 책(사람)이다.

A. 黃玹/**女學堂의 男女同等權 提唱**

北村女學堂婦女等, 募女弟子入學, 發文輪告, 願得男女同權.

—≪梅泉野錄≫

北村 女學堂의 女人들이 女學生을 募集하여 入學시키고 公文을 發하여 두루 告하되 "우리는 男女同權 얻기를 願하노라." 하다.

B. 兪吉濬/**婚禮의 始末**

泰西各國의 風俗에 男子의 年紀가 二十歲 以上에 至ᄒᆞᆫ則 其父母가 成人이라 始許ᄒᆞ야 凡百事爲가 正直ᄒᆞᆫ 時ᄂᆞᆫ 自主ᄒᆞᄂᆞᆫ 權을 附與ᄒᆞᄂᆞ니 然ᄒᆞᆫ지라 其衣服飮食及日用事物의 雜費ᄂᆞᆫ 皆自己의 營求로 擔當ᄒᆞ며 女子ᄂᆞᆫ 年紀의 定限이 無ᄒᆞ고 ∥ 身을 終ᄒᆞ도록 求婚ᄒᆞᄂᆞᆫ 者가 無ᄒᆞ면 處子의 身世로 歲月을 經過호ᄃᆡ 如何ᄒᆞᆫ 事爲든지 自己의 才能대로 男子와 無異ᄒᆞ야 假令 學術이 豊裕ᄒᆞ면 學校의 教師나 性質이 穎敏ᄒᆞ면 官司와 商賈의 書記의 職을 行ᄒᆞᄂᆞᆫ 者가 多ᄒᆞᆫ지라. ∥

—≪西遊見聞≫

---

252 黃玹(1855~1910) ; 大韓帝國의 學者, 愛國志士. 號는 梅泉. 國恥에 통분하여 絶命詩 4편을 남기고 자결했다. 저서로 野史 ≪梅泉野錄≫ 등.

253 兪吉濬(1856~1914) ; 大韓帝國의 政治家, 開化運動家. 號는 矩堂. 韓日合邦 후 日本政府가 주는 爵位를 거절했다. 저서로 長篇紀行文 ≪西遊見聞≫, 詩集 ≪矩堂詩鈔≫ 등.

글A는 漢文이다. 1898년(光武 2년)에 쓴 글이다. 그러니까 한문은 甲午更張(1894) 후에도 아직은 표현(또는 기록)수단으로 쓰였던 셈이다. 그러나 그것은 한문으로 소통할 수 있는 극히 제한된 범위 안에서의 일이요, 이미 시대가 요구하는 표현수단은 아니었다. 이 시대 최고의 엘리트인 兪吉濬이 그의 ≪西遊見聞≫을 國漢混用文으로 공간하는(漢文으로 하지 않는) 이유를 대강

> 첫째는 말뜻을 쉽게 하여 漢文字를 대충 아는 사람도 쉬 이해하게 하려 함이요, 둘째는 내가 漢文으로 책 읽고 글 짓는 일에 미숙하여 쉽게 쓰고자 함이며, 셋째는 우리 七書諺解의 法을 본받아 내용을 상세하게 드러내고자 함이라.

하고, 자신의 國漢混用의 옳고 그름은 후세의 판단에 맡긴다 했는데(≪西遊見聞≫序), 이야말로 시대정신의 한 발로가 아닐 수 없다.

글B는 國漢混用文, 이 글이 공간된 것은 1895년의 일이다. 우리는 朝鮮初에 이미 首陽大君의 〈釋譜詳節序〉나 昭惠王后의 〈內訓〉 같은 國漢混用文을 본 바 있다.[254] 그것은 한 놀라움이었다. 그러나 어느 누구도 그것으로써 國家의 公用文(漢文)을 교체하려 하지는 않았다. 그런데 이번에는 달랐다. 이 이후로 政府의 公用文과 敎科書 등이 國漢混用文을 사용하고, 1896년에 창간한 ≪독립신문≫은 아예 한글을 전용했다. 모두 自覺의 결과다. 마침내 漢文은 그 오랜 사명을 다하고 사라진 것

---

254 朝鮮初期의 ≪釋譜詳節≫이나 ≪內訓≫에 쓰인 國漢混用文은 ≪西遊見聞≫과 좀 달라 가령 "장차 君군王왕을 爲윙ᄒᆞ야 주구려 ᄒᆞ리니"와 같이 漢字에 한글로 讀音을 달았다.

이다. 그 후 우리는 國漢混用文을 주로 썼는데, 한글전용에 관한 법률(1949. 10. 9 공포)이 공포되면서(그래도 漢字는 폐기되지 않고) 어느 사이엔지 대체로 (   ) 안에 並記하게 되었다. 다만 漢字의 사용빈도는 낮아져 가는 추세였다.

주지하는 대로 黃玹의 ≪梅泉野錄≫은 우리 近代의 역사적 사실을, 兪吉濬의 ≪西遊見聞≫은 우리 근대에 西洋을 여행하고 見聞한 사실을 기록한 책이다. 그러니까 수필집은 아니다(부분적으로는 수필적인 문장을 포함하고 있지만). 그럼에도 이 두 책에서 몇 줄씩 인용하는 것은 그 몇 줄이 수필문학의 표현수단의 교체와 함께 당시의 사회적 분위기(새로운 세계에 대한 눈뜸, 자각)를 잘 나타낸다고 믿기 때문이다. 가령 男女를 두고 同權이니 無異니 하는 말만 하더라도 참으로 그 앞 시대에서는 상상도 할 수 없었던 것이다.

다음은 ≪독닙신문≫과 ≪少年≫의 경우. 이 둘은 각각 이 시기를 생각할 때 제일 먼저 떠오르는 신문과 잡지다. 우선 ≪독닙신문≫부터.

A-1. 독닙신문/**논셜**

우리가 독닙신문을 오늘 처음으로 출판ᄒᆞᄂᆞᆫᄃᆡ 조션 속에 잇ᄂᆞᆫ ᄂᆡ외국 인민의게 우리 쥬의를 미리 말ᄉᆞᆷᄒᆞ여 아시게 ᄒᆞ노라.

우리는 첫ᄌᆡ 편벽되지 아니ᄒᆞᆫ고로 무ᄉᆞᆷ 당에도 상관이 업고, 상하귀천을 달니 ᄃᆡ졉 아니ᄒᆞ고 모도 죠션 사ᄅᆞᆷ으로만 알고 죠션만 위ᄒᆞ며 공평이 인민의게 말ᄒᆞᆯ 터인ᄃᆡ, 우리가 셔울 ᄇᆡᆨ셩만 위ᄒᆞᆯ 게 아니라 죠션 전국 인민을 위ᄒᆞ여 무ᄉᆞᆷ 일이든지 ᄃᆡ언ᄒᆞ여 주랴 홈.

경부에셔 ᄒᆞ시ᄂᆞᆫ 일을 ᄇᆡᆨ셩의게 전ᄒᆞᆯ 터이요 ᄇᆡᆨ셩의 졍세을 졍부에 전ᄒᆞᆯ 터이니, 만일 ᄇᆡᆨ셩이 졍부 일을 자세이 알고 졍부에셔 ᄇᆡᆨ셩에 일을 자세이 아시면 피ᄎᆞ에 유익ᄒᆞᆫ 일만히 잇슬 터이요, 불평ᄒᆞᆫ ᄆᆞ음과 의심ᄒᆞᄂᆞᆫ ᄉᆡᆼ각이 업서질 터이옴.

우리가 이 신문을 츌판ᄒᆞ기ᄂᆞᆫ 취리ᄒᆞ랴ᄂᆞᆫ 게 아닌고로 갑슬 헐허도록 ᄒᆞ엿고, 모도 언문으로 쓰기ᄂᆞᆫ 남녀 상하귀쳔이 모도 보게 홈이요, ᄯᅩ 귀졀을 ᄯᅦ여 쓰기ᄂᆞᆫ 알어보기 쉽도록 홈이라.

우리는 바른 ᄃᆡ로만 신문을 ᄒᆞᆯ 터인고로 정부 관원이라도 잘못ᄒᆞᄂᆞᆫ 이 잇스면 우리가 말ᄒᆞᆯ 터이요, 탐관오리들을 알면 세상에 그 사ᄅᆞᆷ의 ᄒᆡᆼ젹을 폐일 터이요, ᄉᆞᄉᆞ ᄇᆡᆨ셩이라도 무법ᄒᆞᆫ 일 ᄒᆞᄂᆞᆫ 사ᄅᆞᆷ은 우리가 차저 신문에 셜명ᄒᆞᆯ 터이옴.∥ —건양 원년(1896) ᄉᆞ월 초칠일 금요일

A-2. 독닙신문/**외국통신**

아메리가 합듕국 남쪽에 잇ᄂᆞᆫ 규바라 ᄒᆞᄂᆞᆫ 섬은 셔바나 속국인ᄃᆡ 거긔 ᄇᆡᆨ셩들이 자쥬독닙 ᄒᆞ랴고 니러나셔 셔바나 관병ᄒᆞ고 싸홈 시작ᄒᆞᆫ지 발셔 일년이 너머ᄂᆞᆫᄃᆡ, 합즁국 정부에셔 규바를 독닙국으로 ᄃᆡ졉ᄒᆞᄌᆞ ᄒᆞᄂᆞᆫ 말이 만히 잇ᄂᆞᆫᄃᆡ, 근일에 합즁국 의회원에셔 규바인병을 셔바나 역적으로 아니 ᄃᆡ졉ᄒᆞ고 의병으로 알아쥬자ᄂᆞᆫ 의논이 잇셔든이 셔바나신문지들이 합즁국을 ᄃᆡ단이 험담ᄒᆞ고 셔바나 인민이 미국 사ᄅᆞᆷ들을 ᄃᆡᄒᆞ야 실녜ᄒᆞᄂᆞᆫ 지 만이 잇ᄂᆞᆫ 고로 셔바나 정부에셔 별노이 조속ᄒᆞ고 셔바나에 잇ᄂᆞᆫ 미국 인민을 보호ᄒᆞᆫ다더라.∥ —위와 같은 호

글A-1은 ≪독닙신문≫의 사실상의 창간사다. 이는 愛國思想, 平等主義, 監視機能, 이런 말들로 요약될 수 있을 것 같다. 우리는 이 가운데 평등주의는, '모도 언문으로 쓰기ᄂᆞᆫ 남녀 상하귀쳔이 모도 보게 홈' 이라는 데서 그 구현된 모습을 볼 수 있다. 이는 兪吉濬이 그의 ≪西遊見聞≫ 序에서 말한바 '말뜻을 쉽게 하여 漢文字를 대충 아는 사람도

쉬 이해하게 하려 함.'이라는 말과 상통한다. 이 평등주의야말로 민주주의의 근본인 것이다. 글A－2는 해외 뉴스다. 셔바나(스페인) 속국인 규바(쿠바) 인민들의 독립운동을 전한 것이다. 어느덧 朝鮮(大韓帝國)은 우물 안에 있지 않았다. 바야흐로 세계에 눈을 뜬 것이다. 그러나 불행히도 日帝의 그림자가 너무 짙게 드리운 때였다. 다음은 ≪少年≫－.

B－1. 少年/創刊辭

나는 이 雜誌의 간행하난 趣旨에 對하야 길게 말삼하디 아니호리라. 그러나 한 마듸 簡單하게 할 것은 「우리 大韓으로 하야곰 少年의 나라로 하라. 그리하랴 하면 能히 이 責任을 堪當하도록 그를 敎導하여라.」

이 雜誌가 비록 뎍으나 우리 同人은 이 目的을 貫徹하기 爲하야 온갓 方法으로 써 힘쓰리라. 少年으로 하야곰 이를 닑게 하라. 아울너 少年을 訓導하난 父兄으로 하야곰도 이를 닑게 하여라.

－隆熙 2(1908)년 11월, 創刊號

B－2. 少年/녀름ㅅ구름

意思 잇난 듯도 하고 업난 듯도 한 뭉텅이 구름이 峰巒(봉만)도 갓고 烟燄(연염)도 갓흔 모양으로 三淸洞 위에 떳다.

그는 박휘도 잇난 것 갓지 아니하다. 치도 달닌 것 갓지 아니하다. 더욱 發明의 天才가 苦心硏究한 結果란 發動機도 걸닌 것 갓지 아니하다. 그러나 그는 간다. 그럿타고 사람 모양으로 발이 잇다던지 새 모양으로 날개가 잇다던지 고기 모양으로 지네미가 잇난 것도 갓지 아니하다. 그러나 그는 간다. 번듯하게 써 다닌다.

수레는 넘어지난 일도 잇고 배는 업난 일도 잇고 汽罐은 깨지난 일도 잇고 다리는 부러지난 일도 잇고 날개와 지네미는 쩌러지난 일도 잇스나 그는 아모것도 업시 다님으로 이러한 걱정도 업고 또 이러한 災厄으로 하야 다니난 自由를 빼앗기난 苦痛도 업도다. ‖

그의 나라는 일흠을 一이라 하니 分界 업고 疆域 업서 짜로혀 稅關 업고 짜로혀 檢査 업스니 그럼으로 그는 저긔 저 불ㅅ덩어리가 行虐하난 곳으로 가고 십흐면 거기도 自由오, ‖ 雷公이 북채를 잡고 잇난 곳으로 가려 하면 거긔도 또한 自由라 自在라, 남이 나를 自由自在케 함이 아니라 내가 나를 自由自在케 함이라, 억지로 自由自在케 함이 아니라 自由自在할 素質과 機能이 잇슴이라. ‖

-위와 같은 호

B-3. 少年/**바람과 볏**

바람과 볏이 서로 힘 씨름을 하난데 猝然(졸연)히 勝負가 나지 아니함으로, 그러면 길에 가난 行人을 試驗하야 雌雄(자웅)을 決斷하되 웃디하얏던디 그의 두루막이를 먼뎌 벗기난 편이 익이기로 하댜 하고, 最初에 바람이 힘 댜라난 대로 긔ㅅ것 휘-ㄱ, 휘-ㄱ 부러 논즉 티위가 瞥眼間(별안간)에 酷毒하야뎌서 行人이 깜딱 놀나 불불 썰면서 늣게 입엇던 두루막이를 쏙 돌나 매엿소.

그 다음은 볏의 次例ㄴ 故로 볏이 얼는 구름 속으로서 얼골을 드러내여 놋코 쓰-ㄱ 밝은 빗과 더운 긔운을 四方에 피여 노니 가리웟던 구름은 今時에 헤여디고 티운 긔운은 댜댜 가시여 견대기 됴흘 만하게 됨애 行人도 됴와하다가 那終에는 더워뎌서 견댈 수 업시 되여 웃디할 수 업시 두루막이를 버서 바리고, 그리하야도 못 되매 急히 그늘 속으로 避하얏소.

-위와 같은 호

글B-1은 창간사다. 우리 大韓으로 하여금 老人의(늙고 병든) 나라를 벗어나 少年의(젊고 씩씩한) 나라가 되게 하자는 것, 少年을 잘 가르치자는 것, 그 희망과 정성이 행간에 흐른다. B-2는 수필이다. 이 글은 여름 구름의 自由自在를 예찬한 것이다. 전문을 읽어 보면 "自由! 平等! 그러치 아니하면 죽음!" 같은 말이 보인다. B−3은 이솝우화를 번안한 것이다. 이 역시 새로운 세계에 대한 눈뜸의 강력한 증거이다. 보는 바와 같이 ≪少年≫은 다 國漢混用으로 되어 있다. 그러나 ≪西遊見聞≫에 비하면 거의 한문투가 사라진 것처럼 보인다. ᄾ字도 안 보인다.

이제 이 시기를 마감하면서 한 가지 첨가할까 한다. 바로 紙誌의 간행이다. 우선 신문의 경우, 독립신문(1896 창간)을 비롯하여 매일신문(1898), 뎨국신문(1898), 皇城新聞(1898), 大韓每日申報(1905), 萬歲報(1906, 후에는 親日인 大韓新聞으로 바뀌었지만) 등이 간행되었는데 이들은 다 같이 독립사상을 고취하는 등 국민을 계몽하는 데 앞장을 섰고, 잡지로는 ≪少年≫(1908)이 있어 우리 청소년들을 계몽하는 데 기여했다.

개화기는 불과 15, 6년의 짧은 시기였다. 그것도 日帝의 영향권 안에서였다. 그럼에도 불구하고, 새로운 문체를 창안해 내고 새로운 문화(세계)에 눈을 떴다는 것, 그리고 자기 표현기관으로서의 신문과 잡지를 간행했다는 것은 여간 대견스러운 일이 아니다. 이 또한 自覺의 결과가 아닐 수 없다. 다음은−.

2. 日帝時代

日帝時代는 大韓帝國의 멸망(1910)으로부터 解放(1945)까지를 가리키기로 한다. 이 시기는 한 마디로 民族의 受難期이며 동시에 抵抗期였다. 그 受難의 가장 비참한 하나는 저들의 朝鮮語 抹殺政策(創氏改名과 함께), 그 抵抗의 가장 빛나는 하나는 3 · 1運動이 아닌가 한다. 저자는 지금, 조선말을 썼다 해서 벌 받던(벌 주는 선생님들도 다 조선 사람이었는데) 어린 시절을 배경으로 고등학교 때 배운 大文字 한 줄이 눈앞에 어린다. 참으로 당당하다.

> 吾等은 玆에 我朝鮮의 獨立國임과 朝鮮人의 自由民임을 宣言하노라. 此로써 世界萬邦에 告하여 人類平等의 大義를 克明하며, 此로써 子孫萬代에 誥하여 民族自存의 正權을 永有케 하노라.
>
> 半萬年 歷史의 權威를 仗하여 此를 宣言함이며, 民族의 恒久如一한 自由發展을 위하여 此를 主張함이며, 人類的 良心의 發露에 基因한 世界改造의 大機運에 順應竝進하기 爲하여 此를 提起함이니, 是 天의 明命이며, 時代의 大勢이며, 全人類共存同生權의 正當한 發動이라, 天下何物이든지 此를 沮止抑制치 못할지니라.Ⅱ —崔南善[255] 〈獨立宣言書〉

이제 日帝時代의 수필문학을 이야기할 차례다. 그런데 여기서도 잠깐 이 시기에 간행된 紙誌에 관해서 미리 몇 마디 말해둘까 한다. 이 시기 들어 명멸한 신문과 잡지는 그 수를 헤아릴 수가 없다. 다음은 그 가운데 우리가 잘 아는바 많은 수필가들이 활동한(그들의 발표공간이 된) 紙誌 가운데 두어 예다.

우선 신문으로는 東亞日報와 朝鮮日報, 이 두 산문은 3·1 운동 이듬해인 1920년에 창간, 그 사이 정간, 발매금지, 압수, 삭제 등등 온갖 고초를 다 겪다가 마침내 日帝에 의하여 강제 폐간되었다. 복간된 것은 물론 해방 후다.

---

255 崔南善(1890~1957) ; 國學者. 號는 六堂. 저서로 時調集 ≪百八煩惱≫, 紀行文 ≪尋春巡禮≫, ≪白頭山覲參記≫, 論著 ≪朝鮮歷史≫ 등.

다음은 잡지(月刊)로 ≪朝鮮文壇≫과 ≪文章≫, 그리고 ≪博文≫. ≪朝鮮文壇≫은 우리 신문학사상 최초의 범문단적 문예지로 1924년 10월에 창간, 1936년 6월까지 이어졌고, ≪文章≫은 문학종합지로 1939년 2월에 창간, 1941년 4월까지, ≪博文≫은 우리나라 최초의 수필전문지로 1938년 10월에 창간, 1940년 8(?)월까지 이어졌다. 이 시대에 이런 수필전문지가 나왔다는 것은 특기할 일이 아닐 수 없다.

그럼 이 시기의 수필문학—. 이 시기의 수필문학은 두 가지 면을 살펴보아야 할 것 같다. 하나는 이 시기 隨筆文學(創作)의 展開, 다른 하나는 이 시기 隨筆論(理論)의 樣相.

1) 이 시기 隨筆文學의 展開

이 시기의 수필문학은 그 先頭들의 수필, 小說家들의 수필, 詩人들의 수필, 그리고 隨筆家들의 수필로 나누어서 이야기해 볼까 한다. 이야기의 차례는 대체로 작가의 출생순서를 따랐다. 그럼 우선—.

崔南善과 李光洙,[256] 그리고 李秉岐[257]

崔南善은 사학자, 李光洙는 소설가, 李秉岐는 국문학자다. 그러면서 셋 다 時調를 짓고 紀行文을 썼다. 이들은 나란히 이 시기의 선두에 서 있기도 하다. 따라서 이 시기의 이야기는 이들로부터 시작하는 게 자연

256 李光洙(1892~拉北後 作故) ; 小說家. 號는 春園. 저서로 長篇小說 ≪흙≫을 비롯하여 短篇集, 評論集, 傳記, 詩歌集 등 그 文筆이 다방면에 걸쳐 있다.

257 李秉岐(1891~1968) ; 國文學者, 時調詩人, 隨筆家. 號는 가람, 嘉藍. 저서로 論著 ≪國文學槪論≫, ≪國文學全史(共著)≫, 詩文集 ≪가람文選≫ 등.

스러울 것 같다.

A. 崔南善/**金剛禮讚, 內八瀑**(1928)

金剛山 가운데서 金剛山의 美를 具足하게 體現하고 極度로 發揮한 곳이 어디냐 하면 異口同聲으로 萬瀑洞이라고 대답할 것입니다.

金剛山은 얼른 말하면 山岳美입니다. 山岳을 만든 岩石의 美, 岩石으로 생긴 峽谷의 美, 峽谷으로 나오는 泉潭溪瀑의 美, 泉潭溪瀑에 映發하는 老樹鬱林의 美, 老樹鬱林에 隱現點綴하는 古寺靜藍의 美, 이 모든 것이 설키고 덩기고 어울리고 반죽된 大自然의 充足美, 이 모든 것에 얽히고 심박히고 선돌린 神秘玄妙한 傳說美, 이 모든 總和가 金剛의 山岳美란 것입니다.

그런데 最大限度로 이 要素를 具備해 가진 것이 첫째 萬瀑洞 谿谷입니다. 金剛山 구경이란 것은 어찌 말하면, 萬瀑洞 谿谷 하나를 뚫고 나가는 것이라고도 할 수 있습니다.∥ –語文閣 ≪隨筆選集≫

B. 李光洙/**金剛山紀行**(1924)

우리는 점심을 먹고 이럭저럭 한 시간이나 넘어 기다렸으나 이내 雲霧가 걷지를 아니합니다. 나는 새로 두시가 되면 雲霧가 걷으리라고 단언하고, 그러나 雲霧中의 毘盧峰도 또한 一景이라 하여 다시 올라가기를 시작했습니다.

東으로 山嶺을 밟아 줄 타는 광대 모양으로 數十步를 올라가면 山이 뚝 끊어져 발아래 千仞絶壁이 있고, 거기서 北으로 꺾여 城壘 같은 길로 몸을 서편으로 기울이고 다시 數十步를 가면 뭉투룩한 峰頭에 이르니, 이것이 金剛萬二千峰의 最高峰인 毘盧峰頭이외다. 역시 雲霧가 四塞하여 峰頭의 바윗돌밖에 아무것도 보이지 아니합니다.

그 바윗돌 중에 中央에 있는 큰 바위를 배바위라 하는데, 배바위라

함은 그 모양이 배와 같다는 말이 아니라 東海에 다니는 배들이 그 바위를 標準으로 방향을 잡는다는 뜻이라고 案內者가 說明을 합니다. 이 바위 때문에 해마다 여러 千名의 生命이 살아난다고, 그러므로 船人들은 멀리서 이 바위를 向하고 祭를 지낸다고 합니다. 이 案內者의 말이 참이라 하면 果然 이 바위는 거룩한 바위외다.∥ -위 책

글A는 금강산을 여행하고 만폭동 계곡의 여러 美를 예찬한 글이다. 글B는 금강산을 여행하고 배바위의 德을 칭송한 글이다. 이 인용된 두 글을 읽노라면 美와 德, 문득 그런 차이가 느껴진다. 이 두 사람은 한때 毁節(훼절)도 했으나 우리 근대문학을 연 선구자로 일컬어진다. 다음은 이 둘에 대한 金鎭嶽의 언급-.

한국의 근대수필은 기행수필로부터 비롯하였다고 볼 수 있다. 여기에 육당(六堂, 崔南善의 號-저자)이 앞장섰다. 국파산하재國破山河在의 조국강산을 찾아 쓴 기행문은 국토예찬이며, 나라의 얼을 일깨우는 부르짖음이었다. 대문장가 육당은 한국 명산승지를 모두 섭렵하고 기행문집 ≪심춘순례尋春巡禮(1926)≫를 출간하고, 이어서 ≪백두산근참기白頭山覲參記(1927)≫, ≪금강예찬金剛禮讚(1928)≫을 발표하였다. 뜻있는 문사라면 국토를 답파하고 기행문을 쓰는 일은 당시의 한 흐름이었다. 춘원(春園, 李光洙의 號-저자)도 이에 질세라, 〈단군릉檀君陵〉을 쓰고 육당보다 앞서 기행문집 ≪금강산유기金剛山遊記(1924)≫와 ≪반도산하半島山河(1941)≫를 간행했다. 육당과 춘원은 근대 기행수필의 선구자라 할 만하다. -≪한국수필의 표정≫ p.15

C. 李秉岐/朴淵行(1933)

十月十七日

∥緩行이다. 金村을 지나서야 해가 빨갛게 떠오른다. 七時五十五分 開城着. 下車하던 길로 子男山으로 올라 崧陽書院(송양서원)을 지나 善竹橋를 보고 成均館 옆으로 하여 비둘기형 재를 넘어 한 十里나 가 逝斯亭(서사정)에서 쉬었다.∥

十一時에 떠나 깊숙한 골로만 골로만 들어가다가 조그만 고개를 넘어 점점 깊은 山골, 험궂은 돌길, 침침한 숲속으로 들어간다. 수레 자취와 쇠똥 무더기도 있고 間間 나뭇잎을 쓸어간 마당과 빈 草幕도 있다.∥

갑자기 우레 소리가 들리며 비가 쏟아진다. 빗소리는 요란도 하고 빗방울은 굵기도 하다. 사뭇 노바기를 하고 또한 높은 고개를 올랐다. 山城의 壁이 좀 남았고 城門이 있다. 이는 天磨山城의 南門, 이 門에서 잠깐 쉬어 서리서리 내려가는데 비는 한 모양이다.∥

물소리, 우레 소리, 빗소리뿐, 그래도 다시 나섰다. 聖居關 옆으로 올라 朴淵과 島岩을 굽어보고 聖居關門으로 나서 之字 모양으로 내려 泛槎亭(범사정)에서 또는 그 밑에서 瀑布를 보았다. 瀑布는 비 오는 덕분에 굉장하게 커졌다. 그 옆의 바위 새긴 朗善君의 筆蹟이라는 "飛流直下三千尺, 疑是銀河落九天."[258] 그대로야 너무 에누리라 하겠지마는 이 詩想의 原處인 廬山瀑布도 실상은 이만이나 하였을는지 모르겠다.∥

—≪가람文選≫

---

258 李白의 〈廬山瀑布詩〉. 그 전문은 다음과 같다(번역은 저자).

香爐峰에 해 비치니 보랏빛 안개,/저 멀리 瀑布는 긴 내 걸린 듯.
나는 듯 떨어져 三千尺이야./하늘에서 銀河水 내리꽂는 듯.
日照香爐生紫煙, 遙看瀑布掛長川.
飛流直下三千尺, 疑是銀河落九天.

이 글은 朴淵瀑布를 여행하고 쓴 기행문이다. 글A, B처럼 무엇을 드러내놓고 예찬하거나 칭송하지 않고 은근히 "廬山이 朴淵만이나 하였을는지 모르겠다."는 한 마디로 슬그머니 朴淵을 높인다. 지은이의 이런 기행문 역시 崔南善, 李光洙의 경우에서처럼 우리 국토에 대한 말없는 애착(나라 사랑)이 느껴진다.

이 글은 1933년에 쓴 것이다. 1933년은 바로 朝鮮語學會(지금의 한글학회)가 '한글맞춤법통일안'을 만들어 공표한 해다.[259] 이 案의 공표야말로 우리말글 수호의 가장 빛나는 기치의 하나가 아닐까 한다. 지은이는 이 통일안 제정에 그 위원으로 참여하고 朝鮮語學會事件 때는 日警에게 고초도 당한 바 있다. 다음은—.

李熙昇,[260] 李殷相,[261] 梁柱東,[262] 金瑢俊[263]

이들 네 사람의 학문의 중심은, 李熙昇은 국어학, 梁柱東은 국문학,

---

259 1930년 朝鮮總督府가 제정한 諺文綴字法이라는 것이 있었다. 한글맞춤법통일안은 그 후 3개년 동안 125회의 회의를 거듭하며 마련한 것이라고 한다.

260 李熙昇(1897~1989) ; 國語學者, 隨筆家, 詩人. 號는 一石. 저서로 論著 ≪國語學概說≫, ≪朝鮮文學硏究鈔≫, 詩集으로 ≪心臟의 破片≫, 隨筆集으로 ≪벙어리 냉가슴≫ 등.

261 李殷相(1903~1982) ; 時調詩人, 隨筆家, 史學者. 號는 鷺山. 저서로 時調集 ≪鷺山時調集≫, ≪푸른 하늘의 뜻은≫, 隨筆集으로 ≪路傍草≫, ≪無常≫, 기타 ≪李忠武公一代記≫ 등.

262 梁柱東(1903~1977) ; 國文學者, 英文學者, 隨筆家, 詩人. 號는 无涯. 저서로 論著 ≪古歌硏究≫, ≪麗謠箋注≫, ≪國學硏究論攷≫, 古典文學選集 ≪國文學菁華≫, 詩文集 ≪无涯詩文選≫, 隨筆集으로 ≪知性의 廣場≫ 등.

263 金瑢俊(1904~1967) ; 畵家, 隨筆家. 號는 近園, 黔驢 등. 저서로 隨筆集 ≪近園隨筆≫, 論著 ≪朝鮮美術史大要≫ 등. 여기 소개하는 〈吾園軼事〉는 論文을 겸한 隨筆이다. 그럼에도 여기 소개하는 것은 金瑢俊을 이해하는 데 혹 도움이 되지 않을까 해서다.

李殷相은 국사학, 金瑢俊은 한국미술사학, 그러니까 모두 國學이다. 나이도 이희승만 몇 년 빠를 뿐 비슷하다. 일제시대 제2기라고 할 수 있을 것이다.

A. 李熙昇/**夏雲은 多奇峰**(1934)

‖가슴 속에서 정 불이 나면 猫額만 한 안마당에 튀어나와 하늘을 쳐다본다. 똬리테같이 둘리어 빠끔히 뚫어진 초가지붕 틈으로 蒼穹은 나에게 哲學을 講義한다. 藝術을 이야기하여 준다. 뭇별이 소곤거리는 여름 하늘뿐만이 아니다. 따뜻한 빛이 뽀얗게 흐르는 봄하늘이 그렇고, 달빛을 담아다 붓는 가을 하늘이 그렇다. 눈 덮인 용마루 너머로 紺碧한 深淵과 같이 아드막하게 들여다보이는 겨울 하늘이야 더할 말 있으랴.

이와 같은 天空에 구름이 흘러간다. 더욱이 여름 하늘에야말로 구름의 美術殿堂이 벌어진다. 어느 귀퉁이에 보일락 말락 하던 손바닥만한 구름장이 금시에 눈덩이 같은 햇솜을 틀어 던진 듯 뭉글뭉글 피어오른다. 그러다가도 순식간에 스르르 녹아 버린다. 어느 틈엔지 푸른 草原에 味覺의 誘惑을 받은 羊의 무리가 나타나고, 짖는 소리가 고대 들릴 듯한 삽살개가 羊을 따라가다가 별안간에 맨송맨송한 동경강아지가 된다. 바랑 지고 굴갓 쓴 중이 앞을 서고 蓮葉 위에 坎中連(감중련) 한 부처가 뒤를 따른다.‖

－語文閣 ≪隨筆選集≫

B. 李殷相/**耽羅紀行**(1937)

大鵬으로 하여금 北冥에 나르게 하라. 그러나 나는 오히려 이와 꼭 같은 말을 사람들에게 주고 싶다. 曠野와 大海가 어찌 武人에게만 許諾된 곳이겠느냐? 글은 床머리에서 쓰는 法이로되 생각은 오히려 大自然 속에서 얻는 法이니, 短笻(단공)에 몸을 맡겨 塵區(진구)를 벗어나매 奔

放(분방)한 생각이 마치 天馬와 같다.

넘기는 책장으로 因하여 眼膜(안막)에 좀이 먹더니 이제 長風 한번에 씻은 듯이 맑아지고 琉璃(유리)보다 더 透明하여 可히 먼댓것을 볼 수 있는 것이 얼마나 愉快하냐? 自然의 神光이 눈앞에 번쩍이고 歷史의 垂示가 발끝에 뻗힌 것을 分明히 느끼면서, ‖ 車中은 談笑로 떠나갈 듯하다. 그러나 이것은 그대로 大自然 앞에 받히는 歸鄕曲이요, 法悅로 가득 찬 交響樂이다. 이만하면 豁然(활연)히 트이는 것을 三尺案頭에 所見이 그렇게도 좁으랍던가? 이만하면 닫지 못하도록 열리는 입이 그다지도 무겁게 沈黙했던가? ‖

—≪耽羅紀行 漢拏山≫

우선 글A. 이 글의 첫 문단은 철따라 변하는 밤하늘의 모습을, 둘째 문단은 여름 구름의 그 변화무상한 모습을 그린 것이다. 羊도 되고 강아지도 되고 스님도 되고 부처님도 되는—. 묘사가 재미있다. 글B는 탐나 여행에 앞서 그 떠나는 즐거움을 말한 것이다. 책과 글에 갇혀 있던 답답한 사람들, 시원도 한 모양이다. 글A의 흐름이 섬세하다면 글B는 장쾌하다고 할까?

李熙昇과 李殷相은 다 같이 朝鮮語學會 회원으로 위에 말한 朝鮮語學會事件 때 李秉岐와 더불어 옥고를 함께 치렀다.

C. 梁柱東/**多樂樓夜話**(1937)

‖ 그러면 나의 그때 漢文實力은 어떠하였던가? 지금도 그러하거니와 애초부터 獨學無師인데다가 모를 데를 만나면 例의 '讀書不求甚解(독서불구심해)'를 標語로 내세우는 판이니, 文理는 나소 났다 하더라도 워낙 荒唐한 지식에 껄렁한 해석이 많았었다.

그때 보았던 ≪笑林廣記≫란 책에, 某 學究가 〈赤壁賦〉를 읽는데 '賦

(부)'字를 '賊(적)'字로 誤認하여 "前赤壁賊!" 하니까 마침 도적이 앞 壁에 숨어 있다가 깜짝 놀라 뒤 壁으로 避한즉 學究가 이윽고 "後赤壁賊!" 하는지라, 盜賊氏가 失色逃走하면서 "此家에 不用畜狗(이 집엔 개 기를 필요가 없다.—저자)."라고 感嘆하였다는 笑話가 있던 것이 생각나거니와, 나도 그 〈赤壁賦〉를 읽는데 劈頭에 가로되

"壬戌之秋七月에 旣望이러니 蘇子ㅣ 與客으로…."

하였다. 내 딴에는 '旣望'을 '진작부터 (船遊를) 희망하였더니'의 뜻으로 해석하였으나 十六日이 旣望임은 그 뒤 姊夫되는 이에게 들은 破天荒의 새 지식이었다. ‖ —≪國學硏究論攷≫

D. 金瑢俊/**吳園[264]軼事**(1938)

吾園의 그림을 처음으로 본 것은 十餘年前 내가 西洋畵를 工夫하는 學徒이었을 때 친구들의 同伴으로서 大邱서 한 二十里쯤 떨어진 月村이란 洞里의 某富豪家에서였다.

그것은 十折로 된 器皿折枝屛(기명절지병)이었는데 나는 그때 事實로 東洋畵란 어떠한 그림인 것까지도 모를 때라, 半分以上의 侮蔑(모멸)을 가지고서도 다만 그가 朝鮮의 有名한 畵家였었고 또 吾園 張承業은 一字無識의 畵家로서 어느 作品을 勿論하고 그 自筆의 落款(낙관)이 別로 없다는 말을 그때 누구한테선지 들은지라 半以下는 그에 對한 好奇心을 가지고서 본 것이었다.

그러나 作品을 보고나서 나는 그때까지 가졌던 自負心을 一朝에 꺾는 수밖에 없었다. 線과 筆勢에 對한 鑑賞眼을 갖지 못한 나로서도 吾園畵의 一擊에 餘地없이 고꾸라지고 말았다. ‖ —≪近園隨筆≫

264 吾園 ; 朝鮮高宗 때의 畵家 張承業(1843~1897)의 號. 安堅과 金弘道와 함께 朝鮮畵壇 3大巨匠으로 불린다. 작품으로 〈紅白梅十幀屛〉, 〈群馬圖〉 등.

글A는 지은이가 漢文을 공부하던 소년 시절을 회억한 글이다. 이 글 전문을 읽어 보면 한 소년의 넓은 涉獵과 높은 自矜을 만나게 된다. 이것이 그 소년으로 하여금 훗날 ≪古歌硏究≫, 이어서 ≪麗謠箋注≫를 낳게 한 원동력은 아니었을까? 글B는 吾園의 그림을 처음 보았을 때에 대한 지은이의 회억이다. 東洋畵가 어떤 그림인지, 線과 筆勢가 어떤 건지 아무것도 몰랐지만 그것은 지은이에게 큰 충격이었다. 學問的 自矜과 藝術的 靈感—.

각각 梁柱東과 金瑢俊에 대한 언급이 있기로 다음에 보인다.

그는 일찍이 才子 金聖歎을 좋아했고, 梁啓超를 읽다가 신문학으로 전환한 이래 중문학에서 일문학으로, 불문학에서 영문학을 거쳐 한국문학으로 금의환향하여 안주하였다. 그러므로 梁 박사의 수필세계는 자연히 東西가 한 자리에서 조화되고 古今이 바로 오늘에 살아나는 신묘함이 있다.

불과 한 센텐스 안에 시간적으로 수백 년과 수천 년이 함께 들어오고, 공간적으로 천리만리 떨어진 遐方의 사물들이 어울리어 표현되는 긴축미를 볼 때 흔히 독자로서는 난해함을 느껴 경원하게도 되리라.

—梁柱東 ≪文酒半生記≫, 李相寶/梁柱東論

감상적 신비주의자이며 미학적 인상주의자였던 近園은 吾園의 대담한 패기에 의해 洋畵의 자부심이 꺾이고, 진실한 감성과 개성의 표현을 추구한 袁隨園과 鄭板橋의 선비정신에 문인화적 지조를 투사시켰으며, 사물의 미학적 분석이 가능하였기에 詩書畵의 경계를 최대한 좁히면서 동양화법의 一張一斂을 수필에 접맥시켰다.

—朴壯遠 ≪현대한국수필론≫, 金瑢俊

金東仁,[265] 朴鍾和,[266] 李泰俊,[267] 李孝石[268]

이들 네 사람은 모두 소설가다. 즉, 그 전업이 소설이다. 그럼에도 많은 수필을 발표했다. 당시 이들처럼 소설이 전업이면서 수필을 쓴 소설가는 실로 많다.[269] 다만 지면이 넉넉지 못해 저자의 임의로 줄였을 뿐이다. 뜻 있는 분들의 再檢을 바란다.

A. 金東仁/**醫師怨望記**(1932)

아내가 젖을 수술하였다. 매일 씻고 심지를 갈고 하는데 30錢씩 들었

---

265 金東仁(1900~1951) ; 小說家. 號는 琴童. 문예지 ≪創造≫ 발간. 저서로 長篇小說인 ≪雲峴宮의 봄≫, 短篇集 ≪狂畵師≫, 評論集 ≪春園硏究≫ 등.

266 朴鍾和(1901~1981) ; 詩人, 小說家. 號는 月灘. 저서로 詩集 ≪靑磁賦≫, 隨筆集 ≪靑苔集≫, 長篇小說 ≪壬辰倭亂≫ 등.

267 李泰俊(1904~1955) ; 小說家. 號는 尙虛. 저서로 短篇集 ≪달밤≫, 長篇小說 ≪第二의 運命≫, 隨筆集 ≪無序錄≫, 文章論 ≪文章講話≫ 등.

268 李孝石(1907~1942) ; 英文學者, 小說家. 號는 可山. 저서로 長篇小說 ≪花粉≫, 短篇集 ≪露領近海≫, 戱曲 ≪歷史≫ 등.

269 이 밖에 참고로 方珉昊의 ≪모던 수필≫에 소개된 이 시기의 小說家와 그들의 隨筆을 보이면 다음과 같다.

姜敬愛(1907~1943), 꽃송이 같은 첫눈
金南天(1911~1953), 냉면
金裕貞(1908~1937), 나와 귀뚜라미
羅惠錫(1896~1948), 여인 독거기
朴泰遠(1909~ ?), 여백을 위한 잡담
安懷南(1910~ ?), 이발과 괵수馘首
李箕永(1896~ ?), 인간과 기술자
李善熙(1911~ ?), 심부름
蔡萬植(1902~1950), 애저찜
崔曙海(1901~1933), 봄! 봄! 봄!
玄 德(1912~1945), 살구꽃
桂鎔默(1904~1961), 손
金史良(1914~1950), 땅
羅稻香(1902~1927), 그믐달
朴啓周(1913~1966), 사망 통지서
白信愛(1908~1939), 눈 오던 그날의 밤
嚴興燮(1906~ ?), 탈모주의자
李石薰(1908~ ?), 유정의 면모 편편
鄭仁澤(1909~ ?), 꿈
崔獨鵑(1901~1970), 조선 정조情調
韓雪野(1901~ ?), 고난의 교훈
玄鎭健(1900~1943), 거리에서 만난 여자

* 桂鎔默의 경우는 그 활동 시기를 고려하여 解放前後期에서 다루고자 한다.

다. ‖ 나는 할 수 없이 다른 방책을 쓰기로 하였다. 어떤 親友 의사에게 한 장의 편지를 썼다. 그리고 그 편지를 가지고 아내를 그 병원으로 보내기로 하였다.

"아직껏 ×× 병원에서 치료를 하고 있었는데 그 병원은 큰 병원이라 대개는 간호부에게만 내어맡겨서 쾌차가 더디기도 하거니와 매일 30錢씩 물기도 급하니 자네에게 부탁하네."

이런 뜻의 편지였다. 그랬더니 그 병원을 다녀온 아내는 들어서는 길로 바가지를 긁는다. 사연을 알아보니 지금 다니던 병원만치도 해주지 않고 現金으로 50錢을 딱 받아내더란다. ‖ –語文閣 ≪隨筆選集≫

B. 朴鍾和/嗚呼稻香[270](1926)

아아, 죽어서 北邙에 누운 稻香, 英靈이 있거든 들으라. ‖

내가 뒤에 그대의 病室을 찾아 病勢를 물을 때 그대는 激烈한 咳嗽(해수)와 喀痰(객담)에 괴로운 가슴을 어루만지며

"좀 나은 것 같으이. 第一 朝鮮을 오니 공기가 좋아 살 것 같으이."

이렇게 대답하고, 그대는 창밖을 가리키며

"인제는 많이 나았네. 단지 땀 한 가지만 좀 무엇하지 기침은 돗수가 훨씬 줄었네. 인제는 아주 살 것 같으이."

내가 그대의 얼굴을 바라볼 때의 나의 마음도 따라서 저으기 놓이지 않을 수 없었다. ‖

아아, 稻香! 누가 알았으랴, 이것이 그대와 내가 이 세상에서 마지막으로 永訣한 것인 줄을! –語文閣 위 책

270 羅稻香(1902~1926) ; 小說家. 本名은 慶孫, 筆名은 羅彬, 號가 稻香. 저서로 短篇集 ≪眞情≫, 長篇小說 ≪幻戲≫ 등.

글A부터 보자. 지은이는 하루 30전이 힘들다. 하는 수 없이 친구인 의사에게 부탁을 한다. 그런데 그 친구라는 의사는 외상도 아닌 현금으로 50전을 받아낸다. 이 글의 전문을 보면 "나는 아내에게 대하여 赤面하였다."고 했다. 정말이지 아내 앞에 체면이 말이 아니었을 것이다. 친구라더니, 흥. 믿는 도끼에 발등 찍힌 꼴.

다음은 글B. 병마가 환자의 목숨을 순간순간 갉아 가는데 환자는 인제 많이 나았다고 한다. 살 것 같다고도 한다. 낫고 싶어서, 살고 싶어서 그랬을 것이다. 문병하는 친구는 환자의 말을 믿고 적이 마음을 놓는다. 그 말이 믿기지 않아도 믿고 싶었을 것이다. 나이 25세, 이 천재 작가의 요절은 문단의 큰 슬픔이었을 것이다.

글A는 세태를 야유한 것, 글B는 상실을 슬퍼한 것.

C. 李泰俊/**물**(1941 이전)

나는 물을 보고 있다. ‖

물은 아름답다. 흐르는 모양, 흐르는 소리도 아름답거니와 생각하면 이의 맑은 덕, 남의 더러움을 씻어는 줄지언정 남을 더럽힐 줄 모르는 어진 덕이 이에게 있는 것이다. 이를 대할 때 얼마나 마음을 맑힐 수 있고 이를 사괴일 때 얼마나 몸을 깨끗이 할 수 있는 것인가!

물을 보면 즐겁기도 하다. 이에겐 언제든지 커다란 즐거움이 있다. 여울을 만나 노래할 수 있는 것만 이의 즐거움이 아니다. 산과 산으로 가로막되 덤비는 일 없이 고요한 그대로 고이고 고이어 나중 날 넘쳐 흘러가는 그 悠悠無言의 樂觀, 얼마나 큰 즐거움인가! 독에 퍼 넣으면 독 속에서, 땅속 좁은 철관에 몰아놓으면 몰아넣는 그대로 能忍自安한다. ‖

—≪無序錄≫

D. 李孝石/**落葉을 태우면서**(1938)

‖벚나무 아래에 긁어모은 낙엽의 산더미를 모으고 불을 붙이면 속의 것부터 푸슥푸슥 타기 시작해서 가는 연기가 피어오르고, 바람이나 없는 날이면 그 연기가 얕게 드리워서 어느덧 뜰 안에 가득히 담겨진다. 낙엽 타는 냄새같이 좋은 것이 있을까? 갓 볶아낸 커피의 냄새가 난다.‖

나는 그 냄새를 한없이 사랑하면서 즐거운 생활감에 잠겨서는 새삼스럽게 生活의 題目을 진귀한 것으로 머릿속에 띄운다. 陰影과 潤澤과 色彩가 빈곤해지고, 초록이 전혀 그 자취를 감추어버린, 꿈을 잃은 헌칠한 뜰 복판에 서서, 꿈의 껍질인 낙엽을 태우면서, 오로지 生活의 想念에 잠기는 것이다.‖

가을은 생활의 시절이다. 나는 花壇의 뒷자리를 깊게 파고 다 타버린 낙엽의 재—죽어버린 꿈의 시체—를 땅 속 깊이 파묻고 儼然한 생활 자세로 돌아서지 않으면 안 된다. 이야기 속의 少年같이 용감해지지 않으면 안 된다.‖

—語文閣 ≪隨筆選集≫

글C의 지은이는 지금 물을 보고 있다. 물에는 德이 있다. 아름다운 덕, 맑은 덕, 悠悠無言의 樂觀하는 덕, 能忍하여 自安하는 덕, 이 글은 그런 물의 덕을 예찬한 것이다. 이 글의 원문도 "智者 老子는 일즉 上善若水라 하였다."는 말로 끝난다. 지은이는 혹 물 같은 덕을 갖춘 어떤 인간, 그의 출현을 기대했던 것은 아닐까? 다음은 각각 ≪無序錄≫에 대한 金鎭嶽과 朴洋根의 언급—.

≪무서록≫은 상허(尙虛, 이태준의 호—저자)의 단 한 권의 수필집이다. 질서가 없는 무서(無序)의 기록이 아니라 57편의 산문이 모두 한국

수필의 보배다. -≪한국수필의 표정≫ p.156

≪무서록≫은 월북 이전 이태준의 삶과 수필세계를 살필 수 있는 유일한 수필집이다. ‖ 자연과 삶에 대한 균형감각은 정선된 언어와 단아한 문장으로 표백되어 ‖ 예술지상주의와 상고주의를 뚜렷이 정립하였다. ‖ 좌익문단에 참여하고 월북하였음에도 그의 수필이 해방의식이나 계급의식보다 문인화 같은 상고주의를 지켜 나간 이유는 무엇일까? 그 점에서 이태준 수필은 1988년의 해금을 시점으로 수필계의 지속적인 관심사가 되고 있다.

-〈분단시대의 딜레탕트〉, ≪수필세계≫ 2009년 여름호

글D는 일찍이 많은 사람들이 국어 교과서에서 배운 유명한 글이다. 이 글을 읽노라면 낙엽 타는 냄새가 풍겨오는 듯하다. 커피 냄새-, 지은이는 그 냄새를 맡으며 생활감에 잠긴다. 온갖 여름 것들이 다 사라져 가는 뜰, 꿈을 잃은 그 한 복판에서 꿈의 껍질인 낙엽을 태운다. 그러면서도 感傷에 젖지 않는 생활이 건강하다. 그러나 이 글을 퍽 부정적으로 보는 견해도 있다. 참고하기 바란다.

‖ 이 작품의 지은이는 생활이라는 말이 '몸을 움직여서 일하고 즐거움을 얻는 것'이라고 생각한다. 예를 들면 뜰의 낙엽을 태우면서 냄새를 맡거나 목욕물을 데우고 목욕을 하거나 커피를 사서 끓여 차를 마시거나 ‖ 하는 것이다. ‖ 그는 몸을 움직이지 않고 하는 일, 예를 들면 책을 읽거나 원고 쓰기는 생활이 아니라고 생각한다. ‖

그는 열두 번이나 생활이라는 말을 반복하며 강조한다. 그리고 이 말에 여러 가지 과장적인 수식어를 덧붙인다. 그러나 생활이라는 말에 수

식어를 덧붙여도 그가 의미하는 생활이 하찮기 때문에 작품의 내용이 보잘 것 없다. —이대규 ≪수필의 해석≫ p.246

金起林,[271] 鄭芝溶,[272] 李箱,[273] 盧天命[274]

우리는 앞에서 소설가 네 사람의 수필을 읽었다. 이제는 시인들 차례다. 이들 네 사람은, 金起林은 評論을 겸하고 李箱은 小說家이기도 했지만, 그러나 이 시기의 대표적인 詩人임에 틀림이 없다. 이런 시인으로서 수필을 쓴 사람도 물론 많다.[275]

A. 金起林/斷念(1939)

살아간다고 하는 것은 別게 아니었다. 자꾸만 斷念해 가야 하는 것—, 그게 人生인 것 같다. 山너머 저 山너머는 幸福이 있다 한다. 언제고 그 山을 넘어 넓은 들로 나가 본다는 것이 山골 젊은이들의 꿈이

---

271 金起林(1908~?) ; 詩人, 隨筆家, 文學評論家. 本名은 仁孫, 筆名은 片石村. 詩集으로 ≪바다와 나비≫, ≪氣象圖≫ 등, 詩論集으로 ≪詩의 理解≫, ≪詩論≫, 隨筆集으로 ≪바다와 肉體≫.

272 鄭芝溶(1903~?) ; 詩人. 저서로 詩集 ≪鄭芝溶詩集≫, 散文集 ≪散文≫ 등.

273 李箱(1910~1937) ; 詩人, 小說家. 本名은 金海卿. 遺作으로 ≪李箱全集≫.

274 盧天命(1912~1957) ; 女流詩人, 隨筆家. 저서로 詩集 ≪珊瑚林≫, ≪窓邊≫ 등, 隨筆集으로 ≪산딸기≫, ≪盧天命隨筆集≫ 등.

275 이 밖에 참고로 方珉昊의 ≪모던 수필≫에 소개된 이 시기의 詩人과 그들의 隨筆을 보이면 다음과 같다.

金珖燮(1905~1977), 꽃을 먹는 쥐
金達鎭(1907~1989), 오후의 사상
金東煥(1901~ ?), 수표교
金石松(1901~ ?), 공허증
盧子泳(1898~1940), 오천 원의 꿈
朴英熙(1901~ ?), 세태
白 石(1912~1995), 가자미 나귀
吳章煥(1918~ ?), 삼단논법
韓龍雲(1879~1944), 선禪
林 和(1908~1953), 내 애인의 면영
朴八陽(1905~ ?), 진실한 의미의 모던이 되자

었다.

그러나 이윽고는 山너머 생각도 씻어 버리고 아르네는 結婚을 한다. 멀지 않아서 아르네는 四五男妹의 福 갖은 어버이가 될 것이다. 이렇게 世上의 수많은 아르네들은 그만 나폴레옹을 斷念하고 셰익스피어를 斷念하고 토마스를 단념하고 렘브란트를 斷念하고, 자못 風靜浪息한 生涯를 이웃 農夫들의 質素한 觀葬 속에 마치는 것이다. ‖

—≪바다와 肉體≫

B. 鄭芝溶/愁誰語 1—4(老人과 꽃, 1937)

노인이 꽃나무를 심으심은 무슨 보람을 위하심이오니까? 등이 곱으시고 숨이 차신데도 그래도 꽃을 가꾸시는 양을 뵈오니, 손수 공 드리신 가지에 붉고 빛나는 꽃이 맺으리라고 생각하오니 희고 희신 나룻이나 주름살이 도로혀 꽃답소이다.

나히 耳順을 넘어 오히려 女色을 길르는 이도 있거니 실로 陋하기 그지없는 일이옵니다. 빛깔에 취할 수 있음은 빛이 어늬 빛일런지 청춘에 마낄 것일런지도 모르겠으나 衰年에 오로지 꽃을 사랑하심을 뵈오니 거룩하시게도 정정하시옵니다.

봄비를 맞으시며 심으신 것이 언제 바람과 해ㅅ빛이 더워 오면 곻은 꽃봉오리가 燭불 혀듯 할 것을 보실 것이매 그만치 老來의 한 계절이 헛되히 지나지 않을 것이옵니다.

노인의 枯淡한 그늘에 어린 자손이 戱戱하며 꽃이 피고 나무와 벌이 날며 닝닝거린다는 것은 餘年과 해골을 장식하기에 이러탓 화려한 일이 없을 듯하옵니다. ‖

—≪鄭芝溶全集≫, 散文

우선 글A. 살아간다는 게 뭔가? 斷念해 가는 것—. 이 글의 아르네(Arne)는 노르웨이의 작가 뵈른손(Bjoernson)의 소설 ≪아르네≫의 주인공이다. 그는 異鄕에 대한 꿈이 있었지만 故鄕 처녀와의 사랑에 빠져 그 꿈을 접는다. 金起林은 이 글 후반에 "약간은 斷念하고 약간은 慾望하고 하는 것이 第一 安全한 일일지도 모른다." 하고, 그러나 학문에 있어서든 예술에 있어서든 이 제일 안전한 방법을 자신과 친한 벗에게는 권고하고 싶지 않다고 했다. 김기림은 아르네를 보고 혀를 찼을 것이다. 그러나 그런

> 김기림의 수필은 시와 평론과 더불어 완결의 꽃은 피우지 못하고 20년이라는 짧은 집필의 길을 걷다가 41세에 행불로 마감한다. 그리고 6·25 후 북쪽에서 발간된 자료에서는 김기림의 흔적은 전혀 찾을 수 없다.
>
> -朴洋根 〈저널리스트의 세상 보기와 모순적 삶〉, ≪수필세계≫ 2009년 겨울호

고 한다. 세월이 그의 才能을 시샘했던 걸까?

다음은 글B. 이 글에는, 耳順을 넘어 오히려 女色을 기르는 노인과 衰年임에도 오로지 꽃을 사랑하는 두 노인이 등장한다. 전자는 물론 陋(천할 루)하고 후자는 꽃답다. 전문을 보면, 그 중간에 "꽃이 아름다움을 실로 볼 수 있기는 老境에서일가 합니다."라는 깨달음이 있고, 그 끝에는 "嗚呼, 노년과 꽃이 서로 비추고 밝은 그 어늬 날 나의 나루도 눈과 같이 히여지이다." 하는 기원이 있다. 구레나룻이 눈처럼 하얘졌을 때 꽃을 사랑하는 노인이기를 바라는 것은 비단 그만은 아닐 게다.

다시 글A의 아르네, 異鄕을 단념하고 現實에 안주하는 그가 젊은이들의 反面敎師라면, 글B의 꽃 가꾸는 노인은 늙은이들의 正面敎師라고

할 수 있을 것이다.

C. 李箱/**倦怠** 3(1937)

‖어째서 여기 개들은 나를 보고 짖지를 않을까? 世上에도 稀貴한 謙遜한 겁쟁이 개들도 다 많다. 그럼 大體 무엇을 보아야 짖으랴?

그들은 짖을 일이 없다. 旅人은 이곳에 오지 않는다. 오지 않을 뿐만 아니라 國道沿邊에 있지 않는 이 村落을 그들은 지나갈 일도 없다. 가끔 이웃마을의 金 서방이 온다. 그러나 그는 여기 崔 서방과 똑같은 服裝과 皮膚色과 사투리를 가졌으니 개들이 짖어 무엇하랴? 이 貧村에는 盜賊이 없다. 人情 있는 盜賊이면 여기 너무나 貧寒한 시악시를 爲하여, 훔친 바 비녀나 반지를 가만히 놓고 가지 않으면 안 되리라. 盜賊에게는 이 마을은 盜賊의 盜心을 盜賊맞기 쉬운 危險한 地帶리라.

그러니 實로 개들이 무엇을 보고 짖으랴? 개들은 오랜 동안—아마 그 出生當時부터—짖는 버릇을 抛棄한 채 지내왔다. 몇 代를 두고 짖지 않는 이곳 犬族들은 드디어 짖는다는 本能을 喪失하고 만 것이리라.‖

—語文閣 ≪隨筆選集≫

D. 盧天命/**눈 오는 밤**(1939)

눈이 와서 실로 좋은 밤이다. 이렇게 소리 없이 눈이 자꾸 내리는 저녁엔 좋은 친구를 찾아가 좋은 이야기를 나누다가 눈길을 걸어 늦게 집으로 돌아오고 싶은 밤이 아닌가? 하나 눈이 내려 좋은 밤에 나는 좋은 이야기를 갖추지 못해 이 저녁이 거미 모양 구성지구나! 어둠 속에 핀 눈이 펴뜩펴뜩 유리창에 부딪고는 소리 없이 녹아내린다.

눈은 확실히 비보다 좋다. 눈보라가 치는 것을 보면 나는 그 함박눈을 맞으며 머언 길을 떠나고 싶은 충동을 느낀다. 내가 이 세상을 떠나는 날도 장미나 백합화로 장식해 주시는 대신 눈을 맞으며 가는 호사를

했으면 싶다.∥ —≪盧天命隨筆集≫

글C는 李箱의 중편수필인 〈倦怠〉 중 개를 이야기한 부분의 앞쪽을 옮긴 것이다. 짖을 상대가 없으니 참 할 일 없는 개들이다. 鄭泰榕은 일찍이 이 글을 두고

> 李箱의 글과 人間性은 逆說的인 데에 妙味가 있다.∥一旦 倦怠로 보면, 모든 것을 倦怠로 塗色하려는 奇想天外한 論理와 思考方式이 現代知識人의 시니컬하고 絶望的인 모습을 느끼게 한다. 이것이 ≪倦怠≫다. 여기에서는 草綠도 交通도 물도 개도 소도 아이들도 밤도 洞民도, 그리고 李箱 자신도 모두가 倦怠物 아닌 것이 없다.
>
> —語文閣 ≪隨筆選集≫ 解說

고 한 바 있다. 그러나 그럼에도 불구하고 盜心을 盜賊맞는 어느 盜賊의 휴머니즘을 그려보는 것은 또 얼마나 아름다운 상상인가?

글D는 제목이 말하는 바와 같이 눈 이야기다. 눈보라를 보면 그 눈 맞으며 먼 길을 떠나고 싶은 충동을 느낀다고 한다. 죽음의 心象이다. 꽃 장식 마다하고 눈 맞으며 가고 싶다고 한다. 퍽 抒情的이다. 尹五榮은 그를 일러

> 盧天命은 詩人으로서의 그와 隨筆家로서의 그의 水準이 거의 같다. 우리말을 제대로 쓸 줄 알고 鄕土色 짙은 抒情 수필을 쓴 사람이다.∥後日에 具眼者가 있어 우리 現代 수필文學史를 쓴다면 우리 現代詩史에 있어서의 金素月의 位置에 해당할 것이다.
>
> —≪韓國隨筆精選≫ p.165

라고 했는데, 朴花城도 ≪노천명수필집≫의 서문에 이르기를, 그를 懷情의 女人이라고 한 바 있다. 자, 그럼 다음으로－.

金晋燮,[276] 李敭河,[277] 金東錫[278]

金晋燮은 독문학자지만 우리는 그를 수필가로 기억한다. 李敭河는 영문학자에다 시도 썼지만 우리에게는 수필가로 남아 있다. 金東錫은 더욱 다채로워 영문학자, 시인, 거기다 문학평론가를 겸했다. 그러나 그는 스스로 수필가임을 자처하며 그의 수필집 ≪海邊의 詩≫에서

> 隨筆은 生活과 藝術의 샛길이다. 詩도 아니오 小說도 아닌 隨筆－, 이것이 小市民인 나에게 가장 알맞는 文學의 장르였다.
>
> －≪海邊의 詩≫를 내놓으며

라고 고백했다. 여기서 굳이 이런 말을 하는 것은 우리 수필문학 근대사에 비로소 전문 수필가가 등장했다는 사실을 지적하려는 뜻에서다. (앞에 말한 金瑢俊 같은 경우는 여기서 이야기해도 좋겠다.) 이들 셋은 그 선두에 속하는 사람들이다. 우선－.

---

276 金晋燮(1903~?) ; 隨筆家, 獨文學者. 號는 聽川. 저서로 隨筆集 ≪人生禮讚≫, ≪生活人의 哲學≫, 評論集 ≪敎養의 文學≫ 등.

277 李敭河(1904~1963) ; 隨筆家, 英文學者. 저서로 隨筆集 ≪李敭河隨筆集≫ 등.

278 金東錫(1913~?) ; 英文學者, 文學評論家, 隨筆家, 詩人. 저서로 詩集 ≪길≫, 隨筆集 ≪海邊의 詩≫, 評論集 ≪藝術과 生活≫ 등.

金晋燮/**白雪賦**(1939)

‖오, 겨울에 눈이 내리면 온 세상이 일제히 고요한 환호성을 소리 높이 지르는 듯한 느낌이 난다.‖눈 오는 날에 나는 일찍이 무기력하고 우울한 통행인을 거리에서 보지 못하였으니, 부드러운 雪片이 생활에 지친 우리의 굳은 얼굴을 어루만지고 간질일 때 우리는 어찌된 緣由인지 不知中 온화하게 된 마음과 인간다운 색채를 띤 눈을 가지고 이웃 사람들에게 경쾌한 目禮를 보내지 않을 수 없게 되는 것이다.

나는 겨울을 사랑한다. 겨울의 모진 바람 속에 太古의 음향을 찾아 듣기를 나는 좋아하는 자이기 때문이다. 그러나 무어라 해도 겨울이 겨울다운 抒情詩는 白雪, 이것이 정숙히 읊조리는 것이니, 겨울이 익어가면 최초의 降雪에 의해서 멀고 먼 동경의 나라는 비로소 도회에까지 고요히 고요히 들어오는 것인데,‖이때 집이란 집은 모두가 먼 꿈속에 포근히 안기고 사람들 역시 희귀한 자연의 아들이 되어 모든 것은 일시에 원시시대의 풍속을 탈환한 상태를 모한다.‖

천국의 아들이오, 경쾌한 족속이오, 바람의 희생자인 백설이여! 과연 뉘라서 너희의 무정부주의를 통제할 수 있으랴!‖ -≪生活人의 哲學≫

金晋燮의 이 〈白雪賦〉는 고등학교 국어교과서에 오래 실려 많이 읽힌 바 있다. 이 글은 그 구조의 산만함이 지적되기도 하고(李大揆), 흰 눈(지은이는 백설을 가리켜 겨울의 서정시라고 하지만)에 대한 관조적 서정시로는 읽히지 않는다고도 한다(朴壯遠). 김진섭의 문체에 대해서도 퍽 부정적인 견해(衒學的, 漢字語 투성이, 難澁한 表現, 外國語의 濫用 등)가 있다(李正林). 그럼에도 저자가 이 글을 여기 보이는 것은 그 언어(句)용법 때문이다. 가령

고요한 환호성, 경쾌한 目禮, 太古의 음향,
겨울이 겨울다운 抒情詩는 白雪, 먼 꿈속에 포근히
뉘라서 너희의 무정부주의를 통제할 수 있으랴!

같은 말들은 얼마나 우리의 심신을 상쾌하게 만들고 또 얼마나 아늑한 곳으로 이끄는가? 전체는 다소 산만하지만 부분 부분은 빛나는 데가 있다. 특히 白雪을 겨울의 抒情詩라고 한 것—.

李敭河/**新綠禮讚**(1937)

봄 여름 가을 겨울, 두루 四時를 두고 自然이 우리에게 내리는 惠澤에는 제한이 없다. 그러나 그 중에도 그 惠澤을 가장 豊盛히 아낌없이 내리는 時節은 봄과 여름이요, 그 중에도 그 惠澤이 가장 아름답게 나타나는 것은 봄, 봄 가운데에도 萬山에 綠葉이 우거진 이때일 것이다.

눈을 들어 하늘을 우러러보고 먼 山을 바라보라. 어린애의 웃음같이 깨끗하고 明朗한 五月의 하늘, 나날이 푸르러가는 이山 저山, 나날이 새로운 驚異를 가져오는 이 언덕 저 언덕, 그리고 하늘을 달리고 綠陰을 스쳐오는 맑고 향기로운 바람—, 우리가 비록 貧寒하여 가진 것이 없다 할지라도 우리는 이러한 때 모든 것을 가진 듯하고, 우리의 마음이 비록 가난하여 바라는 바, 기대하는 바가 없다 할지라도 하늘을 달리고 綠陰을 스쳐오는 바람은 다음 瞬間에라도 곧 모든 것을 가져올 듯하지 아니한가?‖

—≪李敭河隨筆集≫

이 글 역시 고등학교 국어교과서에 실려 많이 읽힌 바 있다. 이 글의 전문을 읽어 보면 新綠의 아름다움과 함께 그 신록을 통하여 主客一體 物心一如, 無念無想 無障無礙, 無限한 豊富와 愉悅과 平和에 이르는 참 행복한 지은이를 만날 수 있다. 저자는 일찍이 李敭河에게 있어서 自然이란 무엇인가 묻고, 그것은 親和의 품안, 하나됨의 對象, 崇仰하는 人格이라고 답한 바 있다.[279] 그런데 李正林은 이양하의 이런 아름다운 글들의 背面을

> 유약한 그로서 역사의 激流(日帝의 暴惡—저자)와 맞서는 방법이 있다면, 소극적이긴 하나 고독과 침묵 속에 칩거하는 일밖에는 없었을지 모른다. 그래서 그는 고독했기 때문에 아이들을 사랑했고, 고독했기 때문에 고독의 哲人 같은 나무를 사랑했으며, 고독했기 때문에 아름다운 것을 관조하고 아름다운 글을 쓰는 데 일생을 바친 페이터처럼 耽美主義者가 되고자 했을 것이다. —≪한국수필평론≫ p.199

와 같이 읽는다. 堅忍, 孤獨, 安分知足, 죽어서 나무가 되고 싶다던(〈나무〉) 이양하의 모습이 저자의 문답과 관계없이 짠하게 떠오른다.

金東錫/**버들치의 教訓**(1945 이전)

> ‖버들치들은 자꾸만 물을 거슬러 오르려 한다. 물은 쉴 새 없이 그들을 밀쳐나린다. 그래도 버들치들은 山 봉우리를 향하여 바둥거린다. 無智한 물고기의 파닥거림.
>
> 그때 불현듯 무엇인지 나의 머리 속에서 閃光처럼 빛났다. 버들치들의 行動이 실로 死地를 벗어나려는 바락인 것을 나는 깨달았다. 버들치들이 現狀에 滿足하고 몸을 담그고 있는 물이 늘 같은 그 물임에 安心하고서, 마치 내가 放學이라고 文明과 生活을 떠나 閑暇이 山水를 벗하듯이, 꼬리와 나래미를 쉬고 물과 더불어 흘러갈 것을 想像해 보

279 鄭震權 ≪韓國隨筆文學研究≫, 〈自然의 몇 가지 모습〉.

라ー. 버들치들은 於焉間 바다에다 그 屍體를 띠울 것이 아니냐.∥버들치들은 산마루에 오르려 애쓰는 것이 아니라 늘 새 물에 몸을 잠그려 함이다.∥

—≪海邊의 詩≫

자, 버들치는 왜 자꾸만 물을 거슬러 오르려는 걸까? 새로 흘러오는 물에 몸을 잠기려고 그러는 것이다. 現狀에 만족하고 꼬리와 나래미를 쉰 채 그냥 떠내려가면 어언 바다에 이르러 시체로 뜨니까. 이 글의 전문은 知識人의 知的安住를 경고하는 한편

나는 새삼스럽게 先生이라는 職業이 가져오는 精神의 貧困에 想到하고 悚然함을 禁치 못했다. 孔子 같은 분도 "學不厭而敎不倦也."라 하였거든, 버들치 같은 끊임없는 努力이 없이 어찌 남을 가르칠 수 있으랴. 먼저 自我도 살리기 어려우리라.

하는 말로 끝맺는다. 가르치는 사람으로서의 반성이다.

李義煥은 그의 논문에 이 〈버들치의 敎訓〉을 짧게(위에 예시한 바와 같이) 인용하고 다음과 같이 말한 바 있다. 참고하기 바란다.

버들치와 자신과의 대비를 통해 삶에 대한 새로운 통찰을 얻는 수필의 면모는 많은 수필에서 나타난다. 그리고 이러한 수필들은 자신의 소시민적 생활에 대한 반성과 긴장을 추구하는 것들이다.

생활에서 취재한 수필들, 예를 들면 〈夫婦圖〉, 〈撞球의 倫理〉, 〈碁戰圖〉, 〈쿠레용〉 등과 같은 것들로 인간관계와 생활에 대한 자신의 관점과 태도를 드러낸 것들이다. "隨筆의 理想은 平凡에 있다."는 〈夫婦圖〉의 일절처럼 그의 소시민적 일상생활에 대한 고백과 술회가 솔직하

게 드러나 있다. 따라서 문장과 문체도 이러한 솔직함과 생활의 여유를 즐기려는 가벼움으로 경쾌하다. —≪김동석(金東錫) 문학 연구≫ p.56

2) 이 시기 隨筆文學論의 樣相

이제 우리는 이 시기에 대두된 隨筆文學論의 樣相을 살펴볼 차례다. 金起林의 〈隨筆을 위하여〉, 金珖燮[280]의 〈隨筆文學小考〉, 林和[281]의 〈隨筆論〉, 그리고 金晋燮의 〈隨筆의 文學的 領域〉 등—.

金起林/〈隨筆을 위하여〉

이 글은 ≪新東亞≫ 1933년 9월호에 발표된 隨筆文學論(줄여서 隨筆論)이다. 金起林 이전에도 많은 사람이 수필을 썼지만 그들에게 어떤 수필론이 있었는지는 별로 알려진 게 없다. 김기림은 그의 수필집 ≪바다와 肉體≫의 머리말에 이 수필론의 일부를 옮겨 실었는데 그 중요한 몇 줄을 보이면 다음과 같다.

> 隨筆이 가지는 魅力은 무엇보다도 먼저 文章에 있다. ‖ T.S 에리엍은 에즈라 파운드에 대한 그의 論文 속에서 "나는 告白한다. 그가 말하는 內容에 대하야는 나는 거의 興味를 느끼지 않는다. 그러나 오직 그가 말하는 方法에 대하야 興味를 느낀다."고 말한 것은 좀 지나친 말이나 여하간에 어떻게 보며 어떻게 말하는가—, 그것은 스타일의 問題가 된다. 作者의 個性的인 스타일이 가장 明瞭하게 나타나는 것이 文學의 어

---

280 金珖燮(1905~1977) ; 詩人. 號는 怡山. 저서로 詩集 ≪憧憬≫, ≪성북동 비둘기≫. 이 밖에 여러 편의 評論과 隨筆이 전한다.

281 林和(1908~1953) ; 詩人, 文學評論家. 本名은 仁植. 저서로 詩集 ≪玄海灘≫, 評論集 ≪文學의 論理≫, 기타 ≪朝鮮民謠選≫ 등. 隨筆도 전한다.

느 分野보다 隨筆에서다.

한 篇의 隨筆은 朝飯前에 잠간 꺾적이면 되는 것처럼 생각하는 것과 같은 잘못은 없다. 香氣 높은 유―머와 寶石과 같이 빛나는 윗트와 大理石같이 찬 理性과 아름다운 論理와 文明과 人生에 대한 찌르는 듯한 諷刺와 아이로니와 파라독쓰와 그러한 것들이 짜내는 隨筆의 獨特한 맛은 우리 文學의 未知의 處女地가 아닐까 한다.

우선 앞 문단. 작자의 個性的인 스타일이 가장 명료하게 나타나는 것이 문학의 어느 분야보다 수필이라고 한 것은, 아마도 작가의 文體(style)가 그렇다는 것이 아니고 그의 실제적인 모습(性格, 職業, 敎養, 趣味 같은―)이 가장 명료하게 드러난다는 뜻을 그렇게 말한 것이 아닌가 한다. 이것을 수필이 다른 장르보다 더 개성적이라는 말로 오해해서는 안 된다. 실제로 우리는 皮千得의 수필이 그 스타일 면에 있어서 朴木月의 詩나 黃順元의 小說보다 더 개성적이라는 근거를 가지고 있지 못하다. 個性은 작가의 문제이지 장르의 문제는 아닌 것이다.

뒤 문단에 열거된 내용들, 가령 유머, 위트, 풍자, 아이러니 등등, 이런 것들이 곧 수필만의 특성은 아니지만, 그러나 이런 것들로 엮어진 수필이라면 참으로 빛나는 글, 우리가 바라는 바의 바로 그런 글일 것이다. 그러나 유감스럽게도 그의 ≪文學槪論≫은 隨筆이라는 장르를 다루지 않았다. 자, 다음은―.

金珖燮/〈隨筆文學小考〉

이 글은 ≪文學≫ 창간호(1934. 1)에 발표된 소논문이다. 이 논문은 오랜 동안 고등학교 국어교과서에 게재되어 널리 보급된 바 있다. 주지

하는 대로 이 글은 다음과 같이 시작된다.

> 隨筆은 글자 그대로 붓 가는 대로 써지는 글일 것이다. 그러므로 다른 文學보다 더 個性的이며 心境的이며 經驗的이다. 우리는 오늘까지의 위대한 隨筆文學 그 어느 것이나 비록 客觀的인 事實을 取扱한 것이라 하더라도 心境에 부딪치지 않은 것을 보지 못했다. 강력하게 짜내는 心境的이라기보다 자연히 流露되는 心境的인 점에 그 特徵이 있다. 이 점에서 隨筆은 詩에 가깝다. 그러나 詩 그것은 아니다.

이 글 첫 문장의, 隨筆은 붓 가는 대로 써지는 글, 이 한 마디는 근래에 많은 비판을 받았다. 그런 글은 없으니까. 그런데 이를 天衣無縫의 솜씨를 찬탄한 말,[282] 또는 그저 저절로 그렇게 된 양 자연스러운 느낌을 주어야 한다는 말[283]로 이해하기도 한다. 당연히 그래야 할 것이다. 個性的이라는 말은 金起林의 글에서도 말한 것처럼 수필의 특성이 그렇다는 것이 아니고 작가의 실제적 사실이 다른 장르에 비해 더 잘 드러난다는 뜻으로 이해해야 할 것이다. 心境的이며 經驗的이라는 말은 적절한 지적으로 보인다.

김광섭은 이 글에서, 수필문학은 小說이나 戲曲에서와 같은 완성된 폼이 없으며, 그러므로 無形式을 그 형식적 특질로 한다, 그것은 수필문학의 運命이며 性格이다, 이렇게 말했다. 그러나 形式 없이 어떻게 內容이 표현(또는 전달)될 수 있겠는가? 저자는 이 無形式을 형식이 자유롭다(形式의 多樣性)는 뜻으로 이해한다.

---

282 尹五榮 ≪隨筆文學入門≫ p.170

283 尹在天編 ≪隨筆作法≫ 金宇鍾篇

김광섭은 또 수필문학의 內容(素材)에 관해서도 언급했는데, 그는 아름다운 抒情을 전제하면서 '어색한 幄手', '夜市의 風景' 같은 것들을 예로 들었다. 이것이 곧 그가 말하는 '些少하나마 魅力 있는 제목(흔히 말하는 수필감 - 저자)'일 것이다. 자못 수긍이 가는 언급이다. 그리고 그는 이어서 '知識의 整頓을 要할 바는 아니나 어딘가 琢磨된 洗練과 刻苦의 努力'이 있어야 한다는 점을 강조했다. 부끄럽지만 받아들여야 할 말로 들린다.

그는 또 수필을 일러, 내용이나 형식에 있어서 完成을 기다리지 않으면서 완성되는 점에 문학적 특수한 位相이 있다고도 했는데, 이것은, 논리적으로는 수용하기 어려우면서도(完成을 기다리지 않는 글도 있는가 하는 점에서) 심정적으로는 수긍이 가는 한 면이 있다.

김광섭의 이 유명한 소논문은 가령 '隨筆은 붓 가는대로 써지는 글' 또는 '無形式의 글' 같은 말들로 해서 많은 비판을 받았지만, 그러나 心境的, 經驗的, 抒情, 이런 말들로 수필문학의 어떤 면을 이야기한 것은 퍽 수긍이 간다.

林和/〈隨筆論〉

이 글은 1940년에 간행된 지은이의 ≪文學의 論理≫에 실려 있다(이 글 자체는 1938년에 발표). 그 동안 이 책은 禁書였으므로 이 글 역시 별로 읽힌 것 같지 않다. 그는 우선 수필을 일러

> 도대체 隨筆이라는 것을 어떤 것을 가르처 이름이냐 하면, 우리는 곧 이것이다 하고 卽席에서 집어보일 만한 그런 무엇을 가지고 있지 못함이 또한 隨筆의 隨筆다운 곳이 아닌가 한다. 항용 日記體의 文章이나

或은 書翰體의 글이나 또는 紀行, 하다못해 無題目의 그야말로 쪼오팅한 斷片까지도 모두 隨筆類라 부를 수 있지 않은가 한다.

그런데 이런 文章 가운데 통틀어서 볼 수 있는 共通된 特徵은, 쓴 사람이 어떤 特定한 '장르'로서의 '스타일'의 規範을 받지 않고, 或은 完成을 目的하지 않고 比較的 自由로이 제 생각이나 事物을 記述하는 것이다.

그러면서도 論文이나 一般著述과는 달나 어듸인지 文學的인 性格을 가추고 있는 게 우리에겐 所謂 隨筆이라고 느껴진다. 따라서 '장르'로서의 文學과 論文이나 著述의 中間에 隨筆이란 것의 位置가 있다 볼 수 있다.

라고 했다. 이 인용문의 첫째 문단은, 물론 당시의 현실일는지는 모르지만 현재의 안목으로는 수긍하기 어렵다. 혹 형식의 다양성을 말하는 걸까? 둘째 문단의 '完成을 目的하지 않고'라는 말은 金珖燮의 '完成을 기다리지 않으면서'와 같다. 그럼 쓴 사람이 어떤 장르로서의 스타일의 규범을 받지 않는다는 말은 무슨 뜻일까? 수필은 장르로서의(수필가들이 따라야 할 규범으로서의) 스타일이 없다는 것이다. 그가 이렇게 말한 것은 아마도, 수필의 형식이 너무 다양한 나머지 한 틀 안에 가둘 수 없기 때문에 그랬을 것이다. 셋째 문단의, 수필은 장르로서의 문학과 논문이나 저술의 중간적인 존재라고 한 것은 무슨 또 뜻일까? 문학적 에세이와 비문학적 에세이를 아우른다는 뜻인가, 아니면 문학도 논문도 아니라는 뜻인가? 적잖이 모호하다. 林和는 이와 함께 좀더 구체적으로

隨筆은 한 가지 文學이라 할지라도 이러한 旣存未存 如何를 勿論하고 어떤 장르에도 編入될 수 없고, 장르로서의 文學으로 確立될 수는 없다. 이 點이 隨筆이 여지껏 文學의 여러 장르와 더부러 文學的 著述의 一種으로 存續해 내려왔음에 不拘하고, 한 번도 한 時代의 文學의

> 確固한 主流를 이루지 못한 理由다. 또한 이 點이 여지껏 여러 사람이 隨筆을 完全한 意味의 文學이라고 評價하기를 끄린 點이다.

라고 했는데, 우선 수필은 왜 수필 아닌 다른 장르에 편입될 수 없는가? 수필이 이미 시나 소설과 구별되는 제 모습을 갖추고 있기(문학의 한 장르로 확립되어 있기) 때문이다. 따라서 장르로서의 문학으로 확립될 수 없다는 말은 그 자체로서 모순인 것이다. 이 모순도 위에 말한바 수필의 형식이 너무 다양하여 한 묶음으로 묶을 수 없기 때문에 생긴 것일 게다. 그리고 수필이 한 시대 문학의 확고한 주류를 이루지 못했다는 것도 그렇다. 설령 그렇다 하더라도 무시할 만큼 미미한 것은 아니었다. 우리가 앞에서 읽은 高麗와 朝鮮의 수필들을 다시 상기해 보기 바란다. 아니, ≪東文選≫ 하나만 검토해 보아도 자명한 일이다.

林和는 또 이 글에서, 장르와 構造에 있어서만 文學이 非文學과 구별되는 것은 아니다, 그것은 문학의 형식적인 면에 불과하다, 요점은 內容 즉 思想에 있다, 이렇게 말했는데, 이 말은, 수필은 장르로 확립될 수도 없고 자체의 구조도 없지만 그 내용으로 보아 문학의 반열에 세울 수 있다는 말처럼 좀 허전하게 들린다. 그는 또 이 글에서

> 隨筆은 體系나 法式을 조차 무엇을 敎說하는 것이 아니라 思想이나 生活의 眞率한 個性的인 記錄임을 要하는 것이다. 이 個性的인 點, 一身上의 角度에서 모든 것이 이야기되는 親密性, 肉迫味는 隨筆이 文學인 때문에 생기는 별다른 맛이다.

라고 말했는데, 體系나 法式을 좇지 않는다는 것은 形式이 다양하다는 뜻으로, 個性的이란 다른 사람과 구별되는 그만의 안목이란 뜻으로(이

것은 비단 수필가에게만 한하는 것은 아니지만) 해석한다면 이는 음미해봄직한 언급이다. 一身上의 角度란 1인칭시점을 말하는 듯한데 여기서는 논외로 한다.

金晋燮/〈**隨筆**의 **文學的 領域**〉

이 글은 1939년 3월 ≪東亞日報≫에 발표된 소논문이다(이 신문의 편집자가 수필의 문학 여부를 묻고 이 글은 거기 답한 것인 듯). 이 글 역시 고등학교 국어교과서에 실려 비교적 많이 알려진 글이다. 다음은 이 글의 처음 부분―.

> ‖隨筆이라는 것이 元來 極히 漠然하고 廣汎한 文學形式인 만큼 이것을 簡單히 說明하고 規定하기는 勿論 困難하다. 왜냐하면 그것은 例하면 詩, 小說, 戲曲 等屬의 文學이 一見 明瞭한 形式을 가지고 있는데 對해서 隨筆은 文學으로서의 一定한 形式을 갖지 못하고, 隨筆은 그것이 차라리 作品으로서의 形式을 갖지 않는 데 그 特質이 있기 때문이다.
> 그것은 境遇에 依해서는 制約도 없으며 秩序도 없으며 系統도 없이 自由롭고 散漫하게 쓰인 모든 文章까지도 包含할 수 있는 까닭으로 隨筆은 흔히 非文學的인 印象을 사람에게 주는 것이지만, 事實 文學은 自己의 狹隘한 領域 안에 隨筆이라 하는 이 自由奔放하고 輕妙脫洒하고 變化無雙한 樣姿를 包容하기 어려운 感이 없지 않다.

이 인용문의 앞 문단은, 수필은 광범한 문학형식이다, 문학으로서의 일정한 형식을 가지지 못했다, 그것이 그 특질이다, 라고 한다. 이 역시 수필문학의 형식적 다양성(형식의 자유로움)을 말함일 것이다. 둘째 문단의 자유분방, 경묘탈쇄, 변화무쌍, 이런 말들은 수필문학의 어떤 일면

을 잘 말해 준다. 그러나 이 문단은 결국 수필은 비문학적이라는 인식을 넘지 못한 듯하다. 그리고 그는

> 確實히 文學은 隨筆에 依하여 자己의 領域을 넓히고 있고 또 自己를 豊富하게 하여 가고 있는 것이 事實이다. 그러므로 萬一에 여기 우리가 어떤 種類의 潔癖性(詩, 小說, 戱曲만이 문학이라는 식의—저자)에 依하여 이 隨筆을 文學的으로 無形式한 浮浪民이라 하여 文學의 領域에서 驅逐하여 버린다면 文學의 貧困은 一朝에 痛感되며 文學의 自己破綻은 免할 수 없는 運命으로서 나타날 것이다. ‖
>
> 隨筆의 魅力은 自己를 말한다는 데 있는 것이 아닐까 하고 나는 생각한다. 隨筆은 小說과는 달라서 그 속에 筆者의 心境이 躍如히 나타나는 것을 特徵으로 하고, 그래서 그 筆者의 心境이 讀者에게 人間的 親和를 傳達하는 부드러운 勢力은 無視하기 어려우리만큼 强靭한 것이 있으니, 文學이 萬一에 이와 같은 사랑할 條件을 잃고 그 嚴格한 形式 속에서만 살어야 된다면, 우리는 小說은 永遠히 가질 수 있을지 모르지만 作家의 마음은 찾어낼 길이 없을 것이다.

라 했는데, 이 부분의 앞 문단은 애교 있는 한 협박, 그러나 一理를 얻은 느낌이고, 뒤 문단은 金珖燮의 心境的이라는 말이 떠올라 공감이 간다. 人間的 親和라는 말도 좋고—.

우리가 본 이 네 隨筆論은 모두 1930년대에 발표된 것이다. 金晋燮의 〈隨筆의 文學的 領域〉은 "現代에 이르러 隨筆의 氾濫은 우리에게 무엇을 말하는가? 小說의 隨筆化는 評家들이 指摘하는 바와 같이 儼然한 文學的 事實로서 云云" 하는 말로 이 시기의 사정을 전한다. 수필의 범람, 그러므로 이를 정리하기 위하여 수필에 대한 이론적 접근은 불가결

했을 것이다.

우리는 이들 수필론에서 최소한 다음과 같은 두 가지 공통적인 견해를 찾아볼 수 있지 않을까 한다. 그 하나는, 수필은 形式(글 쓰는 사람이 따라야 할 규범으로 생각해도 무방)이 없다는 것이고, 다른 하나는 個性的이라는 것이다. 저자는 이미, 형식이 없다는 것은 형식이 자유롭다(다양하다)는 뜻으로, 개성적이라는 것은 장르가 아니라 작가의 성격이라는 뜻으로 이해한 바 있다. 이제 이 글을 마치려 하니 위에서 잠깐 말한 바 抒情이니 心境的이니 經驗的이니 하는 말들이 눈앞에 어린다.

3. 解放前後

解放前後는 1940년대부터 1950년대까지를 가리키기로 한다. 1950년대라면 바로 우리나라의 産業化 전야다. 解放과 左右對立, 建國과 混亂, 戰亂과 復舊로 이어지는 참으로 숨 가쁜 10여년이었다. 앞에서 잠깐 말한 바와 같이 그때 우리에게 自由民主主義에 대한 자각(신념)이 없었다면 오늘 우리가 누리는 이 表現의 自由는 상상도 할 수 없을 것이다.

이제 우리는 近代의 마지막 단계로 解放前後의 수필문학을 살펴볼 차례다. 여기서도 앞 시기와 같이 創作 쪽과 隨筆論 쪽을 나누어 말해 보기로 한다. 그 먼저 하나 지적해 둘 것은 이 시기에 많은 隨筆集이 간행되었다는 사실이다.[284] 그것은 우리 隨筆文學史의 경하할 일이 아

284 이 時期에 간행된 隨筆集들 중 이 책에서 다루었거나 앞으로 다룰 作家들의 것을 보이면 다음과 같다. 이 자료는 李正林 ≪한국수필평론≫ p.165에 근거한 것.

＊1945년 직전

李泰俊 ≪無序錄≫ 1941　　李殷相 ≪鷺山文選≫ 1942

닐 수 없다. 그럼 우선―.

1) 이 시기 隨筆文學의 展開

우리는 日帝時代를 건너올 때 그 先頭, 小說家, 詩人, 그리고 隨筆家의 순서를 따른 일이 있다. 여기서도 그때와 특별히 달라야 할 이유가 없기 때문에 그대로 따를까 한다. 다만 先頭는 그럴 만한 구릅이 눈에 띄질 않아 그냥 넘어가야 할 것 같다. 그럼 우선―.

桂鎔默[285]과 金基鎭,[286] 鄭飛石[287]과 金東里[288]

이들 넷은 모두 소설가다. 넷 다 시도 썼지만 결국 소설로 돌아갔

朴鍾和 ≪青苔集≫ 1942

* 1945년 직후(한 작가에 한 책씩만 예시, 이하도 같음)

金東錫 ≪海邊의 詩≫ 1946　　金晋燮 ≪人生禮讚≫ 1947
李敭河 ≪李敭河隨筆選≫ 1947　　李光洙 ≪돌벼개≫ 1948
金瑢俊 ≪近園隨筆≫ 1948　　盧天命 ≪山딸기≫ 1948
金起林 ≪바다와 肉體≫ 1948　　薛義植 ≪花洞時代≫ 1949
鄭芝溶 ≪散文≫ 1949　　趙演鉉 ≪文學的散步≫ 1949

* 1950년대(앞에 나온 작가의 것은 생략)

金素雲 ≪馬耳東風帖≫ 1952　　卞榮魯 ≪樹州隨想錄≫ 1954
桂鎔默 ≪象牙塔≫ 1955　　李熙昇 ≪벙어리 냉가슴≫ 1956
金八峰 ≪金八峰隨筆集≫ 1958　　朴斗鎭 ≪詩人의 故鄕≫ 1958
朴木月 ≪土曜日의 밤하늘≫ 1958　　趙芝薰 ≪窓에 기대어≫ 1958

285 桂鎔默(1904~1961) ; 小說家. 저서로 短篇集 ≪白痴 아다다≫, 隨筆集 ≪象牙塔≫.

286 金基鎭(1903~1985) ; 小說家, 詩人, 號는 八峰. 저서로 長篇小說 ≪統一天下≫등, 隨筆集으로 ≪心頭雜草≫, ≪金八峰隨筆集≫.

287 鄭飛石(1911~1991) ; 小說家. 本名은 瑞竹. 저서로 短篇集 ≪城隍堂≫, 長篇小說 ≪自由夫人≫ 등, 隨筆集 ≪飛石과 金剛山의 對話≫, ≪山情無限≫ 등.

288 金東里(1913~1995) ; 小說家, 詩人, 評論家. 本名은 始鍾. 저서로 短篇集 ≪巫女圖≫, 長篇小說 ≪歸還壯丁≫, 隨筆集 ≪自然과 人生≫, 論著 ≪文學槪論≫ 등.

다. 그러니까 소설이 전업이다. 그럼에도 많은 수필을 썼고 또 수필집도 남겼다. 이들은 日帝時代에도 활약했다. 다만 그 활약의 무게중심이 解放前後期에 있지 않나 싶어서 여기서 말하는 것이다. 그럼—.

A. 桂鎔默/**手帖抄—벗**(1942)

아무리 사람의 眞情한 벗이 되려고 해도 眞心으로 마음을 주는 벗이 내게 없다. 그들의 忠告 가운데는 벗으로서의 忠告 그것보다 제 自身을 위한 巧言이 많음을 늘 지내본다. 내가 萬一 그들에게 우러러보이는 높은 地位에 있는 存在라면 그들은 얼마나 나를 向하야 自己를 속이며 입술에 기름을 바를 것인고? 차라리 내가 그러한 높은 地位 못 가진 한 개 平凡한 人間으로 살아가게 된 것이 그들의 人格을 위하여선 얼마나 多幸한 일인지 모르겠다. 사람의 阿諂을 받을 때처럼 不快한 것은 없다. 말없이 주는 情, 그리고 말로 받기를 願치 않는 情, 그러한 情을 늘 받아 보고 싶고 또 주고 싶다.

이러한 사람이 내 시골에 있는 것을 보았다. 두 사람이 다 農事를 짓는 三十代의 꼭 같은 年輩로 한 洞里에 살았다. 休暇일 때마다 그들은 서로 찾는다. 앉아서는 빙그레 웃는다. 웃는 것이 人事다. 그런 다음엔 繼續되는 것이 無言 속에 그저 일이다. 이따금 빙그레 서로 웃음을 바꾼다. 이 無言의 웃음의 交換 속엔 참뜻이 通하는, 그리하야 스미어 드는 情이 限껏 滿足한 反證이다.॥ —≪象牙塔≫

B. 金基鎭/**사랑과 미움**(1951)

॥나는 지금 避難民의 한 사람으로 嶺南一隅에 와서 죽지 않고 있건만 世相과 人事는 變遷하여 形容키 어렵게 되었다. 世紀末의 詩人이 아닐지라도 사랑과 미움을 떠나서 心痛을 禁키 어려울 지경이다.

대체로 나는 愛憎을 分明히 發表할 줄 모르는 사람이다. 그러면서도

愛憎을 가지고 있다. 近年에 이르러서 나는 이 愛憎을 느끼지 아니하는 方法을 생각하는 때가 많다. 나를 아는 사람은 내 몸에서 이런 내음새가 날 때 나를 꾸짖고 辱하는 것을 나는 當했다.

"너는 가짜다. 부처님인 체, 聖賢인 체하는 가짜다."

아니나 다를까, 5, 6年 동안 이런 꾸지람을 나와 가장 가까운 사람한테서 듣던 끝에, 相對者는 다르지만 나는 群衆 앞에서 맞아죽었던 것이다. 死後 5日 만에 蘇生한 뒤로 지금까지 10個月間 나는 愛憎을 超越하고 싶은 意味에서 變함이 없건만 되지 아니한다. 이 矛盾 가운데서 나는 지금 生命을 계속하고 있다. ‖ —語文閣 ≪隨筆選集≫

글A는 수필로 쓴 友情論이다. 참 우정이란 어떤 것인가? 이 글은, 그것은 無言 속에 오가는 情이라고 한다. 그리고 두 농부의 예를 든다. 둘은 서로 빙그레 웃을 뿐 말이 없다. 이 글의 전문을 읽어 보면 그 중 한 친구가 다쳐 눕는다. 다른 사람들은 다 인사로 한 번씩 문병을 하지만, 그의 말없는 친구는 틈나는 대로 무시로 찾아와 아픔을 같이한다. 정말로 無言 속에 오가는 情이다. 巧言과 阿諂에 질린 사람들, 이런 情이 그리운 것은 비단 지은이만은 아닐 것이다.

글B는 수필로 쓴 愛憎論이다. 어찌하면 愛憎에서 놓일 수 있을까? 지은이는 전쟁이 일어나던 1950년 7월 2일 저들에게 잡혀 打殺된다. 그때 그는 아무도 미워하지 말자, 아무도 원망하지 말자(〈戰塵雜草〉 – 저자), 이렇게 마음을 다진다. 지금도 그때 그 마음, 애증을 초월하고 싶은 그 마음에 변함이 없다. 그러나 그렇게 되지 않는다는 것이 지은이의 솔직한 고백이다. 그럴 것이다. 그도 사람이니까. 부처님이나 성현이 아니고서야 어떻게 사랑과 미움에서 놓이겠는가?

C. 鄭飛石/**山情無限**(1945 이전)

∥두고 떠나기 아쉬운 마음에 몇 번이고 뒤를 돌아다보며 溪谷을 돌아나가니, 앞으로 閻魔(염마)처럼 막아서는 雄姿가 釋迦峰, 뒤로 猛虎같이 덮누르는 神容이 天眞峰! 전후좌우를 살펴봐야 狹窄(협착)한 골짜구니는 그저 그뿐인 듯, 進退維谷의 切迫感을 느끼며 그대로 걸어 나가니 간신히 트이는 또 하나의 峽谷!∥

길이 저물어 지친 다리를 끌며 찾아든 곳이 哀話 맺혀 있는 龍馬石, 麻衣太子의 무덤이 黃昏에 孤獨하다.∥太子의 몸으로 麻衣를 걸치고 스스로 險山에 들어온 것은 千年社稷을 망쳐버린 悲痛을 한 몸에 짊어지려는 苦行이었으리라. 울며 소맷귀 부여잡는 樂浪公主의 纖纖玉手를 뿌리치고 돌아서 入山할 때 大丈夫의 胸裏(흉리)가 어떠했을까?∥千年社稷이 南柯一夢이었고, 太子 가신 지 다시 千年이 지났으니, 悠久한 永劫으로 보면 千年도 須臾(수유)던가? 고작 七十生涯에 喜怒哀樂을 싣고 角逐하다가 한 움큼 腐土로 돌아가는 것이 人生이라고 생각하니 의지 없는 나그네의 마음은 暗然히 愁愁롭다. —語文閣 ≪隨筆選集≫

D. 金東里/**樹木頌**(1954)

∥樹木은 山野나 僻地에만 흔한 것이 아니라 都會와 邑市의 거리거리, 公廳과 旅舍와 民家의 뜨락마다 繁盛하지 않는 데가 없다.

이렇게 現代 같은 文明의 暴威에도 배척받지 않고 都市街와 廳舍, 閭家에 繁盛茂生하여 사람과 더불어 共存交驩함은 樹木이 우리에게 精神的인 慰安과 그윽한 즐거움과 기쁨과 希望과 利益을 줄지언정 우리의 짐이 되고 걱정이 되는 일은 없기 때문일 것이다.

생각해 보라. 樹木이 없는 世上에 아름다움이 있겠는가, 樹木이 없는 세상에 기쁨과 慰安과 希望이 있겠는가, 樹木이 없는 世上에 오히려 幸福을 생각할 수 있겠는가?

우리가 樹木에서 받는 이 形言할 수 없는 그윽한 기쁨과 즐거움과 慰安과 그리고 마음의 安靜은 어디서 緣由하여 오는 것일까? 그것은 흡사 基督敎를 信奉하는 이들이 神에게서 받는 그것과도 같다. 樹木은, 아니 自然은 東洋人에게 있어 性格이 다른 神의 이름일지도 모른다.

–語文閣 ≪隨筆選集≫

글C는 금강산 기행문이다. 이 글은 고등학교 국어교과서에 실려 널리 읽힌 바 있다. 이 글을 읽노라면 읽는 나 자신이 현재 금강산을 여행하는 것만 같다. 山景, 路程, 旅舍 등등 그 묘사가 여실해서 그럴 것이다. 이 글에는 感傷的인 분위기도 흐른다. 위 인용문 중 둘째, 셋째 문단은 그 대표적인 예일 것이다. 崔南善이 금강산의 美를, 李光洙가 德을 말했다면(p.171) 이 글은 情을 말했다고나 할까?

글D는 樹木의 德을 예찬한 글이다. 이 글도 중학교 국어교과서에 실려 널리 읽힌 바 있다. 각설하고. 지은이가 예찬한 바 그 수목의 덕을 한 줄로 줄이면 이 글의 서두에서 말한 대로 "깨어 있으되 騷亂하지 않고 삶을 누리되 苟且하지 않음이 사람에서는 至人達士의 風貌라고나 할까?"가 될 것이다. 그러나 이 글의 핵심은, 東洋人에게 있어서의 自然은 基督敎人에게 있어서의 神과 같다는 것일 게다.

卞榮魯[289]와 柳致環[290]

이들 둘은 다 시인이다. 그러면서 또 많은 수필을 쓰고 수필집도 남

---

289 卞榮魯(1897~1961) ; 詩人. 號는 樹州. 저서로 詩集 ≪朝鮮의 마음≫, 詩文集 ≪樹州詩文選≫, 隨筆集 ≪酩酊四十年≫ 등.

290 柳致環(1908~1967) ; 詩人. 號는 靑馬. 저서로 詩集 ≪靑馬詩抄≫, ≪生命의 書≫ 등, 隨筆集 ≪예루살렘의 닭≫, ≪東方의 느티≫ 등.

졌다. 이들 역시 日帝時代에도 활약했다. 특히 卞榮魯는 그의 詩集 〈朝鮮의 마음〉을 1924년에 냈다. 그러나 수필의 경우, 그 활약의 무게중심은 역시 解放前後期에 있지 않을까 한다.

A. 卞榮魯/**酩酊四十年抄**(1953)

●●● 앞 이야기 ; 空超(吳相淳), 省齋(李寬求), 橫步(廉尙燮), 이 세 酒神의 후예들이 나(卞榮魯)를 찾아왔다. 헌데 넷 다 돈이 없었다. 해서 東亞日報에 심부름꾼을 보내 글 써 주기로 하고 50圓을 얻어 왔다. 巨額이다. 우리는 그 돈으로 술과 고기를 사고 교외로 나가 快飮, 豪飮에 客談, 弄談, 古談, 痴談, 文學談을 늘어놓는데 ―.

그때까지는 쪽빛같이 푸르고 맑던 하늘에 난데없는 구름 한 장이 떠돌더니, 그 구름이 삽시간에 커지고 퍼지어 온 하늘을 덮으며 비가 쏟아지기를 시작하였다. ‖ 山中驟雨의 그 壯景은 筆舌難記이었다. 우리 四人은 不期而同으로 萬歲를 快唱하였다.

그 끝에 空超善知識, 참으로 空超式 發言을 하였다. 참으로 奇想天外의 發言이었던 바, 다름이 아니고 우리는 모조리 옷을 찢어버리자는 것이었다. 옷이란 워낙이 大自然과 人間 두 사이의 離間物인 이상, 몸에 걸칠 必要가 없다는 것이다. 따는 그럴 듯도 한 말이었다. 空超는 주저주저하는 나머지 三人에게 示範次로인지 먼저 옷을 찢어버리었다. 남은 사람들도 天質이 그다지 卑怯하지는 아니하여 이에 곧 呼應하였다. 大醉한 四裸漢들, 狂歌亂舞를 하였다. ‖

우리는 어느덧 언덕 아래 소나무 그루에 소 몇 匹이 매어 있음을 발견하였다. 이번에는 누구의 發言이거나 提議이었던지 이제 와서 記憶이 未詳하나, 우리는 소를 잡아타자는 데 一致하였다. ‖ 우리는 몸에 一絲不着한 상태로 그 소들을 잡아타고 悠悠히 비탈길을 내리고, 똘물(소낙비로 해서 갑자기 생기었던)을 건너고, 孔子 모신 成均館을 지나서 거

리까지 진출하였다가 큰 逢變 끝에 壯圖(市中까지 가려던)는 水泡로 돌아가고 말았다. —語文閣 ≪隨筆選集≫

B. 柳致環/**고향에 가서**(1948)

‖인간에게 있어 목숨이 길다는 것이 반드시 복이 아님을 역시 이번에 고향엘 가보고 더욱 절실히 느꼈다. 장수를 누리려면 거기 따른 여러 가지 조건마저 구비하여야만 된다. 그렇지 못하고 모진 목숨만 길다는 것은 얼마나 부끄러운 욕이요, 차라리 형벌임을 역력히 본 것이다. 마음 아픈 일이 어찌 이러한 것뿐이랴.

내게 이모님이 한 분 남아 계신다. 고향서도 바다 건너 있는 어머님 산소엘 갔다 돌아오는 길에 찾아뵙고 물러나오려니, 대문 밖까지 나오셔서 나를 보내시는 말씀과는 딴판으로 눈에는 눈물이 글썽한 것이었다. 그렇지 않아도 적적한 솔바람 속에 홀로 누워 계시는 어머님 무덤을 대해 뵙고서, 덧없는 인생의 여러 생각에 잠겨 오던 터라 나도 그만 눈시울이 뜨거워짐을 어찌할 수 없이 얼른 돌아서서 길을 나서고 말았다. 사실 그 순간 이모님도 나도 어쩌면 이모님 생전에 만나 뵙기는 이것이 마지막이라는 것을 외롭게 느꼈던 것이다.‖ —≪쫓겨난 아담≫

글A는 지은이의 ≪酩酊四十年≫에 〈白晝에 소를 타고〉라는 제목으로 실려 있다. 이 책이 나온 것은 1953년이지만, 白晝에 大醉, 全裸로 소를 타는 이 사건 자체는 일제말년의 일이 아닐까 한다. 이런 생각을 하노라면 당시 朝鮮 知識人의 참담한 또 한 모습을 보는 것 같아 언짢아진다. 그러나 그런 생각으로 이 글을 우울하게 읽을 것은 없다. 金烈圭의 다음 한 마디를 상기하고 넘어가자.

‖ 酩酊記(≪酩酊四十年≫을 가리킴—저자)가 기분 좋은 것은 참회의 그림자도 교훈의 짐도 없기 때문이다. ‖ 樹州는 술 마시듯이 그의 失態를 얘기하고 글을 썼던 것이다. ‖ 따라서 ≪酩酊四十年≫은 수필이니 에세이니 하고 격식을 차려 따분하게 부르면서 올가미를 씌울 게 못 된다. 그저 술에 취한 樹州 자신의 肉體語錄이고 酒興의 연장이라고 생각하면 그만이다. ‖

—≪酩酊四十年≫, 金烈圭/卞榮魯論

다음은 글 B, 이 글의 전문은 고향 다녀온 이야기다. 가보니까 많이 달라졌더라, 어느새 낯선 얼굴들뿐이더라, 혹 알 만한 사람을 만나보면 다들 늙었더라, 흔히 듣는 이야기다. 그러나 이 글의 중심내용은 늙음(죽음도 포함하여)에 대한 지은이의 상념이다. 위 인용부분을 다시 보기 바란다. 목숨이 길다는 것이 반드시 복은 아니라는 말, 장수를 누리려면 거기 따르는 여러 가지 조건을 구비해야 한다는 말이 절실하게, 그러나 비통하게 들린다. 남의 도움으로 겨우 연명이나 하는 저 독거노인네—. 자, 다음은.

朴斗鎭,[291] 朴木月,[292] 趙芝薰[293]

사람들은 이들을 青鹿派 시인이라 부른다. 이 호칭은 이들의 3인 시

291 朴斗鎭(1916~1958) ; 詩人. 號는 兮山. 저서로 詩集 ≪해≫, ≪朴斗鎭詩選≫등, 隨筆集으로 ≪詩人의 故鄕≫, ≪언덕에 이는 바람≫ 등, 論著 ≪韓國現代詩論≫.

292 朴木月(1916~1978) ; 詩人. 本名은 泳鍾. 저서로 詩集 ≪山桃花≫, ≪慶尙道의 가랑잎≫ 등, 童詩集 ≪초록별≫, 隨筆集 ≪구름의 抒情≫, ≪토요일의 밤하늘≫ 등, 論著 ≪文章講話≫.

293 趙芝薰(1920~1968) ; 詩人, 國文學者. 本名은 東卓. 저서로 詩集 ≪풀잎 斷章≫, ≪趙芝薰詩選≫ 등, 隨筆集 ≪窓에 기대어≫, ≪돌의 美學≫, 論著 ≪韓國文化史序說≫, ≪韓國民族運動史≫.

집 ≪靑鹿集≫에서 유래한 것이라고 한다. 이들은 셋 다 1940년 鄭芝溶의 추천으로 ≪文章≫을 통해서 등단했다. 그러나 그 후 해방까지 이들의 활약은 별로 눈에 띄질 않는다. 母國語가 말살되는 참혹한 현실, 그만 붓을 꺾었던 걸까?

A. 朴斗鎭/**詩人과 農夫**(1958 이전)

詩人과 農夫를 兼할 수는 없을까?

그렇게 빼어나게 山水가 고운 곳이 아니라도 좋다. 樹木이나 무성하여 봄 가을, 여름 겨울로 季節의 바뀜이 선명하게 感受되는, 양지바르고 조용한 山기슭이면 足하다.

이러한 곳에 나는 내가 내 손으로 設計한 한 일여덟 칸쯤의 簡素한 집을 짓고, 내 손으로 지을 만한 얼마쯤의 田地를 마련해서 詩業과 農事를 兼한 生活을 해 보고 싶다.

趣味나 韻致나 逃避나 隱遁의 一時的인 虛榮으로서가 아니라, 좀 透徹하게 이것이 내 天業이요 天職이니라 安分하고, 조금만치의 억지나 不自由, 不自然이 없이 훨씬 편하고 健實하고, 즐거운 心情과 淸新 潑剌한 彈力 있는 意慾으로서의 詩農 一元살이를 해보고 싶은 것이다. Ⅱ

—語文閣 ≪隨筆選集≫

B. 朴木月/**街路燈**(1959 이전)

가로등이 좋아지는 것은 역시 겨울철이다. 함박눈이 쏟아지는 밤에 설레는 눈발 속에 우러러보는 등불, 그것은 우리의 감정이 닿을 수 있는 憧憬의 알맞은 位置에 외롭게 켜있는 꿈의 등불이다. 그 등불이 켜진 가로등 기둥에 호젓이 기대서서 가없는 瞑想에 잠시 잠겨보는 고독—, 그것은 나의 젊은 날의 눈물겨운 모습이다.

그러나 요즈음은 눈 오는 밤, 가로등에 기대보는 그런 고독한 낭만조차 잊은 지 오래이다. 그것은 나의 年齡의 탓만은 아닐 것이다. ‖ 해방 후로 우리는 고독한 낭만을 잃은 것이다. 그 포근한 밤의 지향 없는 逍遙를 通行禁止라는 법이 막고 있는 것이다. ‖ -語文閣 앞의 책

C. 趙芝薰/**放牛山莊記**(1953)

放牛山莊(방우산장)은 내가 居處하고 있는 이른바 나의 집에다 스스로 붙인 집 이름이다.

집이란 물건은 高樓巨閣(고루거각)이든 容膝小屋(용슬소옥)이든지 본디 一定한 자리에 있는 것이요 떠메고 돌아다닐 수 없는 것이매, 집 이름도 特稱의 固有名詞가 아닐 수 없으나 나의 放牛山莊은 원래 特定한 場所, 一定한 建物 하나에만 命名한 것이 아니고 보니, 六尺 瘦身長軀(수신장구)를 담아서 내가 그 안에 잠자고 일하며, 먹고 생각하는 터전은 다 放牛山莊이라 부를 수밖에 없다. ‖

기르는 한 마리 소야 있든지 없든지 放牛라 부르는 것은, 내 소 남의 소를 가릴 것 없이 설핏한 저녁햇살 아래 내가 올라타고 풀피리를 희롱할 한 마리 소만 있으면, 그 소가 지금 어디에 가 있든지 내가 아랑곳할 것이 없기 때문이다.

집은 떠다니지 못하지만 사람은 떠돌게 마련이라 放牛山莊에 이름에 값할 집은 열 손을 넘어 꼽게 된다. 어떤 때는 따뜻한 친구의 집이 내 山莊이 되었고, 어떤 때는 차가운 旅館의 一室이 내 山莊이 되기도 하였다. 그나 그뿐인가? 避亂, 從軍의 즈음에는 野宿의 담요 한 장이 내 山莊이 되기도 하였다. ‖ -語文閣 앞의 책

글A는 詩農 一元살이에 대한 시인(그는 현재 먼지와 매연과 기름때에 찌든 도시에 살고 있다-본문)의 希願을 말한 것이다. 그런데 이 글 전

문을 읽어 보면 그 희원이, 무슨 나무를 심고 무슨 농사를 지으며 무슨 가축을 기르고 무슨 음식을 만들어 친구를 대접하고 무슨 글을 얼마쯤 쓰고 하는 등 여간 구체적이지 않다. 그럼 시인은 왜 이런 희원을 가졌을까? 그는 같은 글에서

> 아무튼 나는 지금 무엇보다도 좀 조용한 곳에서 살아보고 싶다. 조용한 기슭에 조용하게 자릴 잡고 나대로의 생각에 잠겨 살아가고 싶다. ‖ 내 生命, 내 精神, 내 生活, 내 大小의 環境, 主客一體의 世界의 不安에서 벗어나 보고 싶다.

라고 말한다. 그렇다면 文明의 억압으로부터 자유로워지고 싶어서, 文明으로부터 自然을 회복하고 싶어서 그런 것은 아닌가 싶다.

ㄱB는, 첫 몇 줄 읽노라면 한밤에 함박눈이 쏟아진다. 희미한 가로등이 저만치 보인다. 한 젊은이(꼭 젊은이여야 할 것은 없다. 각자 자기라고 생각해도 무방하다.)가 거기 기대 서 있다. 그런데 몇 줄 더 못 가서 왱 하고 통행금지 사이렌이 울린다. 그리하여 사람은 가로등에 기대서는 고독한 낭만을 잃는다. 法(통행금지)에 의한 情緖(고독한 낭만)의 상실—. 그렇다면 가로등은 지은이에게 있어서 무엇일까? 그는 그것을 같은 글에서 '神의 너그러운 축복'이라 하고

> 나는 나의 멀고 아득한 人生旅路의 대목마다 외로운 가로등이 켜 있기를 빌었다. ‖ 나의 일생은 언제나 적당한 거리에 가로등이 켜 있는 길이었다. ‖ 또한 나의 미래도 설사 아무리 절망하기로소니, 늘 가로등이 대목마다 켜 있는 길일 것이다. 내 마음 속에 神을 잃지 않는 한, 혹은 詩를 놓치지 않는 한.

이라고 썼다. 어두운 길 적당한 거리에 가로등이 켜 있다는 것은 여간 한 축복이 아니다. 그랬으므로 앞으로도 그러리라는 믿음이 확고했을 것이다. 이런 축복은 神을 잃지 않는, 詩를 놓치지 않는 것에 대한 보답일 것이다.

글C는 지은이의 집 이름 放牛山莊을 풀이한 것(記)이다. 우선 放牛, 방우는 소를 놓아먹인다는 뜻이겠는데 이 산장에는 소가 없다. 다만 지은이의 상상 속에, 석양에 소를 타고 돌아오는 목동(지은이)과 그가 불어 날리는 풀피리 한 가락이 함께 있을 뿐이다. 다음은 山莊, 산장은 당연히 산에 있어야 하지만, 지은이는 자신이 그 안에 잠자고 일하며, 먹고 생각하는 터전은 다 산장이라고 한다. 그리하여 때로는 친구네 집이, 여관방이, 담요 한 장이 그에게 산장이 되기도 했었다며

> 이러고 보면, 醉臥의 境遇에는 저 億兆星座로 裝飾한 蒼空이 그대로 나의 山莊이 될 법도 하지 않은가? 실상은 나를 바로 나이게 하는 내 영혼이 깃든 庫집, 이 나의 肉身이 窮極에 있어서는 나의 山莊이기도 하다.

고 한다. 지은이는 소를 놓아먹인다. 아니, 그 소가 어디 있든 상관도 안 한다. 집은 일정한 데가 없다. 蒼空도 집이요 肉身도 집이다. 도무지 그 思考에 막힘이 없다. 문득 莊子의 無何有를 연상케 한다. 소는 매어 먹이어야 하고 22평짜리라도 일정한 내 집이 있어야 한다는 사람들이 이 글을 읽으면 큰 혼란에 빠질 것이다.

金素雲,[294] 韓黑鷗,[295] 皮千得[296]

우리는 위에서 이 시기의 소설가와 시인들의 수필을 읽었다. 이제는 우리가 기다려온 수필가들의 수필을 읽을 차례다. 이들 셋은 다 수필가다. 다 수필가로서 우리들 독자의 가슴 속에 남아 있다. 金素雲과 皮千得이 시를 썼다는 것, 또는 韓黑鷗가 소설을 썼다는 것, 그런 사실은 별 의미가 없다. 그들이 혹 시인이나 소설가로 불리기를 바라더라도 우리는 그들을 수필가로 부를 것이다.

저자는 앞에서 金晋燮, 李敭河, 金東錫의 셋을 들어(혹은 金瑢俊을 포함하여) 우리 수필문학 근대사에 비로소 전문 수필가가 등장했다는 사실을 지적한 바 있다. 그들이 그 1세대라면 여기 말하는 김소운, 한흑구, 피천득은 그 2세대라고 할 수 있을 것이다. 아마도 그 3세대는 趙敬姫, 田淑姫, 尹五榮, 金泰吉 같은 수필가들이 잇겠지만 그것은 이 試論의 범위 밖의 일이므로 더 말하지 않기로 한다.

金素雲/誤算(1952)

H氏와 언제 어디서부터 서로 인사를 하게 된 것인지 記憶에 없다. 十餘年이 훨씬 넘은 것도 같고, 인제 四五年밖에 안 된 것 같기도 하고. 그런데도 H氏는 竹馬故友를 만난 듯이 내게 무관한 말씨를 쓴다.

"素雲, 大統領께 뭐 請할 말씀 없소? 뭐이라도 좋아…."

---

294 金素雲(1907~1981) ; 隨筆家, 詩人. 本名은 教重, 號는 三誤堂. 저서로 隨筆集 ≪馬耳東風帖≫, ≪三誤堂雜筆≫ 등, 장편수필 ≪木槿通信≫, 기타 ≪朝鮮民謠選≫ 등.

295 韓黑鷗(1909~1979) ; 隨筆家, 小說家, 英文學者. 本名은 世光. 저서로 隨筆集 ≪東海散文≫, ≪人生散文≫, 譯書 ≪現代美國詩選≫ 등.

296 皮千得(1910~2007) ; 隨筆家, 詩人, 英文學者. 號는 琴兒. 저서로 詩文集 ≪琴兒詩文選≫, ≪詩集抒情詩集≫ 등.

"없는데요."

내 대답이 너무 簡單한 것이 H氏에게는 어째 서운한 모양이다.

"사양할 거 없어. 뭐이거나 請드릴 일 있으면 내가 傳해 드릴게. 한 週日에 두 번씩 만나 뵈옵기로 되어 있거든. 바루 내일이 그날이야." ‖

무슨 緣由로 한 週日에 두 번씩이나 國家의 元首와 會見을 하는지 그 來歷을 아잘 것도 없다. 다만 그 眞否는 둘째로 하고 이런 말을 나 같은 사람 앞에다 내놓는 그의 誤算이 딱할 뿐이요, 일부러 보자는 것은 아니나 새카맣게 때가 앉은 그의 두루마기 동정이 내 눈에 민망하고 거북할 따름이다.

"글쎄, 무슨 請을 드릴까? 별로 생각이 안 나는데…."

百萬兩 쓰고도 못 얻어 볼 機會를 거저로 준다는데, 이 주변 없고 재치 없는 벽창호 같으니라고…. H氏는 그런 表情으로 입맛 쓰게 내 얼굴을 건너다본다. 이 以上 나는 H氏와 對坐해 있을 멋이 없다.

"그럼 또 만납시다."

나는 일어서서 茶값을 치르고 茶房門을 나선다.

뒤꼭지를 밟아 H氏가 따라 나오면서 "素雲!" 하고 부른다.

"돈 좀 가진 것 있소?" ‖

"돈을 가졌소만은 내 쓸 돈밖에 없는데…."

"아아니, 뻐쓰값하구 茶값만 있으면 돼." ‖

H氏는 지금도 釜山 거리에서 가끔 만난다. 만나면 如前히 손을 치켜 들고 반갑게 싸인을 한다. 나도 그렇게 한다. 애당초에 先輩로나 벗으로나 登錄한 일은 없으나 한번 서로 얼굴을 알았다는 記錄은 이런 形式으로 언제까지나 이어져 간다.

그것이 人間 세상의 慣習이요 에티켇이라면 별수 없이 나도 잠자코 루우르를 따라 갈 뿐이다.

—≪三誤堂雜筆≫

이 글의 H氏는 별로 악의 있는 사람은 아닌 듯하다. 아니, 자신의 황당한 거짓말이 상대방에게 통할 걸로 생각하는 그 誤算이 순진해 보이기까지 한다. 새카맣게 때가 앉은 그의 두루마기 동정, 버스값에 찻값만 있으면 된다는 그의 목소리가 오히려 우리를 슬프게 한다. 다음은 나(지은이), 나는 H氏에게 돈 한푼 주지 않는다. 주면 그의 誤算이 적중한 것이 되니까. 그러면서도 그를 만나면 서로 반갑게 인사를 나눈다. 그것이 세상살이니까. 힘들게 외면하며 살 게 뭐 있겠는가? 6 · 25 직후(1952)의 어려운 세상, 그렇게 살아가는 사람들이 많았던 모양이다. 세태에 대한 비판(야유)이지만 퍽 유머러스하게 읽힌다.

韓黑鷗/**밤을 달리는 列車**(1957)

저녁 아홉시, 서울을 떠나서 釜山으로 달리는 밤 列車 속에 나는 자리를 하나 잡았다. 달도 뜨지 않은 캄캄한 밤을, 列車는 漢江을 건너자 소리를 지르면서 南으로 달음박질을 하였다. 列車 안에는 사람들이 꽉 차 있었다.

●●● 중간 이야기 ; 나의 옆에는 젊은 大學生, 창가에는 늙은 할머니, 맞은편에는 20대가 신문을 읽고, 그 옆에는 40대의 신사 한 분, 또 그 옆에는 30대의 피부색 좋은 女人, 통로를 건너서 나의 왼편 자리에는 노동복을 입은 30대, 그 옆에는 보따리장수인 듯한 40대의 女人, 그 맞은편에는 60 넘은 노인이 파리한 얼굴로 누워 기침을 하고, 그 발끝에는 노인의 딸인 듯한 40대 女人 ─. 도시락 장수가 나타나자 40대의 신사 한 분과 피부색 좋은 30대의 女人은 그걸 사 먹고, 나머지는 별 움직임이 없다.

통로 건너편, 맞은 자리에 누워 있던 늙은이는 또 기침을 시작하였다.

"케힘…, 헤키임…." ∥

"죽어야지! 집에 가서 죽어야지!"

늙은이는 혼잣말같이 거쉰 목소리로 말하며 또 캄캄 어두운 차창을 쳐다보았다. 창 위에는 달도 별도 새벽놀도 아무것도 비치지 않았다. ‖

옆에 앉은 大學生도 늙은 할머니도 다 숨소리도 없이 교의에 기대어서 잠이 들어 있었다. 맞은편에 앉아 있는 二十代의 青年은 입을 있는 대로 벌리고 고개를 꺾은 채 수그러져 잠을 자고 있었다. 통로 옆에 있는 노동자 두 사람도, 장사꾼 女人도, 늙은이의 딸도, 다 고개를 숙이고 잠들고 있었다. 시계는 밤 두시반을 가리키고 있었다. ‖

달도 별도 새벽도 없는 캄캄한 검은 밤을 汽車는 그냥 내달리고 있었다.

—≪東海散文≫

이 글은 처음부터 끝까지 밤의 연속이다. 달도 별도 새벽도 없는 캄캄한 밤—. 그런 밤을 열차가 달린다. 숨이 가쁘다. 이 글은 지은이의 時代認識(1950년대)을 드러낸 것이 아닌가 한다. 그렇다면 다음과 같은 讀解가 가능할 것이다.[297]

달도 별도 새벽도 없는 캄캄한 밤—암울한 時代
밤을 달리는 列車—힘겹게 진행되는 歷史(1950년대)
괴롭게 잠자는 승객들—무기력한(꿈을 잃은) 國民

이 승객들 중 특히 눈에 띄는 한 사람이 있다. 가장 나이 많은 늙은이, 그는 그 나이만으로도 승객들의 정신적 지주일 수 있다. 그러나 그는 삶을 포기했다. 意志도 能力도 없는 당시의 지도자들—. 저자는 일

297 鄭震權 ≪韓國隨筆文學研究≫, 〈밤을 달리는 列車考〉.

찍이 이 글을 읽고

> 〈밤을 달리는 列車〉에는 무기력한 군상이 잠들고 있다. 정신적 지주이어야 할 사람은 병을 앓으며 죽어 간다. 이 또한 그의 시대를 바라보는 선생(韓黑鷗)의 눈은 아니었을까? –〈밤을 달리는 列車考〉

한 일이 있다. 시대가 아무리 암울해도 국민에게 꿈이 있으면 극복할 수 있다. 지도자는 모름지기 분명한 목소리로 국민에게 꿈을 심어 주어야 한다. 자, 그만 다음으로 넘어가자.

> 皮千得/**장미**(1959년 이전)
>
> 잠이 깨면 바라다보려고 장미 일곱 송이를 샀다. 거리에 나오니 사람들이 내 꽃을 보고 간다. 여학생들도 내 꽃을 보고 웃고 간다.
>
> 전차를 기다리고 섰다가 Y를 만났다. 언제나 그는 나를 보면 웃더니 오늘은 웃지를 않는다. 부인이 달포 째 앓는데 약 지으러 갈 돈도 떨어졌다고 한다. 나에게도 가진 돈이 없었다. 머뭇거리다가 부인께 갖다 드리라고 장미 두 송이를 주었다.
>
> Y와 헤어져서 동대문행 전차를 탔다. 팔에 안긴 아기가 자나 하고 들여다보는 엄마와 같이 종이에 싸인 장미를 가만히 들여다보았다.
>
> 문득 C의 화병에 시든 꽃이 그냥 꽂혀 있던 것이 생각났다. 그때는 전차가 벌써 종로를 지났으나 그 화병을 그냥 내버려두고 갈 수는 없는 것 같았다. 나는 전차에서 내려서 사직동에 있는 C의 하숙을 찾아갔다. C는 아직 들어오질 않았었다. 나는 그의 화병에 물을 갈아 분 뒤에 가지고 갔던 꽃 중에서 두 송이를 꽂아 놓았다. 그리고 딸을 두고 오는 어머니같이 뒤를 돌아보며 그 집을 나왔다.
>
> 숭삼동에서 전차를 내려서 남은 세 송이의 장미가 시들세라 빨리 걸

어가노라니 누군지 뒤에서 나를 찾는다. K는 나를 보고 웃고 있었다. 애인을 만나러 가는 모양이었다. K는 내 꽃을 탐나는 듯이 보았다. 나는 남은 꽃송이를 다 주고 말았다.‖ –≪琴兒詩文選≫

나(지은이)는 잠이 깨면 바라보려고 장미 일곱 송이를 산다. 그러나 딱한 Y에게 두 송이 주고, 하숙하는 C의 화병에 두 송이 꽂아주고, 애인을 만나러 가는 K에게 남은 세 송이를 다 주고, 결국 빈손으로 돌아온다. 이 글은

집에 와서 꽃 사가지고 오기를 기다리는 화병을 보니 미안하다. 그리고 그 꽃 일곱 송이는 내가 주고 싶어서 주었지만 장미 한 송이라도 가져서는 안 되는 것 같아서 서운하다.

는 말로 끝난다. 그렇다면 무엇이 나로 하여금 그들에게 선뜻 장미를 주고 싶게 만들었을까? 저자는 일찍이 皮千得의 ≪琴兒文選≫을 읽고[298]

필자가 琴兒(피천득)의 수필을 읽고 느낀 그 끊임없는 주제는 情이었다. 그리고 그 情이 琴兒의 수필을 아름답게 만들고 있었다. 따라서 情은 선생의 수필 세계를 열어 보이는 미더운 열쇠가 되리라고 믿는다.

라고 한 바 있다. 역시 피천득의 수필세계를 이루는 核은 情이 아닐까 한다. 때로는 뜨겁지만 대체로 따뜻하고, 크고 유난스럽기보다는 작고 고요한 그런 情—.

---

298 鄭震權 ≪韓國隨筆文學研究≫, 〈떠남과 보냄의 美學〉.

우리는 지금까지 解放前後期의 수필, 즉 소설가, 시인, 그리고 전문 수필가들의 수필을 읽어 보았다. 다음은—.

2) 이 시기 隨筆文學論의 樣相

우리는 日帝時代의 隨筆文學論으로 金起林의 〈隨筆을 위하여〉, 金珖燮의 〈隨筆文學小考〉, 林和의 〈隨筆論〉, 그리고 金晋燮의 〈隨筆의 文學的 領域〉을 이야기 바 있다(pp.194~202). 여기서는 그 이후(해방전후)의 수필론, 즉 李泰俊[299]의 〈隨筆〉, 卞榮魯[300]의 〈漫文의 文藝的 價値〉, 皮千得의 〈隨筆〉, 그리고 趙演鉉,[301] 白鐵,[302] 金東里[303]의 隨筆論을 살펴보기로 한다.

李泰俊/〈隨筆〉

李泰俊의 이 〈隨筆〉은 한 편의 독립된 글이 아니고 1948년에 간행된 그의 ≪文章講話≫에 한 章으로 실린 것이다. 그러니까 작문 교과서의 한 장인 셈이다. 이 글은 우선 이렇게 말한다.

> 隨筆이란 隨意隨題의 글이다. 論條를 밝히고 形式을 차릴 것 없이, 偶然欲書格(우연욕서격)으로, 한 感想, 한 所懷, 한 意見이 문득 솟아오

---

299 李泰俊 ; p.179

300 卞榮魯 ; p.207

301 趙演鉉(1920~1981) ; 文學評論家. 저서로 論著 ≪文學槪論≫, ≪韓國現代文學史≫, 評論集 ≪文學과 思想≫ 등.

302 白鐵(1908~1985) ; 文學評論家. 本名은 世哲. 저서로 ≪新文學思潮史≫, ≪文學槪論≫, 李秉岐와의 共著로 ≪國文學全史≫, 隨筆集 ≪두 개의 얼굴≫ 등.

303 金東里 ; p.203

를 때, 說明으로 되든 描寫로 되든, 가장 率直한 대로 表現하는 글이다. 率直하기 때문에 論文보다 오히려 찌름이 빠르고 날카롭고, 形式에 잡히지 않기 때문에 아름다운 詩境이나 가벼운 警句, 유머가 赤裸하게 나타나 버린다. ∥端的이요 疎野(소야)해서 筆者의 面目이 첫 마디부터 드러나는 글이 이 隨筆이다. 그 사람의 自然觀, 人生觀, 그 사람의 習性, 趣味, 그 사람의 知識과 理想, 이런 모든 '그 사람의 것'이 直接 材料가 되어 나오기 때문이다.∥

이 글의 첫째 문단은, 수필은 형식에 매이지 않는다, 집필이 의도적이지 않다(우연히 써지는 것이다), 표현이 솔직하다고 한다. 형식에 매이지 않는다는 것은 형식이 자유롭다는 뜻으로 우리가 앞에서 많이 이야기한 바 있다(p.16). 그러나 집필이 의도적이지 않다는 것은 동의하기가 어렵다. 어떻게 아무 고심 없이 한 편의 글이 써지기를 바라겠는가? 둘째 문단은 필자의 면목이 첫 마디부터 드러난다고 한다. 이것은 필자의 전기적 사실(개성, 교양, 취미 등을 포함한)이 다른 장르에 비하여 보다 직접적으로 드러난다는 말일 것이다. 이 글은 수필의 예문으로

金晋燮 ; 窓　　李　箱 ; 倦怠(一部)　　金尙鎔 ; 그믐날
卞榮魯 ; 施善에—　　梁柱東 ; 多樂樓夜話　　鄭芝溶 ; 비
崔載瑞 ; 定價票人間

을 들고, 마지막으로 수필을 쓰려는 사람들에게 '隨筆의 要點'이라 하여 다섯 가지를 말했는데 그 중 중요한 둘을 들면 다음과 같다.

4. 品位가 있을 것. 그러나 謙虛한 境地라야지, 超然해서 아는 체, 善

한 체, 체가 나와서는 능청스러워지고 능청스러워선 오히려 品位는커녕 賤해지고 만다.

5. 藝術的이어야 한다. 隨筆은 普通記錄文章은 아니다. 무슨 事物을 正確하게만 記錄해서 事物 그 自體를 報道, 傳達하는 데나 그치면 그것은 文藝가 아니다. 어디까지 自己의 感情的 印象, 主觀的인 所懷에서 敍述해야 할 것이다.

우선 4. 품위가 있어야 한다, 겸허해야 한다, ~체하면 천해진다, 늘 새겨야 할 경구가 아닐 수 없다. 5는, 수필은 기록으로서의(그리하여 보도 전달하는) 문장이 아니라 예술로서의(자기의 감정적 인상, 주관적 소회를 드러내는) 문장, 그러니까 模寫하는(있는 것을 베끼는) 문장이 아니라 創造하는(새로운 것을 만드는) 문장이라는 것을 일깨워 준다. 당연하다. 자, 그럼 다음으로—.

卞榮魯/〈**漫文의 文藝的 價値**〉

이 글은 1954년에 간행된 卞榮魯의 ≪樹州隨想錄≫의 머리말이다. 漫文은 곧 隨筆을 말한다. 그는 詩歌, 小說, 戲曲 등 정통적인 문학을 밥(끼니)으로, 漫文(隨筆)을 군음식(군것)의 하나로 생각(비유)하며 이 글을 전개한다. 李泰俊의 〈隨筆〉이 교과서적이라면 이 글은 수필적이라고 할 수 있다.

우리는 밥을 常食한다. 밥을 먹지 않으면 生命을 持續 못 하니 아니 먹을 道理가 없다. 그렇다고 밥이 우리의 口味에 제일 맞는 것은 아니다. 천박하게 죽 들 것은 없으나 우리는 확실히 밥 이외에 이름만 들어도 침이 흐를 嗜好物이 얼마든지 있다. 그런데 시장할 때 외에는 밥 소리 듣는다고 침이 의례히 흐르지는 않는다. 이와 같이 詩歌나 小說이나 戲曲 등을 밥 세음으로 친다면 우리는 기필코 詩歌나 小說이나 戲曲 等外에 스페셜 디시로 요구할 무엇이 있을 것이다.

군음식 가운데는 여러 가지가 있을 것이다. 나더러 그 중에 뚜렷이 요구되는 한 가지만을 擇하라면 나는 서슴지도 않고 두 말도 없이 고를 것은 漫文이다—라고. 그러면 漫文의 特色은 무엇이냐고 누가 또 있다가 묻는다면 나는 아래와 같이 또 대답하려 한다.

漫文의 特色 없는 特色은 巧妙한 反語와 逆說, 奔放自在한 想華, 輕快한 諧謔, 洗練된 趣味, 정확한 識見, 重厚치 않은 諷刺와 啓示 등인데, 이 모든 것을 가지고 到着地는 같더라도 人生을 '荊棘 많은 眞理의 直路'로 案內치 않고 迂廻는 할망정 '꽃 피고 새 우는 半眞理의 샛길'을 걷게 하는 것이라고.

그러므로 이러한 任務를 하는 漫文家(隨筆家—저자)일수록 知識은 풍부하여야 하고 言語驅使는 能하여야 하며 器局은 커야 하고 眼光은 炯炯하여야 할 것이다.

이 글로 보면, 卞榮魯에게 있어서의 수필쓰기는 군것질 같은 것(餘技로 쓰는 글)이다. 그 자신이 그러했는지는 모르지만, 深思에 熟考를 거듭하며 한 편의 글을 완성해 본 사람들에게는, 이는 별로 진지한 말로 들릴 것 같지 않다. 그러나 만문(수필)의 특색을 말한 부분은 오늘의 우리 수필가들에게도 유익한 가르침이 될 듯하다. 이 글의 끝 문단도 당연히 그랬으면 싶은 한 마디다. 그럼 다음—.

皮千得/〈隨筆〉

이 글은 1959년에 간행된 皮千得의 ≪琴兒詩文選≫에 실려 있는 한 편의 수필이다. 즉, 一論이 아니다. 특히 그 많은 비유는 현란하기까지 하다. 그럼에도 많은 수필문학 연구자들이 이 글을 수필론처럼 인용한다. 이 글은 고등학교 국어 교과서에 실려 널리 읽힌 바 있다.(①, ② 등의 숫자는 설명의 편의를 위하여 저자가 부여한 것.)

① 隨筆은 靑磁연적이다. 隨筆은 蘭이요 鶴이요, 청초하고 몸맵시 날렵한 여인이다. 隨筆은 그 여인이 걸어가는 숲속으로 난 평탄하고 고요한 길이다. 隨筆은 가로수 늘어진 페이브먼트가 될 수도 있다. 그러나 그 길은 깨끗하고 사람이 적게 다니는 住宅街에 있다.

② 隨筆은 청춘의 글은 아니요, 서른여섯 살 중년 고개를 넘어선 사람의 글이며, 정열이나 심오한 지성을 내포한 문학이 아니요, 그저 隨筆家가 쓴 단순한 글이다. 隨筆은 흥미는 주지마는 읽는 사람을 흥분시키지는 아니한다. 隨筆은 마음의 散策이다. 그 속에는 인생의 香趣와 餘韻이 숨어 있는 것이다.

③ 隨筆의 색깔은 황홀 찬란하거나 진하지 아니하며 검거나 희지 않고 퇴락하여 추하지 않고 언제나 溫雅優美하다. 隨筆의 빛은 비둘기 빛이거나 진주 빛이다. 隨筆이 비단이라면 번쩍거리지 않는 바탕에 약간의 무늬가 있는 것이다. 그 무늬는 읽는 사람 얼굴에 미소를 띠게 한다.

④ 隨筆은 한가하면서도 나태하지 아니하고 속박을 벗어나고서도 散漫하지 않으며 찬란하지 않고 優雅하며 날카롭지 않으나 산뜻한 문학이다.

⑤ 隨筆의 재료는 생활 경험, 자연 관찰, 또는 사회 현상에 대한 새로운 발견, 무엇이나 다 좋을 것이다. 그 題材가 무엇이든 간에 쓰는 이의 독특한 개성과 그때의 무드(기분)에 따라 '누에의 입에서 나오는 液

이 고치를 만들 듯이' 隨筆은 써지는 것이다. 隨筆은 플롯이나 클라이맥스를 필요로 하지 않는다. 가고 싶은 대로 가는 것이 隨筆行路이다. 그러나 차를 마시는 거와 같은 이 문학은 그 차가 芳香을 갖지 아니할 때에는 수돗물같이 無味한 것이 되어 버리는 것이다. ‖

⑥ 덕수궁 박물관에 靑磁연적이 하나 있었다. 내가 본 그 연적은 연꽃 모양을 한 것으로 똑같이 생긴 꽃잎들이 整然히 달려 있었는데 다만 그 중에 꽃잎 하나만이 약간 옆으로 꼬부라졌었다. 이 균형 속에 있는 눈에 거슬리지 않는 破格이 隨筆인가 한다. ‖

①은 좋은 수필의 요건을 말한 것이다. 고아하고 청초하고 고요하고 한가하고 평화로운 그런 것―. 수필은 이런 글이라는 뜻이면서 이래야 한다는 뜻으로도 읽힌다. 모든 수필이 다 이럴 것은 없지만(선 굵은 세찬 목소리의 수필도 생각해 볼 일) 이런 수필이라면 분명히 좋은 수필일 것이다.

다음은 ②. 서른여섯 살 중년 고개를 넘어선 사람의 글이라든지 정열이나 심오한 지성을 내포한 글이 아니라든지 하는 것은 아마 당시로서는 대체로 사실일 것이다. 그러나 타는 열정과 차가운 지성으로 우리 수필문학의 지평을 넓혀 갈 젊은이들의 출현을 기대한다면 ②를 고정된 사실로 믿어서는 안 될 것이다. 언제 쓴 글인지는 모르지만 저자는 皮千得의 〈빠리에 부친 편지〉를 읽고 뜨거운 정열과 차가운 지성을 함께 느낀 일이 있다. 여러분은 아마도 朴齊家의 〈百花譜序(p.141)〉에서 정열을, 徐居正의 〈蝙蝠賦(p.85)〉에서 지성을 만날 수 있을 것이다. 이 문단의 뒷부분은 좋은 수필의 효과를 말한 것인데 그 효과가 너무 靜的이다.

③은, 그 앞부분은 ①과 같은 좋은 수필의 요건을, 뒷부분은 수필에 있어서의 유머(위트를 포함하여)를 말한 것이다. 유머가 수필문학의 특질은 아니지만 이 문학에 있어서 소중한 가치라는 것은 아무도 부정하지 않을 것이다.

④는 ①과 ③처럼 역시 좋은 수필의 요건을 말한 것이다. 여기서 속박을 벗어났다는 것은 형식의 자유로움을 언급한 것, 그러나 날카롭지 않다는 것은 동의하기 어렵다. 그것은 수필가의 개성이나 재능에 관한 문제이지 수필이라는 글 자체의 성격에 관한 문제는 아닌 것이다. 가령 李墍의 〈書賊(p.109)〉 같은 글은 그 세태에 대한 비판이 얼마나 날카로운가? 金東錫의 〈버들치의 教訓(p.192)〉도 한번 그 전문을 읽어 보기 바란다.

⑤는 수필가의 개성을 말한 것이다. 수필이 시나 소설보다 더 개성적이라는 뜻으로 오해하면 안 된다. 누에의 입에서 나오는 액이 고치를 만들 듯이 수필은 써지는 것, 플롯이나 클라이맥스를 필요로 하지 않는다, 이런 말들은 金珖燮의 '붓 가는 대로'와 함께 이미 비판을 받은 바 있다. 李達衷의 〈礎賦(p.66)〉가 누에의 입에서 나오는 액이 고치를 만들 듯이 써진 글일까? 나는 일찍이 皮千得의 〈因緣〉을 검토하고 그 치밀한 구성에 놀란 바 있다.[304]

⑥은 수필의 멋을 말한 것이다. 整然, 正直, 格式, 그런 답답한 데서 조금 벗어난 것, 꽃잎 하나가 약간 옆으로 꼬부라진 것 같은, 전투모 약간 비스듬히 쓴 것 같은 그런 파격이 바로 멋이라는 것이다. 그러나 이

304 鄭震權 ; ≪韓國隨筆文學研究≫, 〈隨筆文學의 構成 考察〉.

것 역시 수필가의 개성이나 역량에 관한 문제일 것이다.

이 글은 一論이 아니고 수필이다. 그럼에도 연구자들이 이 글을 자주 인용하는 것은 이 글이 좋은 수필의 요건(당시의 수필이 지향하는)을 비교적 잘 정리해 보여주기 때문일 것이다. 그러나 보다 진취적인 수필의 등장을 기대하는 사람들에게는, 이 글이 보여주는 수필은 지나치게 안온한, 마치 온실 속의 화초처럼 나약한 문학으로 비치지 않을까 싶다.

趙演鉉/〈**散文文學의 領域**〉

이 글은 1953년에 간행된 趙演鉉의 ≪文學槪論≫에 한 章으로 실린 것이다. 이 글은, 李泰俊의 〈隨筆〉이 교과서적인 문장, 卞榮魯의 〈漫文의 文藝的 價値〉와 皮千得의 〈隨筆〉이 수필적(문학적) 문장이라면, 다음에 소개할 白鐵, 金東里의 글과 함께 비로소 나타난 학술적인 문장이라고 할 수 있다. 다음은 그 초록—.

1. 散文文學의 本質

詩가 '存在의 總計에 附加하는 文學'이라면 散文은 '旣存한 것에 대한 討議의 文學'이다. ‖ 散文文學의 本質은 詩와는 달리 그 文章의 形式이 律文이고 아니고에 相關됨이 없이 存在에 總計에 附加될 수 없는 性質의 것이다. 卽 그 職能이 創造行爲가 아니고 討議行爲다. ‖

2. 散文文學의 基本的 樣式

—歷史, 哲學, 雄辯—

‖ 原始民謠舞踊에서 그 가지가 詩로 뻗은 抒情詩, 敍事詩, 劇詩가 創作文學의 三大基本樣式이었던 것처럼 散文 쪽으로 뻗은 哲學, 歷史, 雄

辯은 散文文學의 基本的 樣式이다. ||

그러나 散文文學의 基本樣式을 歷史, 哲學, 雄辯의 세 形態로 생각하는 것은 主로 近代 以前의 散文文學에 대한 몰톤의 見解로서 近代에 와서는 이 基本樣式이 거의 全幅的으로 變貌되었다. 가령 近代의 散文文學으로서 우리들은 隨筆과 文藝批評, 그리고 手記(傳記 自敍傳 日記 其他) 등을 그 중의 가장 重要한 것으로 想定해 볼 수 있다. ||

3. 近代의 一般的 散文樣式

—隨筆, 文藝批評, 手記—

隨筆, 文藝批評, 手記 등은 古代의 基本的인 散文文學樣式인 哲學, 歷史, 雄辯의 近代的인 變貌다. 그리고 이 變貌된 樣式은 그 創作性에 의하여 散文이 專門的인 分化에 의한 各種科學과 判然히 區別된다. 그러므로 近代의 一般的인 樣式은 그 討議的 本質이 創作的 形式을 띠우고 있다는 데 그 特徵이 있다. ||

隨筆은 여러 文學樣式 중에서도 가장 그 形式이 自由로운 文學樣式의 하나로서 다른 모든 名稱의 文學樣式을 다 가질 수 있다. 卽 隨筆은 抒情詩的 情緖나 感興은 물론, 敍事詩(小說)的 構成이나 戲曲的인 對話, 그리고 批評的인 判斷作用까지도 다 自由로이 利用될 수 있는 樣式이다.

그렇다고 隨筆이 無樣式的, 無性格的인 形式은 아니다. 抒情詩的 情緖나 感興을 가지면서도 抒情詩가 아니고, 小說的 構成을 가지되 小說이 아니고, 戲曲 批評的 要素를 가지면서도 戲曲도 批評도 아닌 데 隨筆의 獨自的인 樣式이 있다. ||

4. 散文文學의 特質과 要素 ||

우선 1부터. 이 글은 두 가지 문학을 말한다. 하나는 이미 있는 것들에 새로운 것을 만들어(創作) 더하는 문학, 하나는 이미 있는 것들을 가지고 이야기하는(討議) 문학, 지은이는 전자를 詩, 후자를 散文文學이라고 한다. 詩는 2의 서정시, 서사시, 극시 같은 창작문학을, 산문문학은 역사, 철학, 웅변 같은 토의문학을 가리킨다. 그러니까 산문문학은 창작문학이 아니라는 것이다. 당연히 역사, 철학, 웅변이 창작문학일 수는 없다.

다음은 2. 이 글의 첫째 문단은 서정시, 서사시, 극시가 창작문학의, 그리고 철학, 역사, 웅변이 산문문학의 기본양식임을 확인한다. 물론 이것은 근대 이전의 사실이다. 둘째 문단은 우선 이 산문문학의 전폭적인 변모를 지적하고 그 변모의 중요한 예로 隨筆과 文藝批評과 手記를 상정한다.

끝으로 3. 이 글의 첫 문단은 수필, 문예비평, 수기가 고대 산문양식인 역사, 철학, 웅변의 변모임을 재확인하고 비로소 그 창작성(또는 창작적 형식)을 한 특질로 인정한다. 순수히 기록문학이어야 할 수기를 여기 포함시킨 것엔 선뜻 동의하기 어렵지만 수필과 문예비평의 창작성을 지적한 것은 탁견이 아닐 수 없다. 둘째 문단은 형식의 자유로움을 말한 것이다. 셋째 문단은 수필의 독자적 양식을 말한 것인데 이는 너무 당연하여 오히려 무의미하게도 들린다. 차라리 형식이 자유로운 것이 그 독자적 양식이라고 하는 편이 낫지 않을까 한다.

白鐵/〈隨筆〉

이 글은 1955년에 간행된 白鐵의 ≪文學槪論(신구문화사)≫에 詩論,

小說, 戱曲, 評論과 함께 한 章으로 실린 것이다. 1947년에 간행된 그의 ≪文學槪論(동방문화사)≫에는 수필을 논한 곳이 없다. 이것은 그 사이 우리 수필문학이 이론적 체계를 확립해야 할 만큼 성장했다는 뜻일 것이다. 이런 현상은 金晋燮의 글에서도 본 바 있다(p.201). 다음 역시 그 초록ㅡ.

一. 隨筆의 本領

1. 形式은 自由스러운 것

∥隨筆은 우선 文學形式으로 보아 小說이나 詩나 戱曲과 對照해서 어떤 것인가 하면 다른 것의 明確한 形式과 比하여 隨筆은 그 形式이 一定하지 않고 自由스러운 것이라는 點이다. 例를 들면 隨想錄, 書簡, 自敍傳, 書辭, 社說 같은 形式의 것이 모다 隨筆類에 屬하는 것인데 말하자면 그것이 어떤 對象에 對한 自己見解, 印象, 觀察, 信念, 偏見, 空想 등을 自由스럽게 表示한 것이다.

다음에 內容性에서 보아서 限界가 制限되지 않고 그 領土가 廣大하다. 人間性에 關한 것이나 習慣이나 歷史나 藝術이나 敎育, 科學, 政治, 經濟, 宗敎, 스포츠 등의 모든 方面의 것이 隨筆의 主題로 될 수 있는 것이다.∥

2. 隨筆의 基本條件

그러나 그것이 아무리 散漫하고 自由스럽다고 해도 우리는 過去 및 現代의 隨筆에 對한 여러 가지 例를 參照하여 隨筆의 基本的인 文學條件을 몇 가지 생각할 수 있다.

첫째는 그것이 散文으로 씌워진 文學이란 것이다. 例外로 옛날은 포프(Pope)의 ≪人間論(An Essay on Man)≫과 같이 詩形式으로 된 評論的인 것도 있으나 現代에 와선 벌써 그런 隨筆은 存在할 수 없고 原則

的으로 그것은 散文으로써 씌워져야 한다.

둘째는 그 形式이 比較的 짧아야 한다. 短型이라는 데도 分明한 限界가 있지 않고 여기에도 例外로 로크(Lock)의 ≪人間悟性論(An Essay on the Human Understanding)≫과 十九世紀의 英國文學隨筆과 같은 長型의 隨筆이 있으나 역시 一般的인 例로선 그것이 論文이나 硏究文과 比하여 短形式이란 것이 그것을 쓰는 基本條件의 하나다.

셋째는 그것이 아무리 無形式이요 個人的이라 해도 基本的으로 對偶性(Antithetic)의 文學이라는 것, 따라서 意見表示요 敎訓的이다. ‖

二. 隨筆의 起源과 그 發達 ‖

三. 隨筆의 種類 ‖

四. 우리나라의 隨筆

우리나라의 古代文學에선 小說이 本格的으로 發展이 되지 못한 대신에 隨筆的인 文學形式이 대단히 雜多하게 發達되었다. 特히 漢文文學에 그것이 많은데, 가령 隨筆, 雜記, 文集, 稗錄… 등의 이름으로 씌워진 것은 모두가 隨筆類에 屬하는 것이다. 例를 들면 西浦漫筆, 稗官雜記, 大東野乘, 茶山文集, 燕巖集, 磻溪隧錄 등이 모두 隨筆種類에 屬하는 것이다. 그리고 國文으로 된 古代隨筆로선 恨中錄, 意幽堂日記… 등의 書簡, 日記體 등으로 된 것은 小說로도 보는 것과 함께 隨筆로 보는 意見도 成立될 것이다.

新文學 이후 隨筆의 名目으로 씌워진 文章이 數多하지만 대개가 身邊感想의 雜文이며, 정말 本格的인 隨筆家로서 共認되는 作家의 專門的인 隨筆의 例는 極히 그 數가 드물다. 그 中에서 春園(p.171), 鷺山(p.175)의 紀行文(例를 들면 金剛遊記, 八道勝景 等), 聽川(p.190)의 人生派인 隨筆, 樹州(p.207)의 醉態記 등을 主要한 것으로 들어야 할는지

모른다.

우선 一의 1, 形式은 自由스러운 것

이 글의 첫째 문단은, 수필은 그 形式이 자유롭다는 것이다. 둘째 문단은, 수필은 그 話題에 제한이 없다는 것이다. 엄격히 말하여 무제한일 수는 없겠지만 그러나 거의 무제한으로 다양한 것은 사실일 것이다.

다음은 一의 2, 隨筆의 基本條件

첫째, 수필은 산문문학(趙演鉉이나 金東里가 말하는 산문문학이 아니라 운문문학의 對로서의 산문문학)이라고 한다. 지은이는 예외로 포프의 ≪人間論≫을 들었지만, 우리 고전문학에서도 가령 歌辭 같은 경우는 운문수필로 읽을 수 있는 글이 많다(운문수필을 인정한다면). 그러나 오늘날엔 아주 실험적인 예가 아니라면 운문수필은 찾아볼 수 없다. 둘째는 그 형식이 비교적 짧아야 한다고 한다. 우리는 흔히 2백자 10여 매 정도를 생각하는 듯하다. 그러나 그럴 필요는 없다. 5매든 10매든 1백 매든, 생각의 길이만큼 쓰면 그것이 그 글에 가장 알맞은 길이다. 셋째는, 수필은 대우성의 문학이라는 것인데 이것이 수필의 기본조건인지에 관해서는 더 생각해 보아야 할 것 같다.

끝으로 四, 우리나라의 隨筆

이 글의 첫째 문단은 우리 고전수필문학에 관한 언급이다. 여기 예시한 저작들로 볼 때 지은이는 우리 수필문학의 개념을 산문 일반에까지 넓힌 듯한 인상을 받는다. 가령 ≪大東野乘≫에 실려 있는 成俔의 ≪慵齋叢話≫만 하더라도 수필로 읽을 많은 글을 담고 있지만 전혀 수필이랄 수 없는 글도 그만큼 싣고 있는 것이다. 저자는 이 試論의 벽두에 李奎報의 〈接菓記〉를 비롯한 몇 편의 수필을 실은 일이 있다. 상기해 주기 바란다. 이 글의 둘째 문단은 신문학 이후의 우리 수필문학에 관한 언급이다. 다소 인색한 느낌을 준다.

金東里/〈隨筆〉

이 글은 1957년에 간행된 金東里의 ≪文學槪論≫에 抒情詩, 敍事詩, 劇詩(戲曲), 小說과 함께 한 章으로 실린 것이다. 초록해 보이면 다음과 같다. 이 글은 그 用語가 앞에 보인 趙演鉉의 글과 많이 같은데 이는 아마도 그들이 함께 미국 문학자 몰튼(Moulton, Richard Green, 1849~1924)의 이론을 공부했기 때문일 것이다.

第一節 隨筆과 批評

隨筆은 散文文學의 한 樣式이다.

散文文學은 그 媒材形式이 律文이거나 散文이거나를 묻지 않고 創作文學에 屬하지 않는 一切의 文學을 意味한다. 이것은 創作文學이 그 媒材形式의 律文이거나 散文이거나를 묻지 않고 '存在의 總計에 플러스'하는 一切의 文學을 意味하는 것과 마찬가지다. 創作과 散文의 區別은 그 媒材形式에 있지 않고 그 內容과 職能에 있다는 것은 위에서도 이미 말한 바이다. 그러므로 隨筆은 '存在의 總計에 生命을 플러스'하는 것이 아니라 '旣存한 事物에 對한 論議와 批判'을 行하는 散文文學의 하나인 것이다. ‖

오늘날 吾人이 文學이라고 하면 먼저 머리에 聯想되는 것이 小說, 戲曲, 抒情詩요, 좀더 範圍를 넓히면(散文文學의 代表的 形態의 歷史, 哲學, 雄辯을 제체고－저자) 隨筆, 評論(文學評論)으로 되는 것은 무슨 까닭인가? (그것은) 그것의 討議의 對象이 歷史, 哲學, 雄辯에서처럼 特殊化 乃至 分科化하지 않았기 때문이다. 評論(文學評論)의 對象은 文學이요, 隨筆의 對象은 思惟의 全領域—斷片的일지라도—인 것이다. 그것은 歷史나 哲學이나 雄辯처럼 獨立된 體系와 職能으로서 다른 어느 '學'으로 分科化해 있지 않는 것이다. 그것은 小說이나 戲曲이나 抒情詩처럼 創作文學은 아닐지언정 적어도 文學 以外의 다른 어떤 '學'은 아닌 것이다. 이로 말미암아 隨筆과 評論은 다른 어떠한 散文보다도 吾人에게 文學을 聯想시키는 것이다.

第二節 隨筆의 意義

隨筆은 散文文學의 그 어떠한 樣式에도 該當되지 않는 一種의 散文을 意味하는 것이다. 歷史나 哲學이나 雄辯은 말할 것도 없고, 그것은 本格的인 書簡도 日記도 神話도 傳記도 祭文도 祝辭도 弔辭도 碑銘도, 그리고 그 어떠한 科學도 아닌 散文의 一種인 것이다. 그것은 自己自身(卽 隨筆) 以外의 그 어떠한 類에도 屬하지 않는 것이다. 그 어떠한 類에도 樣式에도 屬하지 않는, 그러므로 그 어떠한 格式에도 體系에도 拘束되지 않는, 斷片的 文章(散文)이 隨筆인 것이다.

그것은 對象에 있어 思惟의 全領域에 亘하는 것이며 그 形式에 있어 그 어떠한 格式과 體系에도 拘束되지 않는다.

第三節 隨筆의 二種Ⅱ

우선 第一節

이 글의 둘째 문단에서 말하는 創作文學은 存在의 總計에 새로운 生命을 더하는 것(새로운 것을 만들어 플러스하는 것), 즉 抒情詩, 小說, 戲曲 같은 것을, 散文文學은 새로이 만드는 것이 아니라 이미 있는 것에 대하여 논의하고 비판하는 것, 즉 歷史, 哲學, 雄辯 같은 것을 말한다.(이는 趙演鉉에게서 이미 본 바 있다.) 그러니까 수필은 역사나 철학, 웅변 같은 산문문학의 한 양식이라는 것이다. 이것은 동시에, 수필은 창작문학이 아니라는 뜻이기도 하다. 저자는 여기 동의하지 않는다. 趙演鉉도 이미 우리가 위에서 본 대로 수필의 창작성을 인정한 바 있다.

이 글의 셋째 문단은, 수필은 창작문학은 아니지만, 역사나 철학이나 웅변과 달리 독립된 체계와 직능을 가진 한 學으로 분과해 있지 않다, 즉 문학 이외의 어떤 다른 學은 아닌 것이다, 그러므로 역사나 철학이나 웅변 같은 다른 어떠한 산문보다 문학을 연상케 한다고 말한다. 저자는, 수필의 대상이 思惟의 全領域이라는 데는 당연히 이의가 없지만(抒情詩도 그럴 것이다.) 어떤 學으로 분과돼 있지 않기 때문에 문학을 연상시킨다는 말은 수긍하기가 어렵다.

다음은 第二節

우선 첫 문단, 가령 書簡이나 日記 같은 경우를 보자. 서간이나 일기 자체를 수필이라고 할 수는 없지만, 수필적 효과를 나타내는(독자에게 정서적 만족을 수여하는) 글, 예컨대 林椿의 〈謝見訪啓(p.51)〉가 서간이라 하여, 또는 李秉岐의 〈朴淵行(p.173)〉이 일기라 해서 수필 밖으로 밀어낼 수는 없는 일이다. 또 처음부터 그런 형식을 빌려 쓴 수필도 있을 것이다. 神話나 傳記는 그렇다지만 기타 祭文, 祝辭, 碑銘 등도 마찬가지다.

첫 문단의, 어떠한 格式에도 體系에도 拘束되지 않는다는 것은 물론 형식의 자유로움을 말한 것이다. 여기서 斷片的 文章이란 말은 아마 당시의 사정일 것이다. 지금은 별 의미가 없는 말이다.

저자는 앞에서 1930년대에 발표된 네 편의 隨筆論(金起林, 金珖燮, 林和, 金晋燮)을 읽고 다음과 같이 말한 바 있다(p.202).

> 우리는 이들 수필론에서 최소한 다음과 같은 두 가지 공통적인 견해를 찾아볼 수 있지 않을까 한다. 그 하나는, 수필은 形式(글 쓰는 사람이 따라야 할 규범으로 생각해도 무방)이 없다는 것이고, 다른 하나는 個性的이라는 것이다. 저자는 이미, 형식이 없다는 것은 형식이 자유롭다(다양하다)는 뜻으로, 개성적이라는 것은 장르가 아니라 작가의 성격이라는 뜻으로 이해한 바 있다.

이제 우리가 검토한 여섯 편의 수필론에서 가장 현저하게 드러난 것 역시 形式의 자유로움이다. 형식의 자유로움(매임 없음), 이야말로 수필의 행복한 운명이 아닐까 한다. 수필가의 개성도 이야기된 바 있다. 이 밖에 李泰俊이 수필의 文藝物임을, 趙演鉉이 수필의 創作性을 말한 것은, 당시로서는 귀한 발언이 아닐 수 없다.

물론 이들 수필론들(1930년대의 수필론들을 포함하여)은 본격적인 수필연구의 결과물이라고는 하기 어렵다. 趙演鉉, 白鐵, 金東里의 수필론은 확실히 학술적이지만 독립적인 한 편의 논문이 아니고 역시 문학일반론(문학개론)에 한 부분으로 끼여 있는 것이다. 그러나 머잖아 나타날 張伯逸, 尹在天, 丘仁煥 등 수필문학 연구자들의 좋은 향도가 되었을 것이다.

論介 -第1聯

卞榮魯

거룩한 분노는
종교보다도 깊고
불붙는 情熱은
사랑보다도 強하다.
아, 강낭콩꽃보다도 더 푸른
그 물결 위에
양귀비꽃보다도 더 붉은
그 마음 흘러라.

-《韓國詩選》

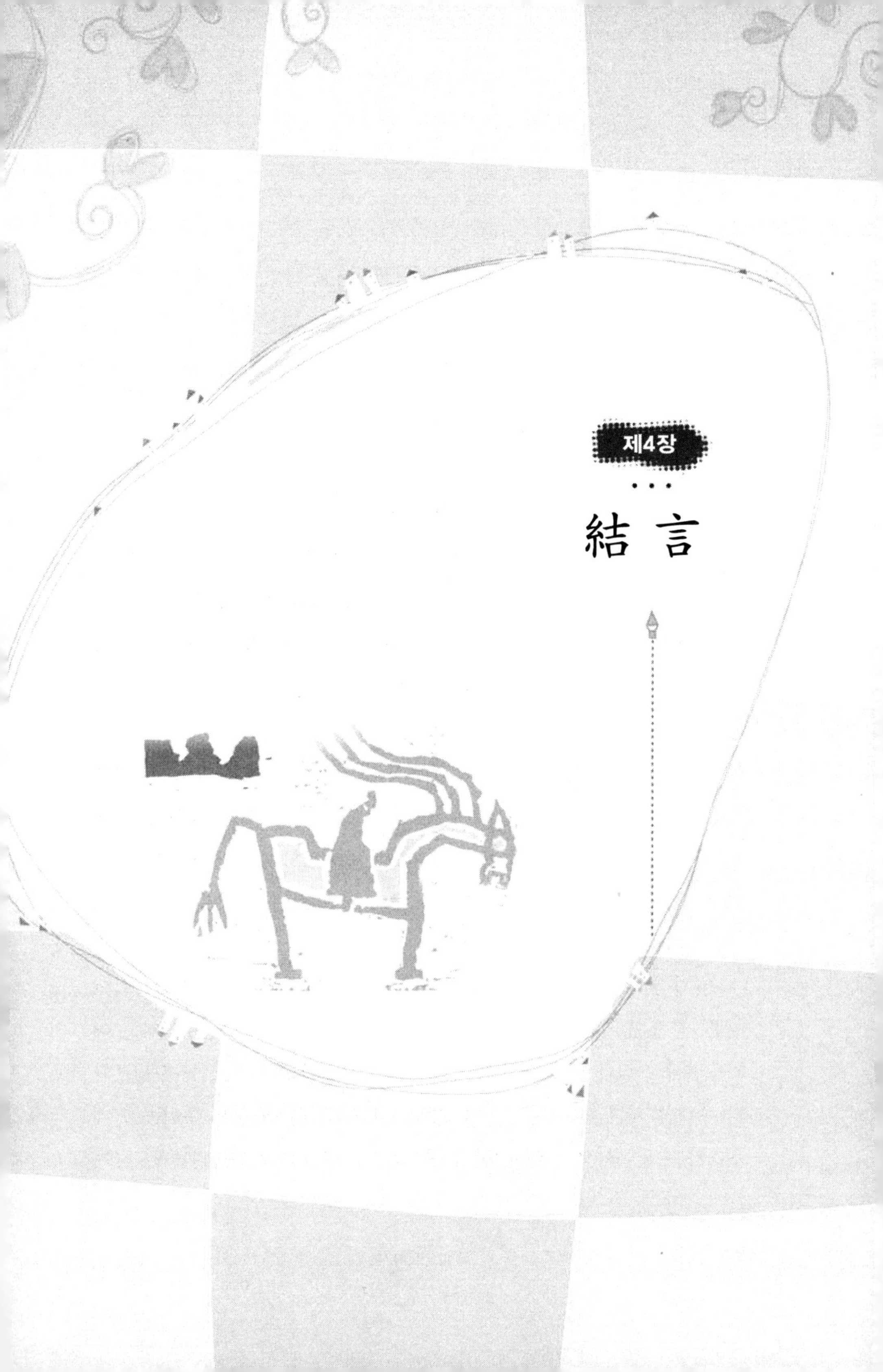

제4장

結言

結 言

어느덧 이 試論이 結言에 이르렀다.

우리는 이 시론을 시작할 때 李奎報의 〈接菓記〉를 읽은 일이 있다. 그때 梁慶遇의 日記, 車天輅의 說林, 그리고 지은이 未詳의 金剛山 紀行도 함께 읽었다. 이는 우리가 논의하려는 隨筆의 범위를 대강이나마 한정해 두기 위한 것이었다.

그리고 우리는 우리 隨筆文學史의 黎明을 맞았다. 三國 1천년 가까운 세월, 여명치고는 좀 길었다. 우리가 다 아는 대로 그때 우리 先民은 漢字를 빌어다 쓰고, 그리하여 마침내 모든 表現과 傳達, 記錄을 漢文으로 했다. 그러나 그 한문으로 표현된 글(散文)도 오늘에 전하는 것은 몇 편 되지 않는다. 그마저 거의 다가 新羅의 것이다. 우리는 그 形式이 퍽 다양했던 것을 기억한다.

마침내 여명이 밝았다. 그 밝음 속에 드러난 것이 우리 수필문학의 中世, 곧 高麗 5백년이었다. 우리는 거기서 먼저, 隨筆로 분류하기는 어려우면서 수필과 금을 긋기도 쉽지 않은 그런 산문과 만났다. 수필문학의 주변쯤 되는 산문, 가령 奏議, 列傳, 假傳 같은 글이다. 우리는 그때 우리가 수필문학의 범위를 한정하는 데 좀 더 너그러워진다면—, 하는 생각을 한 일이 있다. 그러면 우리 隨筆文學史가 좀 더 풍요로워질 것이다. 우리는 또 이 시대의 수필이, 주제와 소재는 물론 그 형식도 퍽 다양하다는 사실을 확인했다. 기법도 아주 창의적이어서 사물을 擬人化하기도 하고 자신을 3인칭시점으로 일컫기도 했다. 그런가 하면 허구적인 인물도 등장시켰다. 우리가 이 시대를 지나면서 자못 수긍한 것은, 그 형식에서든 내용에서든 기법에서든 이 시대의 수필문학이 참으로 빛난다는 사실 때문이었다.

다음에 이어진 것은 우리 수필문학의 近世, 朝鮮建國부터 甲午更張前夜까지 역시 긴 5백년이었다. 우리는 이 5백년을, 不貳와 參與, 한글散文의 登場, 成宗代의 隨筆文學, 한글수필의 展開, 宣祖前後代의 隨筆文學, 英正代와 그 以後, 이렇게 나누어 이해한 바 있다. 이 시대의 수필문학 역시 형식에서든 내용에서든 기법에서든 참으로 그 빛남이 中世와 조금도 다르지 않았다. 八文章, 四大家 등 탁월한 文章들이 文名을 다투며 이어 온 5백년이었다. 道學(性理學)에서 實學으로의 전환도 경이로웠다. 그러나 이제 돌이켜보면, 이 시대에 있어서 가장 획기적인 사실은 역시 한글 창제와 한글수필의 출현이 아닌가 한다. 물론 한글수필은 한문수필에 가려 아직은 이렇다 할 광채를 드러내지 못했지만, 그러나 그것은 영성한 대로 오늘의 우리 수필문학의 길을 연 것이었다. 참으로 소중한 자산이 아닐 수 없다.

끝으로 近代, 우리가 이미 본 바와 같이 근대는 甲午更張부터 解放前後(1950년대)까지 반세기 남짓하다. 그것은 時代의 自覺, 요컨대 지금의 나(우리)는 누구인가, 나는 어찌해야 하는가 하는 자각의 한 시대였다. 예컨대 日帝에 대한 항거, 自由民主主義의 수호 같은 것이 다 자각에 말미암은 것이었다. 우리는 이 시대를 開化期, 日帝時代, 解放前後의 세 시기로 나누어 이해한 바 있다. 開化期는 漢文과 國漢混用文의 交替期이며 새로운 세계에 대한 開眼期였다. 놀라웠다. 日帝時代는 民族의 受難期이며 抵抗期였다. 우리는 이 시기에 이르러 비로소 전문적인 隨筆家의 출현을 목격하고 몇 편의 隨筆論을 읽을 수 있었다. 解放前後는, 日帝의 발악, 자유민주주의의 위기, 그리고 모든 혼란을 극복하고 나라를 안정시키는 숨 가쁜 시기였다. 여기서도 우리는 전문적인 수필가와 몇 편의 수필론을 만났다.

지금까지 우리는 三國時代로부터 解放前後에 이르는 2천년의 우리 隨筆文學史를 韓國隨筆文學史試論이라는 이름으로 살펴보았다. 비록 그 黎明 1천년은 길고 어두웠으나 그 긴 어둠이 물러가자 그 후 1천년은 참으로 빛나는 작가와 작품들이 끊임없이 이어졌다. 오늘 우리는 바로 이런 역사적 전통 위에서 우리 隨筆文學을 享有하고(創作하고 批評하고 研究하고) 있는 것이다.

참고자료

▌事(辭)典▐

金允植 《文學批評用語辭典》 一志社 1976
李明燮 《世界文學批評用語辭典》 乙酉文化社 1996
李商燮 《文學批評用語辭典》 民音社 1976
李家源 · 張三植 《漢字大典》 裕庚出版社 1972
吳澤炎外篇 《辭源》 商務印書館 2004
文德守外篇 《世界文藝大辭典》 成文閣 1975
李弘植 《國史大事典》 百萬社 1967
李熙昇外篇 《韓國人名大事典》 新丘文化社 1967
인명사전편찬위원회 《인명사전》 民衆書館 2006

▌史 書▐

金富軾 《三國史記》 金鍾權譯 先進文化社 1963
一 然 《三國遺事》 權相老譯解 東西文化社 1978
邊太燮 《韓國史通論》 三英社 2009

金思燁 《國文學史》 正音社 1954
金台俊 《朝鮮漢文學史》 朝鮮語文學會 1931

安自山　≪朝鮮文學史≫－崔元植譯　乙酉文化社　1984
李家源　≪韓國漢文學史≫　民衆書館　1969
李秉岐 · 白鐵　≪國文學全史≫　新丘文化社　1957
조동일　≪한국문학통사 1≫　지식산업사 2200
趙潤濟　≪韓國文學史≫　東國文化社　1963

吳昌翼　≪1920年代 韓國隨筆文學研究≫　中央大學校　1985
李賢馥　≪韓國近代隨筆文學研究≫　慶熙大學校　1987
張德順　≪韓國隨筆文學史≫　새문社　1985
鄭周煥　≪韓國近代隨筆文學史≫　新亞出版社　1997

▌文學理論 및 隨筆批評(研究)▐

丘仁煥 · 丘昌煥　≪文學의 原理≫　法文社　1973
金起林　≪文學槪論≫　新文化研究所　1946
金東里　≪文學槪論≫　正音社　1957
김시태　≪문학의 이해≫　태학사 2006
白　鐵　≪文學槪論≫　新丘文化社　1956
李能雨　≪國文學槪論≫　국어국문학회　1954
李秉岐　≪國文學槪論≫　一志社　1961
李商燮　≪文學의 理解≫　瑞文堂　1973
林　和　≪文學의 論理≫　學藝社　1940
趙演鉉　≪文學槪論≫　高麗出版社　1953

金東錫　≪金東錫評論集≫　瑞音出版社　1989
박장원　≪현대한국수필론≫　북나비　2007
이정림　≪한국수필평론≫　범우사　2002
李羲煥　≪김동석(金東錫) 문학 연구≫ 仁荷大學校　1995
鄭震權　≪韓國隨筆文學研究≫　新亞出版社　1999
崔勝範　≪韓國隨筆文學研究≫　正音社　1980
국어국문학회 ≪隨筆文學研究≫　正音社　1980

▌作品集 및 其他資料-古典▐

姜靜一堂　≪靜一堂遺稿≫－許米子編 ≪朝鮮朝女流詩文全集≫ 所載
權　鼈　≪海東雜錄－古典國譯叢書 53≫ 民族文化推進會 1985
權應仁　≪松溪漫錄－古典國譯叢書 62≫ 民族－, 上仝
吉　再　≪冶隱集－韓國의 思想大全集≫ 同和出版公司 1972
金萬重　≪尹氏行狀≫－張德順 ≪韓國隨筆文學史≫ 所載
金三宜堂　≪三宜堂稿≫－許米子編 ≪朝鮮朝女流詩文全集≫ 所載
金時讓　≪紫海筆談－古典國譯叢書≫ 民族文化推進會 1985
金　鑢　≪藫庭遺藁≫ 民族文化推進會 2002
金允植　≪金允植全集≫ 亞細亞文化社 1980
金意幽堂　≪東溟日記≫－李秉岐 ≪國文學概論≫ 所載

金正國　≪思齋摭言(己卯錄補遺)－古典國譯叢書 51≫民族－, 上仝
金正喜　≪阮堂先生全集≫－崔完秀譯 玄岩社 1976
金澤榮　≪麗韓十家文鈔≫ 民族文化推進會 1989
南公轍　≪金陵集≫ 民族文化推進會 2001
南孝溫　≪秋江冷話－古典國譯叢書 49≫ 民族－, 上仝
盧守愼　≪蘇齋集－韓國의 思想大全集≫ 同和－, 上仝
朴齊家　≪北學議－乙酉文庫 51≫ 乙酉文化社 1981
______　≪楚亭全書≫ 아시아문화사 1992
朴趾源　≪燕巖集≫ 民族文化推進會 2000
朴昌壽　≪南征日記≫－李秉岐 ≪國文學概論≫ 所載

徐居正　≪東文選－古典國譯叢書 25－36≫ 民族－, 上仝
　　　　* 申用漑 등의 ≪續東文選≫도 함께 收錄.
成　俔　≪慵齋叢話－古典國譯叢書 49≫ 民族－, 上仝
宋翼弼　≪龜峰集－韓國의 思想大全集≫ 同和－, 上仝
申　欽　≪象村雜錄－古典國譯叢書 54≫ 民族－, 上仝
______　≪象村集≫ 民族文化推進會 1990
沈魯崇　≪孝田散稿≫－金榮鎭 ≪눈물이란 무엇인가≫ 所載
沈守慶　≪遣閑雜錄－古典國譯叢書 51≫ 民族－, 上仝

梁慶遇　≪遊頭流山雙溪青鶴洞遊覽記≫
－李月英譯註 ≪霽湖詩話≫ 한국문화사 1995 所載
兪吉濬　≪西遊見聞≫ 景仁文化社影印 1970
柳得恭　≪古芸堂筆記≫ 亞細亞文化社 1986

柳夢寅　≪於于野談－韓國古典文學大系 4≫ 敎文社 1984
柳成龍　≪懲毖錄－세계고전전집≫ 한국자유교육협회 1972
柳義養　≪南海見聞錄≫－崔康賢 ≪韓國古典隨筆講讀≫ 所載
尹國馨　≪聞韶漫錄－古典國譯叢書 62≫ 民族－, 上仝
尹根壽　≪月汀漫筆－古典國譯叢書 62≫ 民族－, 上仝
義　天　≪大覺國師文集－韓國의 思想大全集≫ 同和－, 上仝
李家煥　≪錦帶詩文鈔≫ 民族文化推進會 2000
李建昌　≪明美堂集≫ 民族文化推進會 2005
李奎報　≪白雲小說－韓國의 思想大全集≫ 同和－, 上仝
李　墍　≪松窩雜說－古典國譯叢書 62≫ 民族－, 上仝

李德懋　≪青莊館全書≫ 民族文化推進會 2000
李德泂　≪竹窓閑話－古典國譯叢書 65≫ 民族－, 上仝
李山海　≪鵝溪集≫ 民族文化推進會 1997
李　穡　≪牧隱集－韓國의 思想大全集≫ 同和－, 上仝
李書九　≪薑山全書≫ 大同文化硏究院 2005
李舜臣　≪亂中日記≫ 文敎部 1960
李　鈺　≪絅錦小賦≫－沈慶浩 ≪선생, 세상의 그물을~≫ 所載
李用休　≪惠寰雜著≫－安大會 ≪나를 돌려다오≫ 所載
李仁老　≪破閑集－韓國의 思想大全集≫ 同和－, 上仝
李廷龜　≪月沙集≫ 韓國古典飜譯院 2008

李廷馨　≪東閣雜記－古典國譯叢書 61≫ 民族－, 上仝
李齊臣　≪淸江鎖語－古典國譯叢書 62≫ 民族－, 上仝
李齊賢　≪櫟翁稗說－韓國의 思想大全集≫ 同和－, 上仝
李之菡　≪土亭集－韓國의 思想大全集≫ 同和－, 上仝

張　維　《谿谷漫筆》 乙酉文化社 1982
鄭道傳　《三峰集－韓國의 思想大全集》 同和－, 上仝
鄭夢周　《圃隱集－韓國의 思想大全集》 同和－, 上仝
丁若鏞　《與猶堂全書》 民族文化推進會 2002
車天輅　《五山說林草藁－古典國譯叢書 50》 民族－, 上仝
崔　岦　《簡易集》 民族文化推進會 1999

崔　滋　《補閑集－韓國의 思想大全集》 同和－, 上仝
崔致遠　《桂苑筆耕》 民族文化推進會 1990
許　筠　《惺所覆瓿藁》 民族文化推進會 1982
惠慶宮　《閑中漫錄－韓國古典文學大系》 民衆書館 1973
慧　超　《往五天竺國傳》－李錫浩譯 乙酉文化社 1978
洪吉周　《縹礱乙懺》－박무영外譯 태학사 2006
黃　玹　《梅川野錄》 國史編纂委員會 1955
未　詳　《東遊錄》－崔康賢 《韓國古典隨筆講讀》 所載
未　詳　《山城日記》－金光淳譯註 螢雪出版社 1985
未　詳　《仁顯王后傳》－李秉岐校註 博文書館 1940

姜慧仙　《유배객, 세상을 알다－金鑢》 태학사 2007
權政媛　《책에 미친 바보－李德懋》 미다스북스 2004
金榮鎭　《눈물이란 무엇인가－沈魯崇》 태학사 2001
金允朝　《누가 알아주랴－柳得恭》 태학사 2005
金豊起　《누추한 내 방－許筠》 태학사 2003
沈慶浩　《선생, 세상의 그물을 조심하시오－李鈺》 태학사 2001
安大會　《궁핍한 날의 벗－朴齊家》 태학사 2000
______　《나를 돌려다오－李用休, 李家煥》 태학사 2003
李鍾默　《누워서 노니는 산수－李山海, 金允植 등》 태학사 2002
李弘湜　《상상의 정원－洪吉周》 태학사 2008

鄭　珉　《비슷한 것은 가짜다－朴趾源》 태학사 2000
崔濬玉　《孤雲先生文集－桂苑筆耕》 학예사 197

申海鎭　《韓國古隨筆文學》 月印 2001
梁柱東　《國文學菁華》 民衆書館 1954
______　《國學研究論攷》 乙酉文化社 1962
語文閣　《隨筆選集－新韓國文學全集》 1970
尹五榮　《韓國隨筆精選》 關東出版社 1976
李家源　《李朝漢文小說選》 民衆書館 1961
李民樹　《한국의 고전명문선》 범우사 2002
______　《高麗人物列傳》 瑞文堂 1976

李熙昇　《歷代國文學精華》 博文出版社 1955
鄭震權　《한국고전수필선》 범우사 2005
崔康賢　《韓國古典隨筆講讀》 高麗苑 1983
許米子編　《朝鮮朝女流詩文全集》 太學社 1989
黃浿江外　《韓國文學作家論》 現代文學社 1991

▮ 作品集－近代 ▮

桂鎔默　《象牙塔》 友生出版社 1955
金起林　《바다와 肉體》 平凡社 1948
金東錫　《海邊의 詩》 博文出版社 1946
金素雲　《三誤堂雜筆》 進文社 1955
金瑢俊　《近園隨筆》 乙酉文化社 1948
金晋燮　《生活人의 哲學》 文藝出版社 1973
盧天命　《盧天命隨筆集》 瑞文堂 1986
卞榮魯　《樹州隨想錄》 서울신문社 1954
______　《酩酊四十年》 凡友社 1991
柳致環　《쫓겨난 아담》 凡友社 2004

李秉岐　《가람文選》 新丘文化社 1966
李　箱　《倦怠》 凡友社 1976
李敭河　《李敭河隨筆集》 乙酉文化社 1980

李殷相　≪耽羅紀行 漢拏山≫ 朝鮮日報社 1937
李泰俊　≪無序錄≫ 凡友社 1993
鄭芝溶　≪鄭芝溶全集－散文≫ 民音社 1988
皮千得　≪琴兒詩文選≫ 耕文社 1959
韓黑鷗　≪東海散文≫ 一志社

찾아보기

ㅇ

ㅈ

ㅊ

ㅌ

ㅍ

ㅎ

한국수필문학사

2010년 8월 20일 인 쇄
2010년 8월 25일 발 행

저 자 정 진 권
발행인 한 점 덕

발행처 學 硏 社
등 록 1976년 12월 23일 제12-6호
주 소 서울시 영등포구 문래1가 39번지 센터플러스 814호
TEL : 2164-3311~3 / FAX : 2164-3314
E-mail : hypub@chol.com

ISBN 978-89-8060-035-9 93800
값 12,000원